国家社会科学基金项目"基于消费者退货行为的电商企业策略优化研究"
（15CGL075）研究成果

WANGLUO LINGSHOU QINGJING ZHONG
XIAOFEIZHE TUIHUO XINGWEI YANJIU

网络零售情境中
消费者退货行为研究

李明芳　薛景梅 ◎ 著

中国财经出版传媒集团

经济科学出版社
Economic Science Press

图书在版编目（CIP）数据

B2C 网络零售情境中消费者退货行为研究／李明芳，
薛景梅著 . —北京：经济科学出版社，2021.7
ISBN 978 - 7 - 5218 - 2667 - 8

Ⅰ. ①B… Ⅱ. ①李… ②薛… Ⅲ. ①网上购物 - 消费
者行为论 - 研究 Ⅳ. ①F713. 365. 2

中国版本图书馆 CIP 数据核字（2021）第 128495 号

责任编辑：张　燕
责任校对：刘　昕
责任印制：王世伟

B2C 网络零售情境中消费者退货行为研究

李明芳　薛景梅　著

经济科学出版社出版、发行　新华书店经销

社址：北京市海淀区阜成路甲 28 号　邮编：100142

总编部电话：010 - 88191217　发行部电话：010 - 88191522

网址：www. esp. com. cn

电子邮箱：esp@ esp. com. cn

天猫网店：经济科学出版社旗舰店

网址：http：//jjkxcbs. tmall. com

固安华明印业有限公司印装

710×1000　16 开　20 印张　310000 字

2021 年 9 月第 1 版　2021 年 9 月第 1 次印刷

ISBN 978 - 7 - 5218 - 2667 - 8　定价：99. 00 元

（图书出现印装问题，本社负责调换。电话：010 - 88191510）

（版权所有　侵权必究　打击盗版　举报热线：010 - 88191661

QQ：2242791300　营销中心电话：010 - 88191537

电子邮箱：dbts@ esp. com. cn）

前　言

作为全球规模最大的网络零售市场，2020 年我国网络零售额达 11.76 万亿元，占社会消费品零售总额的 30%，网络零售业成为我国新冠肺炎疫情期间消费经济的"稳定器"。伴随着网络零售在全球范围的飞速发展，居高不下的消费者退货率成为电商企业面临的重要运营难题，数量庞大的产品退货不仅给电商企业及其供应链带来了巨大的销售损失和退货成本，还导致网购顾客不满意度增加和再购意愿下降，因而在线消费者退货行为研究成为近年来学者们关注的热点问题之一。

根据退货原因，将在线消费者退货分为产品或服务缺陷退货、合理性无理由退货和不道德退货三种，在线消费者退货行为受消费者、产品、卖家、交易情境等各方面因素的影响。现有研究在探讨不同因素对消费者退货行为的影响、基于消费者个体特征解释不道德退货行为等方面取得了比较丰硕的研究成果，但缺乏对消费者退货行为关键影响因素的识别和提炼及对不同影响因素之间相互作用关系和作用机理的探讨，对解释消费者退货行为异质性的相关理论构念关注不足。为了更好地揭示网购消费者退货行为的影响机理，本书基于消费者退货行为关键影响因素识别，结合计划行为理论和认知失调理论分析关键影响因素对消费者退货行为意愿的作用机理。首先，基于相关文献梳理和分析，提炼消费者退货行为影响因素，结合专家访谈分析影响因素之间的作用关系，识别关键性影响因素和作用角色。其次，结合计划行为理论分析消费者主观退货意愿的构成和度量指标体系，"以消费者个体为中心"分析主观退货意愿构成维度的均衡组合，探讨消费者主观退货风险的异质性。最后，结合认知失调理论解释消费者退货行为的购后心理机理，并进而探讨网站信息、零售商实力和替代品吸引力等因素对消费者退货行为意愿的作用机理。

本书研究结论表明：（1）不同影响因素对消费者退货行为的作用机理存在差异，消费者个体特征因素主要通过作用于主观退货风险影响消费者退货行为，购后失调和购前感知风险是解释消费者退货行为的两个关键心理反应变量，也是其他因素作用于消费者退货行为的关键性中间变量。（2）无理由退货态度、社会压力、亲友支持和退货感知控制构成了消费者主观退货意愿的度量维度，其中，社会压力是识别消费者主观退货风险类型的关键维度，高风险顾客群体的社会压力明显低于正常和不敏感两个顾客风险群体。不同退货风险顾客群体在个体特征（受教育水平、家庭年收入和顾客时尚性）、消费满意度和退货行为上存在显著差异。（3）购后失调对消费者退货意愿具有显著的影响作用，交易情境和顾客特征因素会调节购后失调的影响作用。购后失调在网站信息、零售商实力和替代品吸引力对消费者退货意愿的影响路径中发挥着重要的中介作用。顾客、产品、零售商、交易情境四方面因素对消费者退货行为的影响作用相互交错，构成了一个复杂的消费者退货行为影响体系。

本书综合运用了潜在剖面分析、实证研究和决策评价等多种研究方法，尝试将计划行为理论、认知失调理论、信号理论等多种理论应用于网络购物消费者退货行为的影响研究，研究结论对于丰富相关理论研究、指导网络零售管理实践具有重要意义。从理论价值来看，本书不仅拓展了计划行为理论和认知失调理论在消费者退货领域的应用研究，还丰富了网站信息、替代品吸引力对消费者退货行为的影响研究。从实践价值来看，本书研究结论不但有助于电商企业从顾客个体差异、网站信息、零售商实力和替代品吸引力等方面改善管理以减少消费者退货行为，而且为电商企业基于网络交易风险评估选择退货策略提供了对策建议。

著者

2021 年 7 月

目　　录

第1章 绪 论

1.1 研究背景和主题

1.1.1 研究背景

1.1.1.1 实践背景

在过去的十年中，网络零售在世界范围内经历了快速增长。从全球范围来看，2019 年电子商务零售额达到 3.53 万亿美元，尽管 2020 年全球零售总额下降了 3%，但是全球电子商务零售额增长了 27.6%[①]。作为全球规模最大和增速最快的网络零售市场，我国网络零售市场规模迅速扩大，网络零售市场在社会零售中的地位不断上升，2020 年我国网络零售额达 11.76 万亿元，实物商品网络零售额占社会消费品零售总额的比例由 2015 年的 10.77% 增长到 2020 年的 24.9%（如图 1 – 1 所示）。通过与实体经济的深度融合，网络渠道成为我国商品零售的重要方式，电子商务成为我国新的经济增长点和结构调整的重要着力点。《中华人民共和国国民经济和社会发展第十四个五年规划和 2035 年远景目标纲要》指出，我国要大力发展无接触交易服务，促进线上线下消费融合。

网络零售的快速增长导致了在线消费者退货增加，且很多退货产品并不

---

① 资料来源：研究机构 eMarketer。

图 1-1 2015~2020 年中国实物商品网络零售额及其占社会消费品零售总额比例

资料来源：根据国家统计局数据整理。

存在产品质量问题（Walsh et al.，2016）。网络零售的远程购买特性决定了顾客无法在购买前实际检查产品（Dholakia & Uusitalo，2002），导致比传统零售更高的退货率（Rao et al.，2014）。在网络购物中，由于顾客只能通过图片信息和文字描述了解产品，不能亲身感受和体验产品的使用效果，网络购物的虚拟性和信息不对称问题导致购买后更容易出现产品与预期不符、不明白产品使用方法、消费者购买后悔等情况，从而造成无缺陷或者无理由退货。2014 年新修订的《消费者权益保护法》明确表示，经营者采用网络、电视、电话、邮购等方式销售商品，除特例商品外，消费者有权自收到商品之日起七日内退货，且无须说明理由。销售企业对消费者（business to consumer，B2C）① 网络情境中宽松的退货政策使得很多消费者将没有任何问题的产品退回，给网络零售商带来了大量的无缺陷退货，造成退货成本增加和销售收益受损，消费者退货成为网络零售商必须面对的重要运营难题。

消费者退货不仅给电商公司及其供应链造成了巨大的成本负担，如退货运输、加工、再售努力和销售损失等（Wachter et al.，2012；Minnema et al.，2016），还导致顾客不满意度增加（Walsh & Brylla，2016）。通过对中国国

---

① B2C 是电子商务常见的三种基本模式之一，表示销售企业通过线上渠道向终端消费者直接销售线上产品。电子商务的另外两种常见模式分别是 B2B（business to business）和 C2C（consumer to consumer）。

家市场监督管理总局相关报告的数据处理，发现 2018 年约有 58.84% 的网络购物投诉与产品退货有关。因此，明晰网购消费者退货行为影响机理，运用合适的运营策略在不影响消费者满意度的前提下，减少消费者退货行为和降低企业退货成本，成为电商企业必须面对的重要运营难题。

1.1.1.2 理论背景

消费者退货对运营成本和顾客满意度的负面影响，使消费者退货问题成为近年来相关领域学者关注的热点问题之一。通过系统梳理相关文献，消费者退货的研究主要包括两大分支。

（1）退货供应链的相关定量研究。

该领域的研究包含两个方向。一是借助博弈论、信息经济学、库存论等定量方法，对退货供应链的系统协调和决策优化等问题进行深入探讨。有研究表明，消费者退货的有效管理能够改善供应链系统和电商企业利润（Fleischmann et al.，1997）。有学者通过数学建模和博弈分析，基于供应契约的设计来缓解退货供应链系统中委托代理问题和失调问题（Ferguson et al.，2006；陈敬贤，2014）。还有学者借助解析模型，探讨消费者退货对供应链策略的影响作用（Vlachos & Dekker，2003；Anderson，Hansen & Lowry，2009）。二是关注退货策略对消费者行为的影响。通过设计退货函数来刻画退货策略的作用机理，进而探讨供应链系统优化的退货策略设计问题（Janakiraman & Ordonez，2012；杨光勇和计国君，2014）。这部分研究大多数假设消费者对退货策略的偏好和反应相同，忽视了消费者个体特征所导致的退货行为及其效用函数的差异性。陈和贝尔（Chen & Bell，2011）曾经将消费者分为偏好退货承担高价和厌恶退货承担低价两个群体，并提出通过市场分割采用差异化退货策略来满足不同顾客的退货需求。系统梳理退货供应链相关研究可以发现，退货策略设计已经成为未来研究的一个重要趋势，现有研究存在两点不足：一是忽视了消费者个体特征所导致的退货偏好差异，导致退货策略优化中的"一刀切"问题；二是忽略了情境和产品因素对退货行为的影响作用，如品牌、产品类型、店铺等，导致研究结论的适用性受限。

（2）消费者退货行为的相关实证研究。

该领域研究主要从两个方面展开。一是退货行为的影响因素。伍德（Wood，2001）从行为学视角探讨了网络购物、电视购物等远程购物的决策过程，并验证了宽松退货策略的质量信号作用。后来有学者运用实验设计、方差分析等方法考察退货策略对消费者退货行为的影响作用（Anderson，Marshall & Wales，2009；Janakiraman & Ordonez，2012）。学者们也探讨了其他因素对消费者退货行为的影响作用，发现购买动机（Seo，Yoon & Vangelova，2016）、在线客户评论（Minnema et al.，2016）、在线零售商的声誉（Walsh et al.，2016）、退货政策（Janakiraman & Ordonez，2012）、物流服务（Rao，Rabinovich & Raju，2014），以及卖方产品的稀缺性和价格领先地位（Ishfaq，Defee & Gibson，2016）等都会对消费者退货行为产生影响。鲍尔斯和杰克（Powers & Jack，2015）依据退货频率将消费者分成四类，发现不同类型消费者的网络购买动机和退货原因不尽相同。一些学者分析了"为退而买"导致的消费者退货行为，这类退货是消费者利用销售商提供的宽松退货策略，使用完产品特定功能后退回产品的消费行为（King，Dennis & Wright，2008）。二是退货行为的产生根源。远程购物行为存在各种不确定性和交易风险（Poel & Leunis，1996），通过退货撤销购买决策，能够有效地缓解消费者购后的焦虑和紧张情绪，是消费者降低购后失调的重要途径（Lee，2015；Powers & Jack，2013）。鲍尔斯和杰克（2015）研究指出，消费者交易中感知风险和购后失调是导致消费者退货的重要心理认知因素。基于消费者认知探讨退货行为的影响机理是当前重要的研究问题，现有研究虽然从顾客特征、交易情景等方面探讨了不同因素对退货行为的影响作用，但是缺乏从心理认知角度深入探讨这些因素的作用机理。李（Lee，2015）研究指出，消费者心理认知对于其退货行为具有重要影响作用，但是各种退货影响因素如何通过消费者心理认知作用于消费者退货行为的影响路径，需要更多的学术研究来探索。

1.1.2 研究主题

本书研究的目标是以消费者退货行为及电商匹配策略为研究对象，围绕消费者退货行为影响机理、退货风险类型甄别和差异化退货策略设计等问题，结合结构方程模型、决策与试验评价和潜剖面分析等理论和方法，基于网购消费者退货行为关键影响因素识别和作用机理，结合主观退货意愿度量和主观退货风险异质性分析，从主观退货风险和客观退货风险两个维度分析网购交易退货风险类型，揭示电商企业退货策略与退货风险类型的匹配规律，为电商企业分析退货风险类型，以及设计合适的退货策略提供理论依据，提升我国电子商务的服务水平。本书研究思路如图 1 - 2 所示，包括四个研究主题。

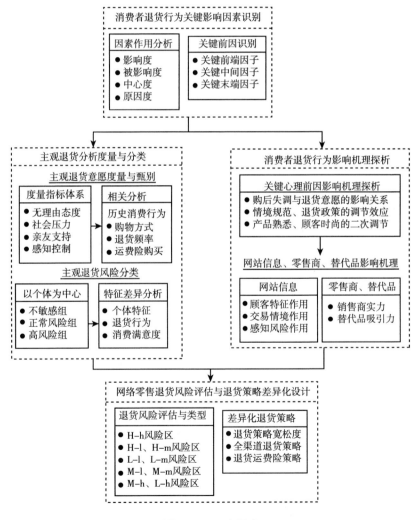

图 1 - 2　研究思路

（1）网购顾客退货行为关键影响因素识别。从消费者特征、产品特征、卖家特征、交易情境和消费者认知五个方面，整理出消费者退货行为的影响因素，基于决策与实验评价方法分析各因素的原因度和中心度，挖掘影响消费者退货行为的关键因素和作用角色。

（2）网购顾客主观退货意愿度量和主观退货风险异质性分析。基于计划行为理论构建消费者主观退货意愿的度量体系，以消费者个体为中心，采用潜剖面分析主观退货意愿构成维度的均衡组合，分析网购消费者主观退货风险类型，探讨不同风险类别消费者在个体特征、退货行为和消费满意度方面的差异。

（3）网购消费者退货行为影响机理研究。基于认知失调理论，探讨购后失调对消费者退货意愿的影响关系和作用机理。将购后失调作为消费者退货意愿的关键性心理前因，探讨网站信息、网络零售商实力和替代品吸引力等网购情境因素对退货意愿的作用机理，并引入顾客特征、产品属性等因素探讨这些影响机理的作用条件。

（4）基于退货风险的退货策略匹配研究。基于顾客主观退货风险和退货行为影响研究的相关结论，从主观和客观两个维度构建退货风险评估体系，结合文献中退货策略优化相关研究结论，设计与退货风险类型相匹配的差异化退货策略。

1.2　研究意义

1.2.1　理论意义

（1）基于计划行为理论界定消费者主观退货风险，丰富消费者退货行为的研究理论，尝试从个体特征角度解释"为退而买""连环退货族"等不道德退货行为。

现有消费者退货行为影响研究，更多关注于产品特性（如搜索型产品 vs 体验型产品，Bhatnagar & Ghose，2004）、交易情境（如在线顾客评论，Minnema et al. , 2016；退货政策，Janakiraman & Ordonez，2012）、零售商（如在线零售商声誉，Walsh et al. , 2016）等方面因素对消费者退货意愿和退货行为的影响作用，对消费者个体特征方面的影响因素涉及较少。虽然学界对于退货动机的探究发现，退货行为中诸如"连环退货族"等不道德退货是一个重要的退货原因，但关于这一领域的进一步研究却严重不足。本书从消费者个体差异视角，基于计划行为理论提出顾客主观退货意愿构念以度量消费者的主观退货风险。消费者主观退货风险度量体系的构建，为未来学者从事不道德退货行为的相关研究提供了一定的理论启示。

（2）将认知失调理论引入消费者退货行为的研究，不仅论证了其在我国消费者退货行为中的前置影响作用，更将其用以解释交易情境因素对消费者退货行为的内在影响机理。

现有研究通常认为，交易情境会影响消费者对购买产品的预期和购后产品评估，进而影响其退货决策（Bechwati & Siegal，2005；Walsh & Moehring，2017）。周和欣茨（Zhou & Hinz，2016）研究指出，详细准确的产品描述有助于降低退货率。德、胡和拉曼（De，Hu & Rahman，2013）指出，通过网络技术提供详细的产品信息有利于减少消费者退货。明尼玛（Minnema，2016）指出，在线客户评论情况会影响消费者退货行为。尽管这些研究论证了交易情境对消费者退货的影响作用，但没有解释这种关联的潜在机制。李（Lee，2015）认为，认知失调理论能够很好地解释消费者退货行为，当顾客感知到认知失调时，撤销购买决策能够有效地缓解认知失调情感。鲍尔斯和杰克（2013）尝试使用认知失调理论解释退货政策关注度、转换障碍对消费者退货意愿的影响作用。本书将购后失调引入我国网络购物中消费者退货行为研究，并探讨其在网站信息、销售实力、替代品吸引力等交易情境对消费者退货行为影响路径中的中介效应。本书从消费者认知的角度，探讨交易情境对消费者退货行为的影响机理，不仅扩展了认知失调理论的应用领域，而且从心理认知的视角完善了消费者退货行为的相关研究，为后续研究奠定了一定的理论基础。

（3）借助潜剖面分析方法，以消费者个体为中心，分析不同主观退货风险顾客群之间的异质性，确定主观退货风险各维度的最佳组合，依据主观退货风险对网络购物顾客进行分类。

现有消费者退货行为的相关研究，都是遵循"以变量为中心"的研究思路，借助因子分析和回归分析等技术，探讨不同变量之间的关系（Whitaker & Levy，2012）。这种研究思路通过将各维度变量平均化，孤立地分析每个变量的影响作用，忽视了各维度内部之间的相互关系和不同组合差异，导致无法充分考虑顾客个体的异质性（Dahling，Gabriel & Macgowan.，2017）。本书基于主观退货风险的四维度度量体系（社会压力、亲友支持、感知控制和无理由退货态度），借助潜剖面分析技术通过分析各维度的不同组合探索顾客群体类别之间的差异，进而确定顾客主观退货风险的类别并界定各自特征。同时，探析主观退货风险类别的个体特征差异，探讨不同主观退货风险顾客群体是否存在退货行为、购物满意度和退货满意度等方面的差异，以及主观退货风险类别对购后失调与退货意愿关系的调节作用，为深入研究顾客退货行为提供新的研究视角。

1.2.2 实践意义

伴随着网络零售市场的发展与成熟，消费者退货已经成为电商企业及其所在供应链必须面对的重要问题。因此，探讨消费者退货行为的影响因素及作用机理、甄别网络购物中消费者退货风险、设计合适的退货策略，对于降低消费者退货的消极影响、改善网购消费者满意度具有重要意义。

（1）基于消费者主观退货意愿的度量和识别研究，有助于构建我国网络销售市场的顾客诚信体系。

作为社会诚信体系的一部分，消费者网络消费诚信体系的构建对于改善我国网络销售环境、推动我国网络零售市场健康发展具有重要意义。本书从四个维度构建了消费者主观退货意愿度量体系，并分析顾客主观退货意愿各维度与历史消费行为的相关关系。研究发现，退货运费险的购买、购买前替代产品的比较、在线顾客评论的浏览、网络购物产品的丰富性等消费行为与顾客主观退货意愿显著相关。这些研究结论可以辅助电商企业基于历史消费行为的大数据分析甄别顾客主观退货风险，进而构建较为完善的消费者网络购物诚信体系。消费者退货诚信体系的构建，对于肃清网络购物中不道德的机会主义退货行为具有有效作用。美国的很多企业会根据顾客历史退货行为设计惩罚策略，例如，百思买（Bestbuy）、亚马逊（Amazon）通过设立黑名单限制相关顾客的消费和退货行为；Ebates 会关闭多次取消订单顾客的会员账号等。消费者网络购物信用积分体系不仅为相关消费者惩罚策略提供依据，而且是肃清网络购物中欺诈性退货行为、塑造良好网络零售环境的基本保障。

（2）通过探讨交易情境规范对认知失调与退货意愿影响关系的调节作用，以及顾客时尚和产品熟悉两个消费者特征变量的再调节作用，为电商企业改善产品退货管理、缓解顾客购后失调和降低消费者退货具有重要意义。

网购消费者在预购买阶段依据网络购物交易情境形成的初始信任，会对其后续的消费行为产生重要影响。规范、专业、简便和快捷的网购交易，能够增强顾客对网络购物形成的初始信任水平，高水平的初始信任能够有效地帮助顾客缓解购后失调情感，从而削弱消费者的退货动机。顾客时尚性和产品熟悉度会影响网络购物情境规范的调节作用。网络购物平台和在线零售商可以借助大数据挖掘技术分析顾客时尚特性和产品熟悉度，对于时尚型顾客及高熟悉度产品，可以通过不断增强网络购物的情境规范来降低购后失调对消费者退货意愿的影响，降低产品退货率。

（3）研究发现，网站信息会通过作用于购后失调影响网络顾客的退货意愿，替代品吸引力能够调节网站信息的影响作用，这些研究结论对于电商企业通过改善销售网站的信息建设减少产品退货具有重要意义。

对于网络购物消费者而言，获取产品知识的最直接渠道是销售网站上的产品描述信息，在线顾客评论也是顾客获取产品知识的重要渠道。因此，通过丰富产品描述信息，改善在线顾客评论，以缓解顾客购后消极情绪，对于在线零售商改善退货管理工作至关重要。高质量的产品描述信息和积极的在线顾客评论有助于顾客形成准确的产品期望，缓解购后失调消极情感和削弱消费者退货意愿。电商企业不仅应该积极通过图片、视频、文字等对产品功能、外形和使用等进行详细说明，还需要鼓励已购买顾客积极分享产品的使用感受。顾客除了从网站信息中获取产品信息外，还可以通过竞争产品了解产品知识，故替代品吸引力会影响网站信息的影响作用。当在线市场上充满富有竞争力的替代产品时，网站信息缓解购后失调和降低退货行为的作用会受限。此时，电商企业应更多地关注通过其他因素的改善（如改进包装，及时交付，友好的购买后互动），来缓解顾客购后失调消极情感。当市场中缺乏具有吸引力的竞争产品时，构建优质网站信息系统对于在线零售商改善顾客满意度和退货管理就变得至关重要。

（4）在线销售企业的综合实力、竞争产品的可得性和吸引力会影响顾客购后失调和退货意愿，价格水平对替代品吸引力影响作用具有调节效应，这些研究结论对于电商企业降低退货发生具有重要意义。

在虚拟的网络购买环境中，除了网站信息、在线评价等信息，销售商实力是反映产品质量的重要强信号，能够彰显销售商实力的信息包括品牌知名度、产品丰富度等。伴随着零售商综合实力的增强，顾客对本次网络购物形成的初始信任增强，初始信任会通过调节购后消极情感而抑制退货意向的形成。因此，网络销售平台应积极向消费者传递一些能够凸显企业实力的强信号，如企业入驻年龄、品牌知名度、同类企业排名等。

当市场中同类产品购买渠道较多、替代品性价比较高时，会加大消费者决策难度，进而增加消费者的感知风险，导致购后产生认知失调情感的可能性增大。另外，当购买产品的价格水平较低时，替代产品吸引力通过感知风险影响购后失调的间接效应更显著。因此，对于价格水平低于同类产品均价的电商企业而言，完善售前服务能够降低消费者的交易风险感知，对于缓解顾客购后失调消极影响尤为重要。

（5）"以消费者个体为中心"将网购顾客退货风险进行分类，更好地了解不同退货风险顾客的个体差异，对电商企业识别高风险顾客并采取有效措施规避恶性退货具有重要意义。

研究发现，高风险组的顾客时尚性和受教育水平偏低，主要呈现为两类顾客群体：一类是生活态度消极、社会道德规范感很低的社会边缘人；另一类则是生活张扬跋扈、消费品位低下且社会道德规范感不高的社会土豪族。这两类顾客虽然家庭年收入上差距悬殊，但是都无视社会规范、自私自利，认为一切退货行为都合情合法，是网络零售中退货问题的最大隐患。这两类非善意高风险顾客不仅导致退货行为频繁，对网络购物和退货的满意度显著偏低。因此,结合历史消费数据识别高风险顾客,不仅能够减少退货行为,还能够规避由于交易纠纷或消极口碑导致的负面影响,是电商企业风险管理的重要内容之一。

1.3 研究框架和研究内容

1.3.1 研究框架

根据研究对象的设定,本书的具体研究策略是:首先,基于影响因素的提炼和相关作用关系的调查数据,结合 DEMATEL 数据分析方法识别影响消费者退货行为的关键因素。其次,基于计划行为理论构建消费者主观退货意愿的度量指标体系,通过相关分析挖掘显著相关的"历史消费行为",用以甄别消费者网络购物主观退货风险;以"个体"为中心,依据主观退货意愿的四维度指标数据,对消费者主观退货风险进行分类,分析不同风险类别顾客群的特征差异。再次,基于认知失调理论探讨购后失调作为前置因子对消费者退货意愿的影响机理,另将购后失调作为退货意愿的前因认知变量,探讨网站信息、在线零售商实力和替代品吸引力对网购消费者退货意愿的影响机理。最后,基于实证研究结论形成消费者退货风险的两个维度预判矩阵,基于网购退货风险类型设计匹配的退货策略。总体框架设计如图 1-3 所示。

1.3.2 研究内容

围绕相关研究主题,本书的主要内容安排如下。

第1章绪论。对本书研究意义、研究框架和创新点进行系统阐述。基于我国网络零售行业发展实践和相关理论研究背景提出研究主题,说明本书研究的理论和实践意义;提出全书的整体研究框架,并结合章节设计详细说明具体研究内容;介绍本书采用的研究方法,并结合研究结论提炼研究的理论创新点。

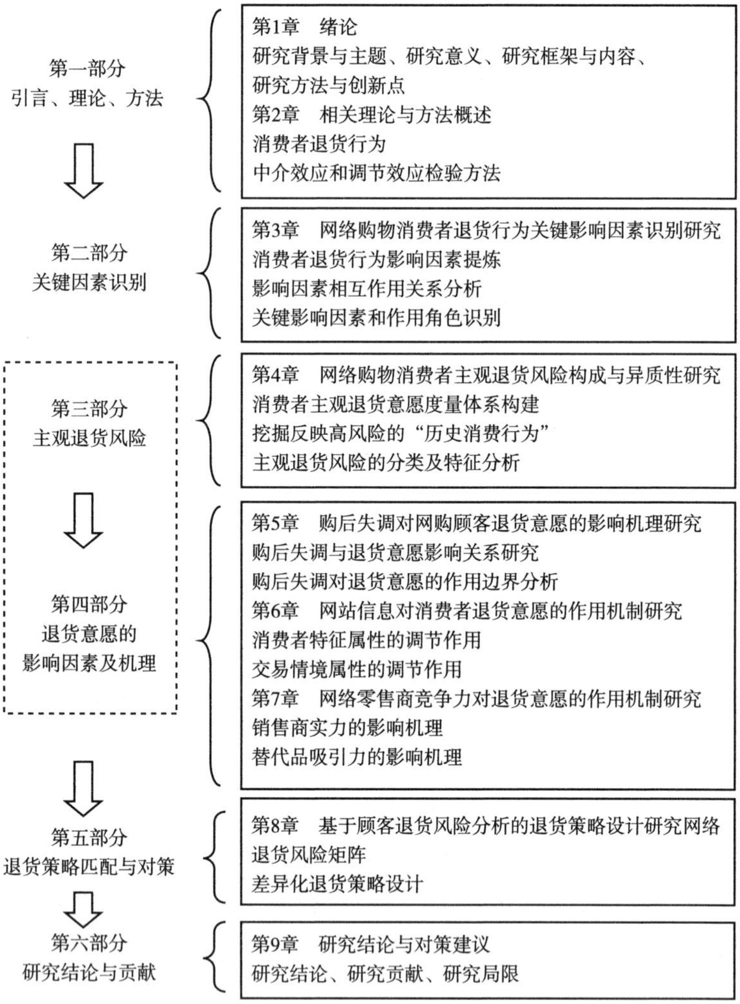

第一部分 引言、理论、方法	第1章 绪论 研究背景与主题、研究意义、研究框架与内容、 研究方法与创新点 第2章 相关理论与方法概述 消费者退货行为 中介效应和调节效应检验方法
第二部分 关键因素识别	第3章 网络购物消费者退货行为关键影响因素识别研究 消费者退货行为影响因素提炼 影响因素相互作用关系分析 关键影响因素和作用角色识别
第三部分 主观退货风险	第4章 网络购物消费者主观退货风险构成与异质性研究 消费者主观退货愿度量体系构建 挖掘反映高风险的"历史消费行为" 主观退货风险的分类及特征分析
第四部分 退货意愿的 影响因素及机理	第5章 购后失调对网购顾客退货意愿的影响机理研究 购后失调与退货意愿影响关系研究 购后失调对退货意愿的作用边界分析 第6章 网站信息对消费者退货意愿的作用机制研究 消费者特征属性的调节作用 交易情境属性的调节作用 第7章 网络零售商竞争力对退货意愿的作用机制研究 销售商实力的影响机理 替代品吸引力的影响机理
第五部分 退货策略匹配与对策	第8章 基于顾客退货风险分析的退货策略设计研究网络 退货风险矩阵 差异化退货策略设计
第六部分 研究结论与贡献	第9章 研究结论与对策建议 研究结论、研究贡献、研究局限

图 1-3 研究框架

第2章相关理论与方法概述。从理论产生、发展和应用等方面，对本书研究涉及的消费者行为理论、计划行为理论、认知失调理论、信号理论、感知风险和转换障碍理论进行概括说明；基于文献整理和分析，从基本原理、检验要点和检验方法三个方面，详细阐述各种类型的中介效应和调节效应，为后续作用关系的检验提供方法说明。

第3章网络购物消费者退货行为关键影响因素识别研究。基于相关文献梳理，从消费者自身特征、产品特征、电商企业特征、网络交易环境和消费者感知五个方面，总结消费者退货行为的主要影响因素。研究发现，网站信息是影响消费者退货行为的关键性原因因素，卖家实力、替代品竞争力、情境规范和退货简便性是关键性中间因素，购后失调是承接几乎所有因素影响作用的关键性结果因素，是影响消费者退货行为的关键性前置因素。

第 4 章网络购物消费者主观退货风险构成与异质性研究。从网购消费者个体差异角度提出主观退货意愿的概念，基于计划行为理论从态度、主观规范和感知控制三个维度探索主观退货意愿的影响因素，借助因子分析构建网购主观退货意愿四维度 11 个指标的度量指标体系；探讨主观退货意愿及其各子维度与消费行为变量的相关关系，挖掘反映顾客网购退货风险的消费痕迹强信号。另外，基于"以个体为中心"视角探讨消费者主观退货风险异质性问题，将网购顾客依据主观退货风险分成三个类别：不敏感组、正常风险组和高风险组，并进一步分析不同剖面的个体特征差异、退货行为和消费满意度差异。

第 5 章购后失调对网购顾客退货意愿的影响机理研究。基于认知失调理论探讨购后失调对顾客退货意愿的影响作用，并结合信任理论分析网络交易情境规范对购后失调影响作用的调节效应，研究发现购后失调对顾客退货意愿具有显著的促进作用，低水平网络交易情境规范和低水平退货策略考量会增强购后失调对退货意愿的影响作用，情境规范对购后失调与退货意愿影响关系的调节效应会通过退货政策考量发挥作用。另外，顾客的产品熟悉度和时尚程度会进一步影响情境规范的调节效应。

第 6 章网站信息对消费者退货意愿的作用机制研究。网络销售中的网站信息主要包括网页上的产品信息和在线顾客评论两部分，是网络购物顾客获取产品知识的重要信息渠道。现有研究表明，详细准确的产品信息和积极的顾客在线评论对消费者退货行为具有显著的抑制作用，但对其具体作用机理缺乏深入探讨。本书引入购后失调探讨网站信息对顾客退货意愿的影响机理，并将顾客特征属性（受教育水平、主观退货意愿和购买参与度）和交易情境变量（替代品吸引力）作为调节变量，探讨这些变量对网站信息间接效应"网站信息—认知失调—退货意愿"的调节效应，研究发现，顾客特征属性和替代品吸引力会调节网站信息对退货意愿的影响作用。

第 7 章网络零售商竞争力对退货意愿的作用机制研究。通过使用品牌知名度、网络零售商类型以及产品丰富度三个指标刻画顾客对网络销售商实力的感知，基于认知失调理论探讨网络销售商实力对顾客退货意愿的影响机理。将顾客属性变量如性别和家庭年收入、网络交易情境规范和退货简便性作为调节变量，探讨这两类变量对零售商实力影响作用的调节效应。另外，通过引入感知风险和购后失调两个变量，探讨替代品吸引力作为预购买阶段产品预期形成的依据，对顾客退货意愿的间接影响机制；同时将顾客以往消费经历和产品价格水平作为调节变量，探讨这两个变量对替代品吸引力影响作用的调节效应。

第 8 章基于顾客退货风险分析的退货策略设计研究。基于实证部分的研究结论，结合 Cov-AHP 分析和多元分析，分别构建网络购物顾客主观退货风险评估体系和网络购物交易客观退货风险评估体系，从主观和客观两个维度对网络购物退货风险进行界定，形成退货风险矩阵。结合退货策略相关研究结论，从退货策略选择、退货运费策略和退货政策宽松度三个方面提炼退货策略，为不同风险类型的网络零售情境设计适宜的退货策略集。

第 9 章研究结论与对策建议。从研究结论、研究贡献以及研究局限三个方面，对全书的研究加以总结。

1.4　研究方法和创新点

1.4.1　研究方法

本书将解析模型定量研究与实证分析定量研究相结合，所采用的主要研究方法包括以下三种。

（1）文献研究法。主要是对消费者行为理论、认知失调理论、消费者退货行为、退货策略相关理论和研究结论，以及实证研究检验方法等研究成果进行回顾、整理和评述，以规范研究为基础，为实证研究和解析模型研究提供理论基础、为研究假设提供依据和数据分析方法借鉴。

（2）实证研究方法。借助 SPSS、MPLUS 统计软件，对调查数据进行相关分析、因子分析、回归分析和潜剖面分析等，检验相关测量模型、结构模型和研究假设。此外，基于模糊集理论的 DEMATEL 方法，通过分析中心度、原因度等指标确定退货行为影响因素之间的相互关系，进而识别关键影响因素。

（3）专家调查法和问卷调查法。采用专家打分的方法确定消费者退货行为各影响因素之间的作用关系，进而确定关键因素；通过问卷调查的方法收集数据，构建主观退货意愿的度量指标体系，以及验证各因素对顾客退货意愿的影响机理。

1.4.2　研究创新点

（1）构建度量网购消费者主观退货意愿的指标体系，以个体为中心对消费者退货风险进行分类。现有研究对于消费者退货行为的研究大多数从退货意愿和退货频率等方面加以度量，是一个综合型结果，缺乏从消费者个体角度探讨退货风险的差异。近年来，网络购物中不道德退货行为受到学者们的关注，但更多的是侧重于对其销售策略和惩罚策略的设计，对消费者主观退货风险甄别的研究不足。本书基于计划行为理论，从无理由退货态度、亲友支持、社会压力和感知控制四个维度构建指标体系用以度量消费者主观退货意愿；基于四维度指标收集的消费者数据，通过潜剖面分析网络购物顾客群体内主观退货意愿的异质性，并将消费者主观退货风险类型分为"不敏感退货群""正常风险退货群"和"高风险退货群"。

（2）提炼消费者退货意愿的关键影响因素，探讨因素之间的相互关系，深入探讨关键前因变量购后失调对消费者退货意愿的影响机制。现有研究关注于探讨不同因素对消费者退货行为的影响作用，对不同因素之间的相互作用关系，以及各因素对退货行为的影响机理缺乏深入探讨。本书采用模糊集 DEMATEL 方法分析发现，购后失调是消费者退货行为的关键前因，是承接很多因素作用于退货意愿的关键中介变量。虽然少数学者通过理论研究（李，2015）或实证研究（鲍尔斯和杰克，2013、2015）解释了购后失调对网络购物退货行为的重要诱因作用，但并没有对其具体影响机理加以深入挖掘。本书不仅验证了购后失调对退货意愿的影响作用，还将情境规范、退货政策关注和产品熟悉度等作为调节变量引入结构模型中，探讨交易情境因素和顾客属性因素对购后失调影响作用的影响。因此，本书从作用识别、影响机理两个方面论证了认知失调理论对消费者退货行为研究的重要意义。

（3）通过将网站中产品信息和顾客评论信息合并形成新的概念——网站信息，基于认知失调理论探讨网站信息对消费者退货意愿的影响机理，并探讨替代品吸引力和感知风险对网站信息影响作用的调节效应。虽然有研究探讨了网页上产品信息和评论信息对退货行为的影响作用（De，Hu & Rahman，2013；Minnema et al.，2016），但并没有深入探讨这些因素的影响机理。本书尝试从消费者认知的角度来解释网站信息的影响机理，不仅探讨了网站信息通过购后失调对消费者退货意愿的影响作用，还探讨了感知风险对网站信息影响作用的调节。另外，不同于现有研究中将替代品吸引力作为消费者转换行为的决定因素（Liu et al.，2016；鲍尔斯和杰克，2013、2015），本书从信息获取的角度（Bechwati & Siegal，2005），探讨替代品吸引力对网站信息影响作用的调节效应。本书不仅将认知理论用于解释网站信息对消费者退货行为的影响作用，还进一步界定了网站信息的作用边界，充实了消费者退货行为的实证研究。

（4）引入认知失调理论，探讨销售商实力和替代品吸引力对顾客退货意愿的影响机理。本书由销售品牌、店铺类型、产品丰富度三个指标构成新的概念——网络零售商实力，基于信号传递理论提出零售商实力对顾客购后失调和退货意愿影响作用的研究假设，完善了现有研究主要关注于在线顾客评价和销售商信誉两个信号变量的局限，为后续相关研究提供了理论借鉴。现有研究虽然表明替代品吸引力对于顾客退货行为和购后失调有影响作用，但是鲜有研究从购后失调的角度探讨替代品吸引力对退货行为的影响机理。本书引入感知风险和购后失调并将其作为中介变量，探讨了替代品吸引力对顾客退货意愿的链式中介作用，完善了替代品对消费者退货行为影响的相关理论研究。

1.5　本章小结

作为全书的绪论部分，本章首先基于行业发展实践和理论研究背景提出研究主题，进而阐述整个研究的理论和实践意义；其次，提出了本书研究的整体框架，并结合框架详细说明了具体研究内容；最后，基于研究内容设计说明采用的研究方法，并提炼了本书研究的理论创新点。

第2章 相关理论与方法概述

2.1 相关理论概述

2.1.1 消费者行为理论

网络零售商策略与消费者行为构成了决策互动关系，分析消费者行为是网络零售商科学决策的前提和提高竞争优势的重要手段。为了更好地理解消费者的行为反应，需要对网络消费者行为的影响因素和作用机理进行分析，消费者行为理论成为分析网络购物消费者退货行为发生溯源的理论根本。

2.1.1.1 消费者行为理论的产生与发展

最早对消费者行为概念的界定是由尼科西亚（Nicosia）在 1966 年提出来的，他认为消费者行为是以非转售为目的的购买行为，是对消费品的自行使用。在尼科西亚提出的消费者行为模式中，包括广告信息、调查评价、购买行为和反馈四个环节。后续很多学者的研究成果不断构建和充实了消费者行为理论。

前期大多数消费者行为研究都是基于消费行为过程展开的。霍华德和谢思（Howard & Sheth，1969）从系统角度界定消费者行为过程，认为其包括输入变量、知觉过程、学习过程、外因性变量和输出变量等。雷诺和达登（Reynolds & Darden，1974）提出了"刺激—主体心理活动—反应"（S-O-R）模型，从心理反应的角度来解释消费者行为的产生。恩格尔等（Engel et al.,

1995）认为，消费者行为不仅包括购买前决策，还包括购买后决策，且购买过程中产生的情绪会影响其后续消费行为。

后期消费者行为研究开始关注对消费行为影响因素的研究。贝特曼（Bettman，1986）指出，消费者过往的产品使用经验、广告、口碑及其他营销刺激，与其当前的信息处理和决策行为有密切的关系。迈耶斯－利维和斯特恩塔尔（Meyers-Levy & Sternthal，1991）基于消费者性别影响研究发现，在处理劝说信息的沟通中，男人更倾向于接收概念导向的一般化信息，而女人更倾向于接收含有更多细节的数据导向信息。缇伯特和阿尔茨（Tybout & Artz，1994）指出，消费者对于购买信息的处理和判断，是建立在其认知社会心理学基础上的。布莱克威尔等（Blackwell et al.，2000）认为，消费行为常常受到个体因素（如动机、知觉、需求、欲望、态度、性格和过去经验）与情境因素（如人际互动、群体关系、组织、社会、文化与物理环境）的影响。

2.1.1.2　消费者网络购物行为

近年来，随着互联网的快速发展和广泛应用，消费领域发生了翻天覆地的变革，消费行为也随之产生了较大变化，网络购物消费者行为已经成为当今消费行为领域的主流研究方向。阿尔巴等（Alba et al.，1997）提出，影响网络消费者行为的主要影响因素包括商品选择的便捷性、商品筛选的有效性、商品信息的可靠性和商品的可比性，网络零售商必须在以上这些方面具备优势，这是区别于传统商店竞争的关键。卡若高卡和沃林（Korgaonkar & Wolin，1999）研究发现，消费者的人口统计学变量，如性别、年龄等，都是网购消费者行为的重要影响因素。珍娜帕等（Jarvenpaa et al.，2000）研究指出，消费者对计算机的态度、感知产品价值、购物体验和感知风险等因素，对消费者网络购物行为有显著影响。豪布尔和特里夫特（Haubl & Trifts，2000）发现，网络零售商提供的互动方式、消费者网络购物搜索能力、购物经验和购买态度，对消费者网络购物行为和决策有直接影响作用。李和特班（Lee & Turban，2001）认为，消费者对网络购物的信任是其购买决策的重要影响因素。曼德尔（Mandel，2002）发现，网店信息展示的方式，对消费者尤其是网购新手的购买决策有显著影响。陈琳芬和王重鸣（2005）探讨了服务质量对网络购物消费行为的影响路径。依绍华（2015）针对网络海外代购现象，分析了消费者行为及其实现过程的内、外部影响因素。

伴随着网络购物成为主流消费模式，网络购物的局限性也吸引了很多学者的关注，不断增长的消费者退货成为重要热点研究问题之一。"七日无理由退货"政策规定，对于通过远程方式销售的商品（特例品除外），消费者有权进行 7 日内无理由退货，宽松的无理由退货保障策略导致网络购物顾客的平均退货率远高于传统实体店。网络零售中日趋严重的消费者退货对电商企业的收益造成了严重影响，调查显示我国六成以上消费者对"双十一"购买的产品进行了退货，大量的消费者退货已经成为制约网络零售市场高质量发展的重要难题（Zhou & Hinz，2016）。因此，消费者退货行为的产生原因、应对策略、动机和影响因素等成为众多学者关注的研究问题。

2.1.1.3　消费者网络退货行为

目前，消费者退货的相关研究存在四个主要研究方向。一是针对消费者退货物流和供应链运营优化的解析研究。如无理由退货政策条件下逆向物流的管理优化研究（Petersen & Kumar，2015）、高效经济的退货物流系统规划与设计（孙军和孙亮，2014）、考虑消费者退货情形下供应链策略优化（Janakiramana，Syrdalb & Frelingc，2016）、基于消费者退货行为的供应链策略和契约研究（Alptekinoglu & Grasas，2014）、退货供应链的系统协调和委托代理问题研究（陈敬贤，2014）等。二是针对消费者退货行为产生原因的探讨，包括心理驱动因素（鲍尔斯和杰克，2013）和退货政策（Maity & Arnold，2013）的影响。研究学者和市场管理者对消费者退货的原因更感兴趣，很多重要影响因素被挖掘出来，如产品质量、产品破损、有问题的物流过程、不完善的运输管理、期望落差、消费者不满意等（Chu，Gerstner & Hess，1998；King & Denis，2006；Kotler & Keller，2012），且从强制性和直觉性两个方面对退货原因的研究还在继续。三是针对非道德和欺骗性退货行为的研究。调查研究发现，消费者不诚实的意图是导致消费者退货的一个重要根源（Wang，Liu & Eric，2015；King & Denis，2006；Harris，2008），相关研究结论解开了许多市场践行者们长期以来的困惑，并帮助管理者们改进经营策略，有效降低产品退货率。然而，研究发现，很多管理策略虽然能有效缓解退货行为，但是会对消费者满意度、信任度和购买意愿造成消极影响（Anderson，Hansen & Lowry，2009）。四是针对非不满意退货行为的研究。伴随着互联网技术和网络销售技术的不断改进，消费者购买产品前能够通过各种渠道更好地了解和体验产品特性与质量，但是退货行为仍然愈演愈烈，可见消费者退货行为未必是由于对产品不满意导致的（Petersen & Kumar，2009）。虽然不诚实的退货行为确实存在，但是大部分消费者退货都是道德的（Janakiraman & Ordóñez，2012）。学者们的调查研究发现，网络购物中经常存在产品型号、颜色、款式和舒适度等感知差异，导致顾客感知风险增大（李，2015）。为了确保能够及时获得更合适的产品，消费者购买多个型号、款式、颜色的产品，借助无理由退货政策将不合适的商品退回，这种退货动机从根本上不同于不道德的退货行为（King & Dennis，2006）。伴随着网络销售环境中竞争的加剧，销售人员甚至会劝说消费者通过购买多件产品并退回不喜欢产品的方式去挑选更合适的产品，以增大顾客购买意愿（Chu，Gerstner & Hess，1998）。因此，探讨消费者网络购物退货行为的影响机理，基于消费者退货行为提升网络零售供应链的系统收益，将成为今后网络退货行为研究的重要趋势（孙永波和李霞，2017）。

2.1.2　计划行为理论

2.1.2.1　计划行为理论的产生与发展

计划行为理论（theory of planned behavior，TPB）是对行为研究最具影响力的社会心理学理论之一，理论模型发展较为成熟，应用也很广泛。菲什伯恩（Fishbein，1966）提出的多属性态度理论（theory of multiattribute attitude，TMA）被看作 TPB 的理论源头。TMA 认为，行为态度决定行为意向，而行为态度又是由人们的预期评价所决定。菲什伯恩和阿赞（Fishbein & Ajzen，1975）在改进 TMA 的基础上，提出了理性行为理论（theory of reasoned action，TRA)。TRA 认为，行为意向比态度、感觉、信念等认知因素更能直接决定行为，了解一个人对某行为的意向是预测其行为的重要前提（Ajzen & Fishbein，1980)。TRA 假设个体是理性的，个体行为受意志控制，但该假设很难禁得起深入推敲。阿赞（1985）在 TRA 的基础上，通过增加变量"知觉行为控制"，提出了 TPB。

2.1.2.2 计划行为理论模型

TPB 是社会心理学中最为出色的态度行为关系理论（Ajzen，1991)，该理论的核心范式为行为态度、主观规范和感知行为控制三方面因素影响行为意向，而行为意向影响个体行为。行为态度是个体对行为的正面或负面评价，受行为信念影响；主观规范是规范信念的函数，界定个体感知影响行为的路径；感知行为控制是受控制信念的影响，描述个体对实施行为难易的感知。上述三个因素的相应信念体现了个体差异，TPB 的理论模型如图 2 – 1 所示。

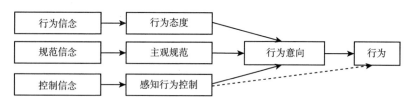

图 2 – 1 TPB 理论模型

TPB 认为，行为的形成过程包括外界影响阶段、行为意向影响阶段和行为影响阶段。当行为的发生不完全受行为意向控制时，感知行为控制则可能对行为产生影响。因此，在 TPB 的结构模式中，行为与感知行为控制之间的关系常以虚线表示。

TPB 因其理论架构的清晰和完备并具有较强适用性，受到众多社会科学研究者的青睐，TPB 被不同社会科学学者广泛应用于个体理性行为的研究，已有研究都证实 TPB 可以明显提高对个体行为的解释预测能力（段文婷和江光荣，2008)。因此，TPB 为研究复杂的个体行为提供了一个有意义的理论框架。

2.1.2.3 TPB 在网络购物及退货领域的研究应用

自 TPB 提出以来，该理论的影响力逐渐增强，被广泛用于解释网络购物时代的消费者行为。帕夫洛和费根森（Pavlou & Fygenson，2006）应用 TPB 解释和预测消费者的电子商务使用行为。尹世久等（2008）基于 TPB 针对消费者网络购物行为，构建了分析该行为意愿的 Logit 分析模型，并逐层分析了模型中各个影响因素之间的积极或消极作用。

很多学者在 TPB 的基础上通过理论扩展来探讨网络购物行为。斯坦、施马尔茨和汉森（Stein，Schmalzl & Hansen，2004）在 TPB 模型中加入个人价值观，研究发现，消费者会把个人价值观与网络购物态度联系起来，但是它们之间的关系是以消费者个人是否在网上购买过产品作为中介变量。许等（Hsu et al.，2006）将 TPB 和期望差距理论相结合，通过满意度和期望差距两个变量，分析消费者持续网络购物行为的影响机理。研究指出，网络购物满意度对持续购买意向影响显著，期望差距是初始与持续网络购物信念之间的中间变量；研究还发现，个人态度对持续购物意向的影响显著，主观规范的影响不显著。吴淑英（Wu S. I.，2006）利用 TPB 研究消费者的网络购书行为，通过将网络购书者分成时尚独立型组、友好型组和保守型组，分析各种类型网络购书者在 TPB 模型中的适用性，针对不同类型的消费者提出不同的网络营销策略。

伴随着 TPB 在网络购物行为研究中的广泛应用，一些学者开始基于 TPB 探讨消费者的退货行为。金、丹尼斯和赖特（King，Dennis & Wright，2008）基于 TPB 研究发现，通过影响消费者的态度、主观规范及感知行为控制来引导消费者退货意向，能够有效地减少消费者退货行为的发生。迪皮特罗等（Dipietro et al.，2016）指出，消费者退货意向影响退货行为，消费者的退货意向受消费者态度和主观规范的影响。并进一步提出，消费者态度和主观规范受信念影响，信念的不同维度对消费者退货信念的影响作用各异。通过强化具有抑制退货作用的维度，就会通过影响消费者信念、态度和主观规范的形成，进而减少消费者退货行为。因此，基于 TPB 分析网络购物消费者退货行为的主观意愿，进而探讨各维度对消费者退货行为的影响作用，不仅有利于对网购消费者退货行为的理解，还丰富了 TPB 的应用研究。

2.1.3　认知失调理论

2.1.3.1　认知失调理论的产生与发展

认知失调理论（theory of cognitive dissonance，TCD）由美国社会心理学家费斯廷格（Festinger）在其 1957 年著名专著《认知失调理论》中提出，首次正式完整地陈述了 TCD。认知失调用于描述人们由于认知不一致时产生的心理不适或不平衡感，是人的态度变化过程。失调可以被三种方式激发：一是在做出重要且困难的决策后；二是在被迫说出或做出与个人态度、意见或信念相矛盾的事情后；三是在获取不一致的信息后。认知失调往往出现在决策之后，决策导致焦虑和不确定感知，这些感受一般都是暂时的，但是会促使人们做出调整（Stone & Cooper，2001）。布雷姆（Brehm，1956）指出，除了选择方案的不利信息外，未选替代方案的有利信息也会让决策者产生心理矛盾，这些矛盾感知构成了对某项决策的认知失调感。TCD 引起了心理学领域学者的高度关注。索塔和斯威尼（Soutar & Sweeney，2003）指出，人们天生具有一种避免或减少失调的倾向，当出现认知失调时，人们可以采取两种措施来减少或避免失调：一是改变失调两端的一端，从而恢复平衡；二是引入新元素，使两端平衡。

在营销领域研究中，一些学者基于 TCD 探讨消费者购后失调（post-purchase dissonance，PPD）问题。每个选择的商品都具有优劣两方面，购买决策不仅意味着消费者获得了商品的优越性，同时也承受了其不足，替代产品的优越性会进一步放大选择产品的缺点，导致消费者产生心理不舒服感，进而产生购后失调。阿克索姆和库珀（Axsom & Cooper，1985）指出，为了降低购后失调，消费者可能会搜集选择产品的有利信息，或者遗漏一些令人不快的事实。克拉克和达斯（Clark & Das，2009）认为，消费者对自己决策的信心，能够有效降低其购后失调。认知失调是一个难以诠释和度量的概念，一些实验研究尝试从生理反应和表现失调的指标来解释认知失调，比如焦虑、后悔、懊悔等（Elliot & Devine，1994）。斯威尼、豪斯克内希特和索塔（Sweeney，Hausknecht & Soutar，2000）从产品失调和情感失调两个维度，提出 22 个指标来度量网络购物行为中的认知失调。耿庆瑞和廖子贤（Keng & Liao，2013）则是基于四个指标度量网络购物中的购后失调。到目前为止，对认知失调的测量仍然没有形成统一认知。

2.1.3.2 基于 TCD 的网络消费行为研究

伴随着互联网的普及和网络零售的迅速发展，学者们开始使用 TCD 探讨消费者网络购物行为。权和列侬（Kwon & Lennon，2009）针对多渠道零售情境，使用 TCD 探讨消费者关于品牌的偏好转移行为。琼斯和金（Jones & Kim，2010）研究发现，消费者会通过维持线下和线上态度一致性来避免认知失调，如果消费者信任线下商品，就会从线上购买该商品。费尔南德斯和罗马（Fernandez & Roma，2012）基于 TCD 探讨多渠道情境下网络顾客忠诚行为的影响因素。

近年来，TCD 也被广泛应用于网购消费者退货行为的研究。一些学者的研究发现，PPD 是导致顾客不满意进而退货的一个关键动机（Gbadamosi，2009；Lee，2015）。德罗格和哈尔斯特德（Dröge & Halstead，1991）研究指出，网络购物中 PPD 是普遍存在的，消费者会通过各种措施来降低失调感知，但是当产品感知与预期严重不符时就会导致消费者退货。艾略特和迪瓦恩（Elliot & Devine，1994）认为，消费者会将已购商品与其他潜在替代品进行比较，消极的比较结果会导致消费者情感上的不舒服，消费者通过选择退货撤销先前的购买决策来缓解心里的消极感知。麦康奈尔等（McConnell et al.，2000）指出，没有购买的替代品会在消费者心理形成反事实认可，反事实认可会增强消费者的购后失调（Walchli & Landman，2003）。

消费者购买后会由于各种原因（如安装问题、缺乏产品使用知识等）产生购后失调情感（李，2015），购后失调会受消费者的消费经验、产品知识和网络销售商后续服务等因素的影响。情感方面对购后失调概念的解释更为清晰，后悔是与购后失调关系最密切的情感因素之一，当消费者完成购买之后经历了"懊悔"时就会产生这种消极情感。就算购买后收到积极的信息也依然有可能引起后悔情绪（Inman, Dyer & Jia, 1997）。蒂罗斯和米塔尔（Tsiros & Mittal, 2000）通过后悔这个消极情绪，解释消费者的购后失调，认为当消费者将已经购买的不太满意的产品与之前满意的消费经历进行比较时，就会产生后悔情绪，进而导致认知失调。鲍尔斯和杰克（2013，2015）将认知失调作为中介变量，探讨转换障碍、顾客不满意和消费者机会主义等因素对消费者退货行为的影响机理。

2.1.4 信号理论

2.1.4.1 信号理论的产生与发展

信号理论（signal theory）起源于信息经济学，最初用于研究如何降低双方之间信息的不对称性（Spence, 1974）。尽管信息的不完全性众所周知，但是长期以来，经济学者们还是将完全信息设定为市场前提（Stiglitz, 2000）。斯蒂格利茨（2000）指出，信息不对称主要体现在信息质量和信息范围两个方面。信号理论包括信号发出者、信号本身、信号接收者、信号反馈和信号环境五个基本要素（Connelly, Ketchen & Slater, 2011）。信号发出者通常是代理方的内部管理人，他了解外界所不熟悉的各种相关方面的真实信息（Kirmani & Rao, 2000）。信号具有可观测性和信号成本两个主要特征（Smith-Bird & Turnbull, 2005）。信号接收者是信号时间序列中第三个要素，当信号发出者和信号接收者之间存在利益冲突，就会导致欺骗行为的产生（Smith-Bird & Turnbull, 2005）。信号反馈方面，学者更多关注于信号理论正向影响路径的研究，忽视了消极信号反馈的研究（Gammoh, Voss & Chakraborty, 2006）。信号环境在信号理论的研究中是一个盲点，麦克林和斯蒂芬斯（Mclinn & Stephens, 2006）尝试将环境的动态性、复杂性和包容性加入信号理论的过程研究中。

信号理论被广泛运用于管理领域、市场领域和金融领域。科曼尼和饶（Kirmani & Rao, 2000）利用信号理论研究发现，高品质公司发出信号有助于其增大收益，而低品质公司发出信号则会降低其收益。威尔斯、瓦拉契奇和赫斯（Wells，Valacich & Hess，2011）认为，信号的使用可以有效降低网络买卖双方之间的信息不对称。

2.1.4.2　信号理论在网络购物行为研究中的应用

在网络经济背景下，消费者会基于企业网络平台的各方面展示信息，结合以前获取的企业相关信息，综合评估服务企业（Walsh & Beatty，2007）。刘等（Liu et al.，2015）指出，在竞争激烈的网络销售环境中，企业会采用多种信号来吸引消费者，通过向消费者传递积极信号帮助消费者作出购前判断，促进网络购物行为。积极的顾客在线评论、完善的产品宣传以及较高的网络零售商等级等信息都会增强顾客对网购产品和服务的信任（Thorelli，Jee & Jong，1989）。艾森贝斯等（Eisenbeiss et al.，2014）指出，良好的企业网络综合信息的展示有助于顾客期望的形成。网络零售商会采用不同方式向消费者传递各类积极信号，如保证金、信誉和网页设计等（Walsh & Beatty，2007）。斯宾塞（Spence，1974）指出，保证金相当于销售商对消费者的一种承诺，能够降低消费者在交易中的感知风险。威廉和安纳（William & Amna，1993）提出，保证金制度能够发挥信号传递作用，帮助消费者区分低质量和高质量的销售商。巴拉汉德（Balachander，2001）提出，保证金可以作为网络销售企业的营销策略，保证金的信号机制对企业经营具有积极作用。信誉是消费者对商家过去行为的评价和对未来行为的预期，是目前受到研究关注最多的一种信号（Bockstedt & Goh，2011）。瓦尔扎克和格雷格（Walczak & Gregg，2009）等认为，信誉可以通过消费者对网络销售企业的打分进行度量，向消费者传达企业产品和服务质量的信息，缓解消费者在交易中的信息不对称困境，促进网络购物行为。索伯曼（Soberman，2009）实证研究发现，销售企业的信誉与其销售业绩显著正相关。博克斯泰特和高（Bockstedt & Goh，2011）更是指出，基于时间和空间的分离特性，电子商务中信誉的信号作用尤为重要。威尔斯、瓦拉契奇和赫斯（2011）等基于对网络销售商信誉与消费者感知的关系研究，发现网络销售商良好的信誉可以向消费者传递积极信息，降低消费者在网络购物交易中感知的不确定性，增加其对网络销售商的信任。格雷格和瓦尔扎克（Gregg & Walczak，2008）认为，网络零售企业网店界面设计对于传达企业的产品和服务质量有非常重要的作用。兰加纳森和加纳帕西（Ranganathan & Ganapathy, 2002）等从视觉吸引力、数据质量和安全性三个维度度量电子商务企业的网页设计质量。金和尼姆（Kim & Niehm, 2009）研究发现，网络销售商的网络平台界面设计对顾客消费行为有积极的促进作用。洛亚科诺、沃森和古德休（Loiacono, Watson & Goodhue, 2002）指出，优秀的网页设计有助于改善消费者对产品和服务质量的感知，进而增强顾客的网络购买意向。

信号理论也被一些学者用于对网络购物退货行为的探讨。贝奇瓦蒂和西格尔（Bechwati & Siegal, 2005）发现，顾客对产品的消极评价往往是由于消费者从网络销售商处获得的产品信息有限，进而影响产品退货率。因此，无法将高质量的产品和服务信号有效地传递给消费者，会增大产品被退回的可能性（Walsh & Moehring, 2017）。为了降低网络零售中的退货问题，网络零售商尝试不断改进其网页信息，研究表明，网络零售商改进网页信息的途径主要有两种：一是通过产品展示技术向顾客提供更为准确、翔实的产品信息（De, Hu & Rahman, 2013）；二是通过在线顾客评论向顾客传递已经购买和使用该产品顾客对产品的评论（Chen & Xie, 2008）。现有研究发现，网页上提供的产品和评论信息与消费者退货行为密切相关（Minnema et al., 2016；Sahoo, Dellarocas & Srinivasan, 2018）。金和古普塔（Kim & Gupta, 2012）也指出，在线顾客评论作为一种有效的信号，能够影响网络购物消费者的产品评价，进而影响消费者购后行为。波尼菲尔德、科尔和舒尔茨（Bonifield, Cole & Schultz, 2010）及邵兵家等（2017）研究指出，网络销售商的退货政策同样可以作为网络销售商质量的信号，影响消费者的购买和退货决策。菲尔德、科尔和舒尔茨（2010）基于信号理论探讨退货政策宽松度与网络零售商质量的关系，通过实证研究发现，消费者认为实行宽松退货政策企业的产品质量更有保障。

2.1.5 感知风险和转换障碍理论

2.1.5.1 感知风险理论

鲍尔（Bauer, 1960）首次在市场营销领域提出感知风险（perceived risk）

的概念，他指出，顾客做出消费决策时无法预知后果的好坏，导致消费决策具有不确定性。考克斯（Cox，1967）对感知风险概念进行完善，提出消费行为能否满足购买决策的预期目标是感知风险产生的根源。鲍尔提出，感知风险对消费者行为的影响主要取决于主观感知风险。虽然购买决策中存在多种风险，但并不是所有风险都能够被感知到（Mitchell & Boustani，1993），只有那些被感知的风险才会影响消费行为（Voss & Grohmann，2003）。

网络购物由于远程购物的特点，顾客无法在购前通过感官体验和检查产品，交易前产品质量鉴别和体验的缺乏使得网络购物中消费者感知风险更高（Wood，2001）。珍娜帕和托德（Jarvenpaa & Todd，1996）提出，网络购物环境下的感知风险包含经济、社会、功能、个人和隐私五类风险。感知风险对消费者网上购物行为具有直接影响（Miyazaki & Fernandez，2001），感知风险对顾客的网络购物行为有消极影响（Forsythe & Shi，2004）。为了更好地了解消费者的网络购物感知风险，一些学者开始关注交易中感知风险的影响因素。雅各比和卡普兰（Jacoby & Kaplan，1972）指出，宽松的退货政策是降低顾客购物中感知风险的有效措施。邱等（Chiu et al.，2011）指出，在网络销售渠道中，零售商策略对消费者感知风险和退货行为具有决定作用。李东进等（2013）研究指出，在网络购物中，零售商的退货政策是降低消费者感知风险的关键。鲍尔斯和杰克（2013）认为，替代产品有助于顾客获得更多产品知识，从而有助于降低交易中的感知风险。

2.1.5.2　转换障碍理论

转换障碍是顾客从现有产品或服务转向其他替代产品或服务的过程中所遇到的困难感知（Klemperer，1987）。现有关于顾客保留的相关研究发现，转换障碍与顾客保留紧密相关：一方面，当没有其他更好的选择时，顾客会选择继续从原来供应商处购买产品（李和特潘，2001），因而缺乏强吸引力的替代品使得顾客自愿地保持当前的交易关系；另一方面，如果从当前的供应商转换成其他供应商，存在较高的转换成本，过高的供应商转换成本使顾客非自愿地保持当前的交易关系（Blut et al.，2007）。因此，学者们认为，替代品吸引力和转换成本构成了转换障碍的两个重要维度（Mutum et al.，

2014；Kim et al. , 2018)。

替代品吸引力定义为顾客对替代方案可能获得满意度的预期 (Kim, Ok & Canter, 2010；Patterson & Smith, 2003)，学者们探讨了替代品吸引力对顾客认知的影响作用。消费者会通过将目标产品或服务与其他可能替代品进行比较，关于替代产品的看法对顾客关于目标产品或服务的满意度有重要的影响作用 (Patterson & Smith, 2003)。实证研究表明，替代品吸引力会对顾客关于目标产品的满意度产生负面影响，即高水平替代品吸引力能够降低顾客对目标产品的满意度 (Chi, Chan & Hung, 2007)。

消费者认知理论被用来解释替代品吸引力对顾客购后行为的影响。根据 TCD，当消费者必须通过比较不同的替代方案做出购买决定时，由于必须从众多各有优势的方案中选择一种，因此导致认知失调 (Sharifi & Esfidani, 2014)。顾客对替代品吸引力的感知可以作为他们购买后评估购买产品的参考点 (Kim, Chung & Suh, 2016)，被拒绝的替代产品在消费者心中被模拟为反事实 (麦康奈尔等, 2000)，从而放大了任何可能出现的认知失调 (Walchli & Landman, 2003)。

2.1.5.3　替代品与感知风险

替代品不仅会改变消费者对订购商品的看法，影响顾客的购后转换行为，还会对消费者的购前认知产生影响。由于远程购物中顾客无法在购前检查和体验产品，因此顾客在做出购买决定时倾向于比较来自各种购物平台、不同电子零售商和品牌的产品 (Chiou, Wu & Chou, 2012)。随着替代品吸引力的增加，购买决策的难度也会增加，从而导致感知风险的增加 (Choi & Ahluwalia, 2013)。范和何 (Pham & Ho, 2015) 指出，替代方案吸引力会增加决策的复杂性，给客户的购买决策带来很多不适感，从而增加客户的感知风险。

2.2　作用关系的相关检验方法概述

在行为研究中，经常会遇到中介效应和调节效应的检验。通过查阅大量国内外相关研究文献，本书汇总和整理了各种中介效应和调节效应的权威检验方法，本节旨在对本书中涉及的相关作用关系检验方法做详细阐释。

2.2.1　中介效应的检验

中介效应是指变量 X 通过一个中间变量 M 影响变量 Y，M 是中介变量，"$X \to M \to Y$" 被称为中介效应。根据 X 与 Y 之间直接作用关系是否存在，中介效应又可以分为完全中介和部分中介。图 2 - 2 描绘了变量 X 对 Y 的影响作用：直接效应 $X \to Y$ 和间接效应 $X \to M \to Y$，式（2 - 1）~式（2 - 3）中回归系数 a、b 和 c'分别表示变量 X 与 M、M 与 Y，以及 X 与 Y 之间的路径系数。若系数 $c' = 0$，表示变量 X 对 Y 没有直接效应，则变量 M 在变量 X 与 Y 之间起完全中介作用；反之，若 $c' \neq 0$，表示变量 X 对 Y 存在直接效应，则变量 M 在变量 X 与 Y 之间起部分中介作用。

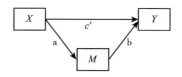

图 2 - 2　中介效应示意图

对于中介效应的检验，关键在于两点：一是验证变量 X 与 Y 之间存在因果关系；二是验证变量 M 在这个因果关系中所起的媒介作用。本书以巴伦和肯尼（Baron & Kenny，1986）提出的逐步回归方法为基础，同时参考温忠麟和叶宝娟（2014b）的研究结果，对中介效应进行检验。

下面的三个回归方程用来描述三个变量之间的关系，其中，X 是自变量，M 是中介变量，Y 是因变量。

$$Y = cX + e_1 \qquad\qquad (2 - 1)$$

$$M = aX + e_2 \qquad\qquad (2 - 2)$$

$$Y = c'X + bM + e_3 \qquad\qquad (2 - 3)$$

式（2 - 1）中系数 c 表示变量 X 对 Y 的总影响效应；式（2 - 2）中系数

a 表示 X 对 M 的影响效应；式（2-3）中系数 b 表示控制变量 X 的作用后变量 M 对 Y 的效应，式（2-3）中系数 c' 是控制变量 M 的作用后变量 X 对 Y 的直接效应。

中介效应的检验步骤如下：第一步，检验方程式（2-1）的系数 c 是否显著，若显著不等于零，表示自变量 X 的变化能够显著解释因变量 Y 的变化，继续后续检验。第二步，检验式（2-2）的系数 a 是否显著时，若显著不等于零，表示自变量 X 对中介变量 M 的影响作用显著。第三步，检验式（2-3）的系数 b 是否显著，若显著不等于零，表示中介变量 M 的变化显著解释了因变量 Y 的变化。当 $a\neq0$ 且 $b\neq0$ 显著时，表示自变量 X 对因变量 Y 的间接影响作用显著。第四步，检验式（2-3）的系数 c' 是否显著，若 $c'\neq0$ 不显著，表示变量 X 对 Y 的直接影响作用不显著，所有作用都是通过中介变量 M 发生作用，M 起完全中介作用；若 $c'\neq0$ 显著，表示引入变量 M 后，X 对 Y 的直接影响作用仍然显著存在，另将式（2-3）中 c' 与式（2-1）中 c 进行比较，若显著性水平下降，或影响系数的值明显降低，即 $c'<c$，表示变量 M 对 X 与 Y 的关系起部分中介作用。第五步，使用偏差校正的百分位 Bootstrap 法计算中介效应的置信区间，若乘积系数 ab 的 95% 置信区间不包括零，表示中介效应显著，同时报告中介效应占总效应的比例 ab/c。

2.2.2　调节效应的检验

2.2.2.1　简单调节效应检验

当变量 X 对 Y 有显著作用关系，但是 X 与 Y 的影响关系受第三个变量 W 影响时，变量 W 对 X 与 Y 关系的影响作用就是调节效应，W 被称为调节变量。调节作用示意图如图 2-3 所示。

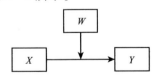

图 2-3　调节效应示意图

在统计学上，调节变量的作用是用自变量 X 与调节变量 W 的交互项 XW 来表示（Aiken & West，1991）。在对变量进行中心化处理后，构建回归方程式（2-4）来描述变量之间的关系，其中，X 表示自变量，W 表示调节变量，Y 表示因变量。式中系数 β_1 表示变量 X 对 Y 的影响效应，系数 β_2 表示变量 W 对 Y 的主效应，系数 β_3 表示交互项 XW 对 Y 的影响作用，意味着变量 W 对 X 与 Y 关系的调节效应。

$$Y = \beta_1 X + \beta_2 W + \beta_3 XW + e_4 \qquad (2-4)$$

本书采用回归方法检验调节效应（Johnson et al.，2006；温忠麟、侯杰泰和马什·赫伯特，2003；陈晓萍、徐淑英和樊景立，2012）。通过分析式（2-4）中交互项系数 β_3 的显著性，或者检验加入交互项前后回归模型 ΔR^2 的显著性来验证调节效应的存在。若回归系数 β_3 或 ΔR^2 显著，则表示调节效应存在。

验证调节作用显著存在后，需要进一步分析其作用模式。先确定调节变量的均值，然后分别以均值上下各一个标准差作为高低组，即 $\bar{W} - \sigma$ 和 $\bar{W} + \sigma$，通过对高低组样本分别进行回归分析和比较，分析调节变量不同水平组之间，变量 X 对 Y 的效应值是否表现出显著差异，并以图的形式展示出不同水平调节变量上 X 与 Y 作用关系大致趋势的区别。

2.2.2.2　双重调节效应检验

当变量 W 对 X 与 Y 的关系有调节作用，且这种调节作用的强弱受另一个变量 U 的影响，即变量 U 对变量 W 的调节作用起二重调节作用时，则称变量 U 的作用为双重调节效应。双重作用的示意图如图 2-4 所示。

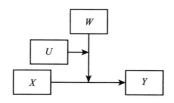

图 2-4　双重调节效应示意图

在统计学上，双重调节变量的作用是用自变量 X、调节变量 W 与双重调节变量 U 的交互项 XWU 来表示（马君和赵红丹，2015）。在对变量进行中心化处理后，构建回归方程式（2-5）来描述变量之间的关系，其中，X 是自变量，W 是调节变量，U 是双重调节变量，Y 是因变量。式中系数 β_1 表示变量 X 对 Y 的影响效应；系数 β_2 表示变量 W 对 Y 的主效应，系数 β_3 表示变量 U 对 Y 的主效应，系数 β_4 表示交互项 XW 对 Y 的影响效应，系数 β_5 表示交互项 XU 对 Y 的影响效应，系数 β_6 表示交互项 WU 对 Y 的影响效应，系数 β_7 表示交互项 XWU 对 Y 的影响效应。

$$Y = \beta_1 X + \beta_2 W + \beta_3 U + \beta_4 XW + \beta_5 XU + \beta_6 WU + \beta_7 XWU + e_5 \qquad (2-5)$$

采用层次回归方法检验调节效应（Johnson et al.，2006；陈晓萍、徐淑英和樊景立，2012），通过关注式（2-5）中交互项系数 β_7 的显著性，或者检验加入交互项 XWU 前后回归方程 ΔR^2 的显著性来验证调节效应的存在。若回归系数 β_7 或 ΔR^2 显著，则表示调节效应存在。

验证调节作用显著存在后，需要进一步分析其作用模式。先确定双重调节变量的均值，然后分别以均值上下各一个标准差作为高低组（$\bar{U} - \sigma$ 和 $\bar{U} + \sigma$），分别对高低组进行回归分析和比较，分析变量 W 对 X 与 Y 关系调节效应在双重调节变量不同水平组之间差异的显著性，并以图的形式展示出来，以分析 W 对 X 与 Y 关系调节效应的大致趋势有何不同。

2.2.3 被中介的调节效应检验

大量研究倾向于独立检验调节和中介作用，但这种方法无法清晰地描述可能会同时存在的间接作用和条件因素（即中介作用与调节作用的交叉影响）。近年来，学者们开始以更为综合的方式构建和检验理论模型，提出由中介与调节效应共同构成的组合效应、被中介的调节效应和被调节的中介效应（Liao，Liu & Loi，2010；温忠麟、张雷和侯杰泰，2006；陈璐、柏帅皎和王月梅，2016）。

爱德华兹和兰伯特（Edwards & Lambert，2007）将被中介的调节效应界定为"自变量 X 和调节变量 W 通过交互作用影响中介变量，中介变量进而对因变量 Y 产生影响"。巴伦和肯尼（1986）同样认为，当调节作用可以表示为 X 与 W 的交互作用，且该交互作用通过中介变量 M 对因变量产生影响时，则存在被中介的调节效应。近年来，有学者提出，被中介的调节效应开始于一个调节关系，即 W 对 X 与 Y 关系的调节，当该调节作用可以通过中介变量传递时，则产生了被中介的调节作用（Grant & Berry，2011）。学术界为了区分前后这两种不同表述的被中介的调节效应，分别称为类型 Ⅰ 和类型 Ⅱ。被中介的调节效应的示意图如图 2 – 5 所示。

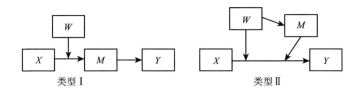

图 2 – 5　被中介的调节效应示意图

2.2.3.1　被中介的调节效应（类型 Ⅰ）检验

对于类型 Ⅰ 被中介调节效应的检验，关键在于三点：一是验证调节变量 W 对自变量 X 和中介变量 M 之间关系的调节作用；二是验证中介变量 M 与因变量 Y 之间的关系；三是验证 M 的中介作用和 W 对 X 与 Y 关系的调节作用。本书结合相关学者研究成果（Lam，Huang & Snape，2007；叶宝娟和温忠麟，2013），采用依次检验方法来验证。

在对变量进行中心化处理后，构建以下三个回归方程来描述变量之间的关系，其中，X 表示自变量，M 表示中介变量，W 表示调节变量，Y 表示因变量。

$$Y = c_0 + c_1 X + c_2 W + c_3 XW + e_1 \qquad (2-6)$$

$$M = a_0 + a_1 X + a_2 W + a_3 XW + e_2 \qquad (2-7)$$

$$Y = c_0' + c_1' X + c_2' W + c_3' XW + b_1 M + e_3 \qquad (2-8)$$

式（2-6）中系数 c_3 表示调节变量 W 对 X 与 Y 关系的调节效应；式（2-7）中系数 a_3 表示调节变量 W 对 X 与 M 关系的调节效应；式（2-8）中系数 b_1 表示控制 X、W 和交互项 XW 对 Y 的作用后，中介变量 M 对 Y 的效应。

为了支持类型 I 被中介的调节效应，间接效应系数乘积 a_3b_1 需要显著不为零，或者交互项 XW 对 Y 的效应减少量（c_3-c_3'）显著不为零。依次检验的步骤如下：第一步，检验式（2-6）中系数 c_3 是否不为零，若显著不为零意味着变量 W 对 X 与 Y 关系的调节作用显著，即变量 W 对 X 与 Y 的关系有调节作用，验证了关键点三，继续后续检验。第二步，检验式（2-7）中系数 a_3 是否不为零，若显著不为零意味着变量 W 对 X 与 M 关系的调节效应显著，验证了关键点一。第三步，检验式（2-8）中系数 b_1 是否不为零，若显著不为零意味着控制了 X 和 W 的主效应以及 XW 的交互作用后，变量 M 对 Y 的影响作用依然显著，验证了关键点二。由于验证了 $a_3 \neq 0$ 且 $b_1 \neq 0$，说明交互项 XW 的作用会通过中介变量 M 对 Y 产生影响，即调节作用通过变量 M 发生了传递，被中介的调节效应为 a_3b_1，直接的调节效应为 c_3'。另外，如果式（2-8）中交互项 XW 的系数 c_3' 不显著，表示与式（2-6）相比，加入中介变量 M 后导致交互项 XW 的作用消失了，意味着变量 W 的调节效应完全通过中介变量 M 而间接起作用；相反如果式（2-8）中交互项 XW 的系数 c_3' 显著但值降低（即 c_3-c_3' 显著不为零），意味着变量 W 的调节作用只是部分通过中介变量 M 进行传递。第四步，使用偏差校正的百分位 Bootstrap 法计算间接调节效应的置信区间，若乘积系数 a_3b_1 的 95% 置信区间不包括零，表示类型 I 被中介的调节效应得到了统计支持。

随后，进一步分析调节变量的作用模式，针对调节变量 W，分别以其均值上下各一个标准差作为高低组，分别对两组（$\bar{W}-\sigma$、$\bar{W}+\sigma$）样本进行回归分析和比较，并以图的形式展示在调节变量不同水平上 X 与 Y 关系的大致趋势有何不同。

2.2.3.2 被中介的调节效应（类型 II）检验

对于类型 II 被中介的调节效应检验，关键在于三点：一是验证调节变量

W 对自变量 X 和因变量 Y 之间关系的调节作用；二是验证调节变量 W 对中介变量 M 的效应；三是验证调节变量 M 对自变量 X 与因变量 Y 的调节作用，以及对原始调节效应的传递作用。本书结合相关学者研究成果（Grant & Sumanth，2009；马君和赵红丹，2015），采用回归检验方法来验证。

在对变量进行中心化处理后，构建下列三个回归方程来描述变量之间的关系，其中，X 表示自变量，M 表示中介变量，W 表示调节变量，Y 表示因变量。

$$T = c_0 + c_1 X + c_2 W + c_3 XW + e_1 \tag{2-9}$$

$$M = a_0 + a_1 X + a_2 W + e_2 \tag{2-10}$$

$$Y = c_0' + c_1' X + c_2' W + c_3' XW + b_1 M + b_2 XM + e_3 \tag{2-11}$$

式（2-9）中系数 c_3 表示调节变量 W 对 X 与 Y 关系的调节效应；式（2-10）中系数 a_2 表示调节变量 W 对中介变量 M 的影响效应；式（2-11）系数 b_2 表示控制了变量 W 的效应后，中介变量 M 对 X 与 Y 的调节效应，系数 c_3' 表示控制了中介变量 M 的效应后，调节变量 W 对 X 与 Y 关系的调节效应。

为了支持类型 II 被中介的调节效应，间接效应 $a_2 b_2$ 需要显著不为零；或者相较于式（2-9），式（2-11）中交互项 XW 的系数减少量（$c_3 - c_3'$）显著不为零。回归检验步骤如下：第一步，检验式（2-9）中的系数 c_3 是否不为零，若显著不为零意味着 W 对 X 与 Y 关系的调节效应显著，关键点一得以验证，继续后续检验。第二步，检验式（2-10）中的系数 a_2 是否不为零，若显著不为零意味着调节变量 W 对中介变量 M 的影响作用显著，关键点二得以验证。第三步，检验式（2-11）中的系数 b_2 是否不为零，若显著不为零表示变量 M 对 X 与 Y 关系的调节效应显著。由于验证了 $a_2 \neq 0$ 且 $b_2 \neq 0$，说明 M 传递了 W 对 X 与 Y 关系的调节效应，其中，式（2-11）中系数 c_3' 表示 W 对 X 与 Y 关系的直接调节效应，系数乘积 $a_2 b_2$ 表示 W 经过 M 对 X 与 Y 关系的调节效应，即被中介的调节效应。另外，若式（2-11）中系数 c_3' 不显著，则表明 W 对 X 与 Y 关系的调节效应完全通过 M 进行传递，变量 M 起到了对调节效应的完全中介作用；相反，若 c_3' 显著，但显著性降低或系数值显著降低（即 $c_3 - c_3'$ 显著不为零），意味着变量 W 的调节作用只是部分通过中介变量 M 进行传递，变量 M 只是对变量 W 的调节作用进行了部分中介。第四步，使用 Bootstrap 法计算间接效应乘积系数 $a_2 b_2$ 的 95% 置信区间，若置信区间不包括零，表示类型 II 被中介的调节效应得到了统计支持。

随后，针对调节变量 W 和中介变量 M，分别以其均值上下各一个标准差作为高低组，对两两匹配的四组样本（$\bar{W} - \sigma$、$\bar{M} - \sigma$）、（$\bar{W} - \sigma$、$\bar{M} + \sigma$）、（$\bar{W} + \sigma$、$\bar{M} - \sigma$）和（$\bar{W} + \sigma$、$\bar{M} + \sigma$）分别进行回归分析和比较，并以图的形式展示在调节变量 W 和 M 的不同水平上分析 X 与 Y 关系的大致趋势有何不同。

2.2.4 被调节的中介效应检验

被调节的中介效应是指调节变量对中介变量连接自变量和因变量之间的中介过程产生影响作用（巴伦和肯尼，1986；爱德华兹和兰伯特，2007；Muller，Judd & Yzerbyt，2005）。布道、鲁克和海斯（Preacher，Rucker & Hayes，2007）指出，存在自变量与因变量之间直接效应的调节作用，并不代表必然会存在被调节的中介作用，关键在于证明中介作用的存在会随着调节变量发生变化。

根据调节变量作用于中介过程位置的不同，学者们将该类问题分为前半路径被调节、后半路径被调节和前后路径被调节三种情况，还有学者探讨了对自变量和因变量直接效应的调节，由于对直接效应的调节不涉及中介效应，故在本书中不予考虑。被调节的中介效应示意图如图 2-6 所示。

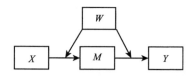

图 2-6 被调节的中介效应示意图

对于前半路径被调节中介效应的检验，关键在于两点：一是验证调节变量 W 对自变量 X 和中介变量 M 关系的调节作用；二是验证中介变量 M 和因

变量 Y 之间的显著关系。对于后半路径被调节中介效应的检验，关键在于三点：一是验证自变量 X 通过中介变量 M 对因变量 Y 的间接效应显著；二是验证调节变量 W 调节中介变量 M 和因变量 Y 之间的关系；三是验证 W 会对 X 与 Y 之间的间接效应产生显著的调节作用。

对于被调节中介效应的检验，本书结合相关学者研究成果（温忠麟和叶宝娟，2014a；Menges et al.，2011），采用依次回归分析方法加以验证。在对变量进行中心化处理后，构建下列三个回归方程来描述变量之间的关系，其中，X 表示自变量，M 表示中介变量，W 表示调节变量，Y 表示因变量。

$$Y = c_0 + c_1 X + c_2 W + c_3 XW + e_1 \qquad (2-12)$$

$$M = a_0 + a_1 X + a_2 W + a_3 XW + e_2 \qquad (2-13)$$

$$Y = c_0' + c_1' X + c_2' W + c_3' XW + b_1 M + b_2 MW + e_3 \qquad (2-14)$$

式（2-12）中系数 c_3 表示未考虑中介效应时调节变量 W 对 X 与 Y 关系的调节效应；式（2-13）中系数 a_1 表示自变量 X 对 M 的效应，a_3 表示 W 对 X 与 M 关系的调节效应；式（2-14）中系数 b_1 表示中介变量 M 对 Y 的效应，b_2 表示控制了其他效应后 W 对 M 与 Y 关系的调节效应。

为了支持前半路径被调节的中介效应，表示被调节中介效应的系数乘积 $a_3 b_1$ 需要显著不为零；为了支持后半路径被中介的调节效应，代表被调节中介效应的系数乘积 $a_1 b_2$ 需要显著不为零；为了支持前后路径被调节中介效应，代表被调节中介效应的乘积系数 $a_3 b_2$ 需要显著不为零。依次回归分析方法的步骤如下：第一步，检验式（2-12）中系数 c_3 是否不为零，若显著不为零意味着在不考虑中介效应时，变量 W 对 X 与 Y 关系的调节效应显著。第二步，检验式（2-13）中系数 a_1 和 a_3 是否显著，$a_1 \neq 0$ 显著意味着变量 X 对 M 的作用显著，$a_3 \neq 0$ 显著意味着变量 W 对 X 与 M 关系的调节效应显著。第三步，检验式（2-14）中系数 b_1 和 b_2 是否显著，$b_1 \neq 0$ 显著意味着变量 M 对 Y 的作用显著，$b_2 \neq 0$ 显著意味着变量 W 对 M 与 Y 关系的调节效应显著。如果 $a_1 \neq 0$ 且 $b_2 \neq 0$，则意味着变量 W 调节了中介效应 $X \rightarrow M \rightarrow Y$ 的后半路径；如果 $a_3 \neq 0$ 且 $b_1 \neq 0$，则意味着变量 W 调节了中介效应 $X \rightarrow M \rightarrow Y$ 的前半路径；如果 $a_3 \neq 0$ 且 $b_2 \neq 0$，则意味着变量 W 调节了中介效应 $X \rightarrow M \rightarrow Y$ 的前后路径。第四步，使用偏差校正的百分位 Bootstrap 法对乘积系数 a_1b_2、a_3b_1 和 a_3b_2 做95%的置信区间估计，若至少一组系数乘积的95%置信区间不包括零，则表示存在被调节的中介效应。

前半路径被调节的中介效应的综合值是 $b_1(a_1 + a_3W)$，后半路径被调节的中介效应的综合值是 $a_1(b_1 + b_2W)$。另外，采用爱德华兹和兰伯特（2007）推荐的方法进一步验证被调节的中介效应，把自变量 X 对中介变量 M、中介变量 M 对因变量 Y，以及自变量 X 对因变量 Y 的总间接效应，按照调节变量不同水平分别进行模拟运算和比较。分析调节变量不同水平组间的前半路径、后半路径和总间接效应是否表现出显著差异，如果间接效应的组间差异显著，则被调节的中介作用得到统计支持。

2.3　本章小结

本章针对研究所依托的理论及方法进行回顾、整理和评述，以规范研究为基础，为后续变量间作用关系的实证研究提供理论基础和数据分析方法借鉴。一方面，对消费者退货行为相关理论进行整理，包括消费者行为理论、计划行为理论、认知失调理论、信号理论、感知风险和转换障碍理论，并对每个理论在网络零售及消费者退货领域的研究做进一步综述，为后续相关理论的应用研究提供理论基础。另一方面，基于相关文献梳理，针对中介效应和调节效应的基本原理、检验要点和方法进行阐述，为后续章节的研究做好方法铺垫。

第3章　网络购物消费者退货行为
关键影响因素识别研究

对于网络零售商而言，消费者退货不仅意味着销售利润的损失，还意味着运输费用、降价损失、处理费用等各项成本的增加，更是导致顾客纠纷的重灾区。因此，探索影响消费者退货行为的关键因素，并在此基础上采取相应的策略或措施，减少网络零售中消费者退货行为，对于网络零售商改善管理水平、提高销售盈利和改善顾客关系具有重要意义。

近年来，消费者退货行为的原因和动机分析得到了一些国内外学者的关注。关于消费者退货行为的影响研究，大多数是运用实证研究方法和相关模型，探讨影响因素对消费者退货行为的作用机理，形成了大量有价值的研究结论。但是，现有研究大多侧重于探讨某一个或少数几个因素的作用机理，以及不同因素之间的交互作用等，较少系统地探讨这些影响要素之间的作用关系。事实上，退货行为的不同影响因素之间存在着相互作用关系，对退货行为影响的作用方式和重要程度不尽相同。因此，为了更好地识别网络购物中消费者退货行为的关键影响因素，并为后续相关影响路径的设计提供依据，本章尝试应用基于模糊集的决策与试验评价方法（DEMATEL），依靠具有丰富退货经历和资深网络购物经验的营销学者群体参与，系统地分析网购消费者退货行为影响因素间的相互关系，进而对关键影响因素进行识别和提炼。

3.1　文　献　回　顾

基于国内外相关研究文献的梳理，本章拟从消费者自身特征、产品特征、电商企业特征和网络交易环境四个方面，归结网络零售中消费者退货行为的主要影响因素，并做出相应的研究假设。

3.1.1 消费者自身特征

网络购物中消费者退货行为存在明显的个体差异性，影响消费者退货行为的个体特征因素主要包括以下六点。

（1）主观退货风险。菲什伯恩和阿赞（1975）提出的理性行为理论指出，个体的行为态度会有意识地影响个体行为；阿赞（1985，1991）提出的计划行为理论认为，个体行为意向除了受到态度和主观规范的作用外，还会受到行为感知控制的影响。当消费者对退货行为持有积极的态度、感知到社会和亲友对退货行为施加压力较小，以及自身经验和能力对退货行为控制较强时，意味着个体能够更易于接受和实施退货行为，网络购物中其实施退货行为的概率更高。

（2）性别。个体的性别因素会影响其消费行为。诺布尔、格里菲斯和阿杰（Noble, Griffith & Adjei, 2006）指出，女性消费者更关注品质、社交和美感等，她们倾向于将购物作为一种休闲活动，对服务互动更敏感（Babakus & Yavas, 2008）。女性消费行为决策更多依赖于服务质量，容易出现情绪性和冲动性购买（Babakus & Yavas, 2008）。女性消费者更多表现出风险厌恶的特点，购买决策会更多依赖和借鉴多种产品和多种渠道的信息（迈耶斯·利维和斯特恩塔尔，1991）。因此，相比于男性消费者，女性消费者在网络购物中的退货行为更普遍，且与其他因素的交互作用也更密切。

（3）家庭年收入。家庭收入会对消费者的网络使用和网络购物行为产生重要影响（McGoldrick & Collins, 2007）。王秀丽和田祯炜（2011）调查指出，高收入消费者表现出更强的网络购买力。王湘红和王曦（2009）研究表明，高收入消费者的购买和退货行为受退货政策影响更大。因此，相比于低收入消费者，高收入消费者退货行为发生概率更高，并且对环境、政策等其他因素的敏感性也更高。

（4）受教育水平。现有研究已经证实，高等教育会影响个体的心理认知能力，如对知识加工的速度（Lindenberger，Mary & Kliegl，1993）、对新知识的理解能力和消退速度（Hoogenhout et al.，2012），以及逻辑推理能力（Asadullah & Chaudhury，2015）等。鉴于高等教育对认知能力的影响，接受过高水平高等教育的消费者更容易接受无理由退货、退货运费险等新网络零售策略，也能够更好地掌控退货中涉及的交流、退回、填单、追踪和退款等流程，导致其发生退货行为的概率更高。

（5）顾客时尚性。康和约翰逊（Kang & Johnson，2009）研究发现，顾客的时尚创新性与频繁退货行为密切相关。时尚型顾客更容易接受新事物和新产品，相比于晚期使用者更多表现为跟风型消费，早期使用者往往具有更高消费理性，更趋向于采用退货政策来规避产品购买风险。另外，时尚型消费者对网络购物环节、退货政策、退货流程和风险规避等更为熟悉，退货行为感知控制更高，退货行为也更为频繁。

（6）产品熟悉度。产品熟悉度用以刻画消费者在购买前对某类产品掌握的知识程度和使用经验，是顾客购买决策的重要依据（Areni，Duhan & Kiecker，1999）。当顾客对某类产品不是很熟悉时，他们感知的不确定性和交易风险较高（Hong & Pavlou，2014），对产品表现的期望准确性较低，出现预期与实际不符的概率偏高，导致退货行为发生的可能性更高。

3.1.2　产品特征

（1）产品类型。网络零售的产品往往被学者们分为搜索型和体验型两种类型。搜索型产品指消费者购前或使用前能够通过获知相关信息了解和评价产品特征属性的产品；体验型产品指消费者只能在购买和使用后才能了解和评价产品特征属性的产品。洪和帕夫洛（Hong & Pavlou，2014）研究发现，不熟悉的搜索型产品更容易发生产品匹配不确定性，产品匹配不确定性与消费者退货显著相关。

（2）感知相对价格。雅各比和马特尔（Jacoby & Matell，1971）等将感知相对价格描述为顾客通过将拟购买产品价格与其他替代产品相比较，对产品价格的重新编码。在网络购物中，消费者能够通过产品搜索快速了解同类产品的定价情况，从而形成所购买产品的相对价格感知。旺根海姆和巴顿（Wangenheim & Bayón，2007）认为，感知相对价格代表了一种外在的暗示，为顾客购买等决策行为提供了重要信息。莫伊塞斯库和贝蒂亚（Moisescu & Bertea，2013）指出，产品相对价格水平会影响消费者的交易风险感知，较低的定价策略会带来更高的风险感知。因此，产品的感知相对价格会影响顾客购买后的退货行为。

3.1.3 电商企业特征

（1）网站信息。在网络零售环境中，网站信息包括网站上有关产品的描述、图片、视频等各种产品知识信息，以及已购买和使用的顾客在线评论。网站信息是消费者获取产品信息的重要途径，也是网站感知质量的重要组成部分（Kim & Lee，2006），对顾客购前预期和购买决策有重要影响作用（琼斯和金，2010）。作为网站信息的一部分，在线顾客评论已经被很多学者证实与顾客购买决策和退货决策密切相关。

（2）销售商实力。销售商实力是网络顾客购前评估产品的重要依据，也是顾客形成信任的初始信息来源，如商店品牌、产品丰富度、店铺类型等。伴随着顾客对卖家实力感知的提升，顾客对店铺和产品的信心增加，进而降低了交易的感知风险（Park & Stoel，2005），交易感知风险是消费者退货的重要诱因。沃尔什等（Walsh et al.，2016）研究发现，专业型店铺的产品退货率要高于综合型商店。因此，卖家实力作为顾客判别产品质量的强信号，对消费者退货行为有重要作用。

3.1.4 网络交易环境

（1）替代品吸引力。替代品吸引力用于刻画消费者感知替代产品的可获取性及其与购买产品相比的优点（Tesfom & Birch，2011）。作为转换障碍的重要维度，替代品吸引力会影响消费者的转换行为意愿（Colgate & Lang，2001），如果没有寻找到替代品或者替代品不具有更优异的性价比，顾客会继续保持与现在产品和销售商的关系（Tesfom & Birch，2011）。作为顾客购买决策时的重要备选对象，替代品吸引力会增加顾客购后认知冲突，引发消费者退货行为。

（2）情境规范。情境规范用于刻画网络购物的优势、与顾客需求的吻合以及购物简单便捷的特点。网络购物交易的情境规范是顾客形成初始信任的一个重要前因，情境规范程度越高，顾客对网络交易方的初始信任水平会越高（Eastlick & Lotz，2011）。巴尔等（Baer et al.，2018）发现，工作情境规范程度通过感知可信度正向作用于新员工对企业的信任。温格林等（Wingreen et al.，2019）基于对网络零售商信任的分类，发现情境规范有助于增强顾客对电商企业基于技术的信任。初始信任会对顾客后续消费行为，如退货行为产生重要影响（Eastlick & Lotz，2011）。

（3）退货简便性。退货简便性指完成退货的简单和便利程度。在网络购物中，退货过程涉及退货申请、退货信息填写、退回物流安排、退款等一系列操作流程，相比于传统零售模式下的退货，网络销售中退货不仅需要顾客消耗时间精力，还需要顾客了解和执行一系列标准的退货流程，退货过程要求的顾客努力水平是影响退货决策的关键因素。退货努力水平会调节退货政策与退货意愿之间的关系，进而影响顾客退货行为（Janakiraman & Ordóñez，2012）。兰兹和约尔特（Lantz & Hjort，2013）研究指出，便利的退货交付服务降低了顾客退货难度，会带来退货率和退货总价值的增加。

（4）退货政策。退货政策对网络购物顾客消费行为的影响一直是很多学者关注的焦点，其对退货意愿和行为的影响已经得到了实证研究和解析研究的多方面论证。宽松的退货政策在增强顾客购买意愿的同时，还会刺激顾客后续的退货意愿和行为（伍德，2001）。兰兹和约尔特（2013）发现，退货政策对顾客退货意愿有显著正向影响，且表现出越来越重要的作用。

3.1.5 消费者认知

（1）感知风险。道林（Dowling，1986）将感知风险定义为顾客做出购买决策时所体验到的期望绩效的不确定性。研究发现，网络购物交易中感知风险对消费者的网络购物行为有负面影响（Park，Cho & Rao，2015）。网络购物中消费者购前感知的交易风险会增大顾客产品预期的不确定性，对交易后消极心理情感的形成有显著促进作用，进而触发顾客购后不满情绪和退货行为（Yan et al.，2015）。

（2）购后失调。购后失调是一种购买决策后的心理不舒服状态，源于决策主体需要从众多备选产品中选择一个，是购前预期认知与购后感知认知的偏差导致的消极心理情感。购后失调包含两个维度：与产品认知相关的产品失调和与消极情感相关的情感失调（Sweeney，Hausknecht & Soutar，2000）。当顾客产生购后失调时，他们就会采取行为策略来减少心理不适感，其中撤销购买行为是一种重要手段，在宽松退货政策和优质退货服务的辅助激励下，退货行为逐渐成为缓解购后失调最为关键和有效的手段（Lee，2015）。

现有研究成果表明，消费者个体特征、在线零售商特征、交易环境特征、产品特征和消费者认知等方面的因素，会对消费者购后决策和退货行为产生影响作用，本章基于现有研究结论，从这五个方面重点提取了 16 个影响因素，以期通过探讨各因素之间的相互关系来系统了解各因素在影响路径中的地位，为进一步探讨网络购物消费者退货行为的影响因素和作用机理奠定研究基础。

3.2 数据收集与处理

邀请具有丰富网络购物和退货经历的管理学相关领域专家对各因素之间的影响关系进行评定，采用模糊集对评分数据加以处理，再运用 DEMATEL

方法分析各影响因素之间的相互作用关系，基于每个因素的影响度、被影响度和中心度识别网购消费者退货行为的关键影响因素。

3.2.1　问卷设计与数据收集

通过文献研读和整理，共提炼出 16 个影响因素（A~P，见表 3-1），基于这些因素设计问卷，调查各影响因素间的相互作用关系，问卷包括导言与主体两部分。导言部分向专家简单解释研究目的和调查内容。主体部分又分为三部分。为了让被调查专家更好地理解各影响因素的具体含义，调查问卷主体的第一部分对所有变量进行了解释说明。调查问卷主体的第二部分从网络购物时间、研究领域、是否熟悉退货政策和流程，以及近一年来是否有过退货经历对专家的相关属性加以调查，以便于问卷回收后，辅助剔除研究领域差别大且缺乏网络购物和退货经验的专家调查问卷，保障专家调查问卷的有效性。调查问卷主体的第三部分是各因素的影响打分矩阵（16×16），要求专家就左方因素对上方因素的影响程度进行打分，1 表示没有影响，2 表示影响较小，3 表示影响一般，4 表示影响较大，5 表示影响很大。两个因素之间的影响关系可以是不对称的情况，即 A 对 B 的影响与 B 对 A 的影响可能会出现各种组合情况，如 A 对 B 影响很大、B 对 A 影响也很大，A 对 B 影响很大、B 对 A 影响却较小或没有，或者 A 对 B 没有影响、B 对 A 也没有影响等。因此，除了对角线上同一因素之间影响关系不予考虑外，矩阵内其他格子都需要填写影响程度分值（访谈问卷详见附录 4）。

表 3-1　　　　　　　　　　网络渠道选择影响因素及代码

代码	影响因素	代码	影响因素	代码	影响因素	代码	影响因素
A	主观退货风险	E	顾客时尚性	I	网站信息	M	退货简便性
B	性别	F	产品熟悉度	J	卖家实力	N	退货政策
C	家庭年收入	G	产品类型	K	替代品竞争力	O	感知风险
D	受教育水平	H	感知相对价格	L	情境规范	P	购后失调

共邀请了 9 位有网络购物经历的管理学领域专家进行问卷填写，问卷填

写以面对面访谈或者电话访谈的形式展开，以便于解释填写过程中遇到的问题，各专家之间采取背靠背的形式，各自评定打分互不干扰。针对每个专家打分后交回的调查问卷，需要通过分析一些因素之间的影响程度判断专家是否真正理解了各影响因素的内涵和研究设计。比如，大多数因素对个体特征（如性别、家庭收入和受教育水平）的影响程度应该都是1；一次购物经历中，由于时序的原因，感知风险对购后失调的影响程度高，而问题问卷中结果却相反，影响程度很低。当发现调查评分存在这些异议时，研究人员需要与被调查专家进行沟通，如果沟通不畅或专家无法认同相应质疑，意味着被调查专家无法很好地理解研究设计，该调查问卷被剔除。另外，当专家的研究领域和方向与被调查问题差距较大时（如组织创新绩效、市场金融分析、企业财务分析等），这些专家的调查问卷也会被删除，同时剔除对网络购物退货政策和流程熟悉程度较低的专家问卷，最终实际共获得了 6 份有效的调查问卷，形成直接影响矩阵 $A_1 \sim A_6$。

3.2.2　基于模糊集的数据处理

首先，根据王和常（Wang & Chang，1995）有关语言变量与模糊数的转换关系（见表 3 - 2），将直接影响矩阵 $A_1 \sim A_6$ 中的影响关系转换成三角模糊数 $(\alpha_{ij}, \beta_{ij}, \gamma_{ij})$。

表 3 - 2　　　　　　　　语言变量与三元模糊数的转换关系

语言变量	三元模糊数
没有影响 1	(0, 0.1, 0.3)
影响较小 2	(0.1, 0.3, 0.5)
一定影响 3	(0.3, 0.5, 0.7)
影响较大 4	(0.5, 0.7, 0.9)
影响很大 5	(0.7, 0.9, 1)

其次，基于式（3 -1）~式（3 -4）对每个专家评定的因素间相互关系进行去模糊化处理。

式（3 -1）对每个专家判定的直接影响矩阵中三元模糊数进行标准化处

理（求得 $m\alpha_{ij}$，$m\beta_{ij}$，$m\gamma_{ij}$）。其中，$\min\alpha_{ij} = \min\limits_{1 \leqslant k \leqslant 6} \alpha_{ij}^k$ 表示六位专家三元模糊数

中最小 α_{ij}，$\Delta = \min\limits_{1 \leqslant k \leqslant 6} \gamma_{ij}^6 - \min\limits_{1 \leqslant k \leqslant 6} \alpha_{ij}^k$ 表示六位专家三元模糊数中最大级差。

$$
\begin{aligned}
m\alpha_{ij} &= \frac{\alpha_{ij} - \min\alpha_{ij}}{\Delta} \\[2mm]
m\beta_{ij} &= \frac{\beta_{ij} - \min\alpha_{ij}}{\Delta} \\[2mm]
m\gamma_{ij} &= \frac{\gamma_{ij} - \min\alpha_{ij}}{\Delta}
\end{aligned}
\tag{3-1}
$$

式（3-2）是在标准化三元模糊数基础上计算左右标准值（mls_{ij}^k，mrs_{ij}^k）。

$$
\begin{aligned}
mls_{ij}^k &= \frac{m\beta_{ij}^k}{1 + m\beta_{ij}^k - m\alpha_{ij}^k} \\[2mm]
mrs_{ij}^k &= \frac{m\gamma_{ij}^k}{1 + m\gamma_{ij}^k - m\beta_{ij}^k}
\end{aligned}
\tag{3-2}
$$

将左右标准值代入式（3-3），可以求得总标准值（m_{ij}^k）。

$$
m_{ij}^k = \frac{mls_{ij}^k(1 - mls_{ij}^k) + (mls_{ij}^k)^2}{1 - mls_{ij}^k + mrs_{ij}^k}
\tag{3-3}
$$

式（3-4）是计算第 k 个专家反映的因素 i 对因素 j 的量化影响值。

$$
\varpi_{ij}^k = \min\alpha_{ij} + m_{ij}^k\Delta
\tag{3-4}
$$

最后，将所有专家评定结果的量化影响值取平均值，求得消费者退货行为的 16 个影响因素间的直接影响矩阵 A，如表 3-3 所示。

3.2.3　基于 DEMATEL 方法的数据分析

将直接影响矩阵 A 依据式（3-5）进行标准化处理，求得标准化直接影响矩阵 G，再根据式（3-6）进行矩阵计算获得综合关系矩阵 T。运用软件 R 进行相应矩阵计算，可求得综合关系矩阵 T（见表 3-4）。

表 3－3 网络购物中消费者退货行为影响因素的直接影响矩阵 A

a_{ij}	A	B	C	D	E	F	G	H	I	J	K	L	M	N	O	P
A	0	0.056	0.056	0.086	0.158	0.158	0.086	0.169	0.056	0.122	0.158	0.056	0.277	0.158	0.322	0.388
B	0.447	0	0.122	0.169	0.420	0.294	0.294	0.340	0.056	0.126	0.106	0.158	0.185	0.158	0.420	0.492
C	0.348	0.056	0	0.292	0.420	0.266	0.220	0.461	0.086	0.158	0.106	0.122	0.122	0.122	0.420	0.313
D	0.320	0.056	0.375	0	0.468	0.238	0.266	0.367	0.158	0.192	0.145	0.056	0.185	0.185	0.468	0.530
E	0.516	0.056	0.171	0.145	0	0.266	0.220	0.367	0.158	0.158	0.185	0.056	0.240	0.145	0.420	0.530
F	0.158	0.056	0.086	0.056	0.194	0	0.122	0.461	0.145	0.185	0.185	0.056	0.238	0.185	0.447	0.634
G	0.219	0.056	0.056	0.086	0.086	0.304	0	0.331	0.219	0.240	0.212	0.212	0.266	0.348	0.555	0.555
H	0.219	0.056	0.056	0.086	0.086	0.212	0.122	0	0.122	0.240	0.375	0.158	0.145	0.122	0.582	0.657
I	0.192	0.056	0.056	0.056	0.171	0.375	0.212	0.320	0	0.393	0.461	0.555	0.274	0.185	0.516	0.489
J	0.122	0.056	0.056	0.056	0.122	0.294	0.212	0.406	0.389	0	0.489	0.516	0.530	0.461	0.582	0.608
K	0.086	0.056	0.056	0.056	0.122	0.194	0.220	0.657	0.158	0.294	0	0.266	0.277	0.248	0.657	0.608
L	0.266	0.056	0.056	0.056	0.158	0.388	0.106	0.492	0.361	0.388	0.388	0	0.359	0.275	0.556	0.582
M	0.361	0.056	0.056	0.056	0.056	0.158	0.086	0.194	0.122	0.403	0.321	0.403	0	0.332	0.582	0.556
N	0.332	0.056	0.056	0.086	0.056	0.185	0.086	0.194	0.212	0.375	0.348	0.348	0.608	0	0.517	0.461
O	0.158	0.056	0.056	0.086	0.056	0.086	0.056	0.106	0.056	0.122	0.145	0.185	0.122	0.056	0	0.680
P	0.086	0.056	0.056	0.086	0.086	0.056	0.086	0.145	0.056	0.056	0.145	0.086	0.106	0.056	0.106	0

表 3－4　消费者退货行为影响因素的综合关系矩阵 T

t_{ij}	A	B	C	D	E	F	G	H	I	J	K	L	M	N	O	P
A	0	0.0166	0.0203	0.0394	0.0912	0.0785	0.0468	0.0613	0.0290	0.0625	0.0801	0.0260	0.1528	0.0913	0.0889	0.0979
B	0.3560	0	0.0374	0.0631	0.2684	0.1967	0.1604	0.1829	0.0224	0.0721	0.0653	0.0905	0.1181	0.0889	0.1572	0.1680
C	0.2545	0.0123	0	0.1466	0.2995	0.1905	0.1208	0.2689	0.0397	0.0721	0.0656	0.0721	0.0726	0.0706	0.1573	0.0990
D	0.2202	0.0109	0.1644	0	0.2932	0.1434	0.1328	0.2052	0.0703	0.1061	0.0888	0.0274	0.1169	0.1006	0.1826	0.1863
E	0.4131	0.0117	0.0585	0.0527	0	0.1754	0.1111	0.1939	0.0752	0.0996	0.1199	0.0290	0.1559	0.0815	0.1523	0.1736
F	0.0833	0.0123	0.0257	0.0172	0.1019	0	0.0561	0.2396	0.0730	0.1173	0.1112	0.0305	0.1420	0.1154	0.1508	0.2046
G	0.1357	0.0113	0.0138	0.0262	0.0342	0.2028	0	0.1746	0.1134	0.1649	0.1481	0.1366	0.1844	0.2387	0.2208	0.1929
H	0.1220	0.0124	0.0150	0.0288	0.0371	0.1289	0.0562	0	0.0591	0.1641	0.2733	0.1021	0.0800	0.0699	0.2134	0.2176
I	0.1069	0.0103	0.0125	0.0143	0.0690	0.2389	0.0911	0.1844	0	0.2746	0.3522	0.4166	0.1820	0.0983	0.2174	0.1787
J	0.0567	0.0091	0.0110	0.0127	0.0400	0.1516	0.0786	0.2465	0.1829	0	0.3300	0.3291	0.3609	0.2628	0.2563	0.2356
K	0.0439	0.0105	0.0127	0.0147	0.0464	0.1075	0.0981	0.4192	0.0700	0.1954	0	0.1666	0.1868	0.1417	0.2707	0.2142
L	0.1481	0.0097	0.0118	0.0136	0.0592	0.2313	0.0378	0.3045	0.1794	0.2523	0.2656	0	0.2371	0.1474	0.2337	0.2160
M	0.2540	0.0115	0.0137	0.0158	0.0210	0.0917	0.0345	0.0948	0.0564	0.3216	0.2491	0.3125	0	0.2279	0.2362	0.1948
N	0.2322	0.0113	0.0136	0.0257	0.0209	0.1085	0.0342	0.0989	0.1080	0.2897	0.2736	0.2553	0.5638	0	0.2138	0.1623
O	0.0648	0.0183	0.0219	0.0437	0.0223	0.0335	0.0244	0.0319	0.0257	0.0543	0.0635	0.0950	0.0485	0.0227	0	0.1800
P	0.0299	0.0338	0.0360	0.0662	0.0366	0.0190	0.0402	0.0425	0.0236	0.0202	0.0583	0.0338	0.0381	0.0210	0.0201	0

$$G = \frac{A}{\max(\sum_i a_{ij}, \sum_j a_{ij})} \qquad (3-5)$$

$$T = G(I-G)^{-1} \qquad (3-6)$$

进一步对综合关系矩阵 T 的各行和各列进行求和，计算消费者退货行为各影响因素的影响度（$r_i \sum_j t_{ij}$）、被影响度（$c_j = \sum_i t_{ij}$）、中心度（$r_i + c_j$，$i = j$）和原因度（$r_i - c_j$，$i = j$），并进行排序，分析结果如表 3-5 所示。

表 3-5　　　各因素影响度、被影响度、中心度和原因度的取值及排名

影响因素	影响度 r	排名	被影响度 c	排名	中心度 r+c	排名	原因度 r-c	排名
A 主观退货风险	0.9826	14	2.5213	6	3.5039	10	-1.5387	14
B 性别	2.0474	7	0.2020	16	2.2494	16	1.8454	1
C 家庭年收入	1.9761	10	0.4683	15	2.4444	15	1.5078	2
D 受教育水平	2.0597	6	0.5807	14	2.6404	14	1.4790	3
E 顾客时尚性	1.9034	11	1.4409	11	3.3443	11	0.4625	7
F 产品熟悉度	1.4809	13	2.0982	9	3.5791	7	-0.6173	12
G 产品类型	1.9984	9	1.1231	13	3.1215	13	0.8753	5
H 感知相对价格	1.5799	12	2.7491	2	4.3290	5	-1.1692	13
I 网站信息	2.4472	2	1.1281	12	3.5753	8	1.3191	4
J 卖家实力	2.5638	1	2.3114	7	4.8752	1	0.2524	8
K 替代品竞争力	1.9984	8	2.5446	5	4.5430	3	-0.5462	11
L 情境规范	2.3475	4	2.1231	8	4.4706	4	0.2244	9
M 退货简便性	2.1355	5	2.6399	4	4.7754	2	-0.5044	10
N 退货政策	2.4118	3	1.7787	10	4.1905	6	0.6331	6
O 感知风险	0.7505	15	2.7715	1	3.5220	9	-2.0210	15
P 购后失调	0.5193	16	2.7215	3	3.2408	12	-2.2022	16

3.3　数据结果分析讨论

根据表 3-5 的分析结果，分别以中心度、原因度作为坐标轴，绘制影响因素因果图，如图 3-1 所示。

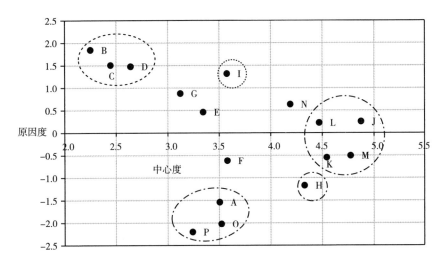

图 3 - 1　消费者退货行为影响因素因果图

　　对综合关系矩阵 T 中的数据实施四分位分析，将第二和第三个四分位点的均值 0.1359 作为较低门槛值，将第三和第四个四分位点的均值 0.3730 作为较高门槛值。可以发现，性别（B）、家庭年收入（C）和受教育水平（D）所在行和列的数值基本都低于较低门槛值，说明性别、家庭年收入和受教育水平与其他 13 个因素关系较为疏远。B、C 和 D 与其他变量的关系主要表现在它们的行上，因此三个人口统计学变量作为影响变量，被它们影响的变量主要有顾客主观退货风险、顾客时尚性、产品熟悉度、感知相对价格、感知风险和购后失调。

　　从图 3 - 1 中可以看出，性别（B）、家庭年收入（C）和受教育水平（D）三个因素原因度很高，但中心度很低，因此这三个因素是与其他因素联系较小的孤立诱因，不作为影响消费者退货行为的关键因素；结合综合关系矩阵中数值分析结果，这些因素主要是通过影响顾客自身特征如主观退货风险、时尚性、产品熟悉度，以及顾客感知如感知相对价格、感知风险和购后失调来影响消费者退货行为。主观退货风险（A）、感知风险（O）和购后失调（P）三个因素的原因度很低，但中心度较高，因而这三个因素是影响因素体系中重要的结果因素；结合综合关系矩阵数值分析结果，影响主观退货风险的因素主要包括顾客自身特征变量如性别、受教育水平、家庭年收入和顾客时尚性，以及交易情境变量如情境规范、退货简便性和退货政策；除了主观退货风险外，其他因素基本都是感知风险和购后失调的影响因素，感知风险会进一步影响购后失调，因此感知风险和购后失调构成了消费者退货行为的两个关键前置变量，且主观退货风险是与感知风险、购后失调并行的重要结果变量。

从表 3 – 5 中可以看出，卖家实力、网站信息、退货政策、情境规范和退货简便性是影响度排名前五的因素，且它们的中心度分别位列第 1、第 8、第 6、第 4 和第 2 位，说明它们在消费者退货行为影响因素体系中扮演着重要角色。网站信息的影响度排名第 2、原因度排名第 4、中心度排名第 8、被影响度排名第 12，意味着网站信息是以原因为主要功能且与其他因素有着密切联系的前端影响因素。卖家实力、替代品竞争力、情境规范和退货简便性是中心度最高的四个因素，且它们的影响度和被影响度排名也较高，因此这四个因素是消费者退货行为影响路径中关键性中间影响因素。感知风险、感知相对价格和购后失调是被影响程度排名前三的因素，它们的影响度排名分别是第 15、第 12 和第 16，因此这三个因素是消费者退货行为影响路径中关键性末端影响因素。

3.4　结论与管理启示

3.4.1　研究结论

整理前文分析结果，可以得到以下四点主要结论。

（1）本章研究中网络购物消费者退货行为的 16 个影响因素相互交织，共同构建了一个复杂的影响系统。现有研究更多关注于通过回归分析探讨各类因素对消费者退货行为的影响作用和机理，忽略了各因素之间的关联分析。关联分析和因果分析是探寻影响作用的两个重要研究范式，关联分析能够帮助我们更好地理解哪些因素是影响退货行为的关键因素，以及各个因素之间的内在作用关系，对于更好地构建因果假设具有重要的指导意义。通过对网购消费者退货行为影响因素的关联分析发现，网站信息、卖家实力、退货政策、替代品吸引力、退货政策和退货简便性构成了网购消费者退货行为的重要解释变量；感知风险和购后失调在退货行为影响路径中扮演着重要的效应传递角色，可以作为解释其他影响因素作用机理的关键中介变量；主观退货风险是解释消费者个体特征对其退货行为影响作用的重要变量。

（2）不同因素对消费者退货行为的影响方式及在影响体系中的地位各不相同。性别、受教育水平和家庭年收入是较为孤立的原因因素，与其他因素之间的关联度较低，通过作用于主观退货风险和消费者心理感知影响退货行为。网站信息是与其他因素关联密切的原因因素，是整个影响体系中的关键性前端因素；卖家实力、替代品竞争力、情境规范和退货简便性与其他因素之间关联紧密，且影响度和被影响度都较高，是整个影响体系中关键性中间节点因素；主观退货风险、感知风险、购后失调和感知相对价格是影响度低、被影响度高的结果因素，是其他因素影响作用的关键性效应传递介质，是消费者退货行为影响体系中的关键性后端因素。

（3）网站信息、卖家实力、替代品竞争力、情境规范、退货简便性、主观退货风险、感知相对价格、感知风险、购后失调九个因素是影响消费者退货行为的关键因素。其中，感知相对价格、感知风险、购后失调和主观退货风险是影响体系中四个关键性结果因素，在未来的因果分析中可以设置为中介变量；网站信息、卖家实力、替代品竞争力、情境规范和退货简便性是影响体系中五个关键性原因变量，在未来因果关系的实证研究中可以设置为解释变量或调节变量。

（4）顾客退货意愿的影响因素可以划分为主观和客观两个重要维度。主观退货意愿主要取决于消费者个体特征（如性别、受教育水平和顾客时尚性等），通过影响主观退货风险和消费者心理感知作用于消费者退货行为。客观退货意愿主要取决于产品特征、零售商特征和交易环境特征（如网站信息、卖家实力、替代品竞争力、情境规范、退货简便性等），通过影响消费者感知风险和购后失调作用于消费者退货行为。感知风险对购后失调的影响度较高，而主观退货风险对感知风险、购后失调的影响程度很低（低于较低门槛值)。因此,主观退货风险和购后失调分别是作用于退货行为主观和客观维度的两个关键变量。

3.4.2 管理启示

将研究结论与网络零售实践相结合,可以得到以下管理启示。

(1)网站信息是影响消费者退货行为的关键性前端因素,对卖家实力、替代品竞争力和情境规范三个关键中间因素具有重要的影响作用,综合关系矩阵中相关数值分别是 0.2746、0.3522 和 0.4166,网络零售商和销售平台必须重视网站信息系统的建设,提升网站信息的质量水平对于改善电商企业竞争实力、降低消费者退货行为具有重要意义。

(2)卖家实力、替代品竞争力、情境规范和退货简便性是影响消费者退货行为的关键性中间因素,不仅对退货行为有影响作用,还承接着其他因素的影响作用。卖家实力在网络购物中可以从产品品牌、产品品类数、店铺类型等方面体现,网络零售商应该采取各种措施积极提升自身实力;替代品竞争力、情境规范和退货简便性是体现网络购物交易环境属性的重要因素,网络销售平台要采取积极措施不断完善交易环境,改善顾客的交易情境体验。

(3)感知风险和购后失调是承接几乎所有因素影响作用的关键性结果因素,是影响消费者退货行为的关键性前置因素。网络零售商和销售平台应该重视能够缓解这两个心理变量负面影响的因子挖掘工作,为消除顾客感知的交易风险和认知失调从而减少消费者退货量设计有效的管理策略。

3.5 本章小结

本章基于相关文献整理和分析,从消费者个体特征、产品特征、电商企业特征、交易情境特征和消费者感知五个方面,提炼了 16 个网购消费者退货行为的影响因素,结合专家访谈法对影响因素之间的作用关系进行评分,运用基于模糊集的 DEMATEL 方法对影响矩阵进行数据处理，根据每个因素的影响度、被影响度、中心度和原因度的得分和排名，探讨网购消费者退货行为的关键影响因素。研究发现，主观退货风险和购后失调是解释消费者退货行为的两个关键性结果变量，网站信息、销售商实力、替代品吸引力、情境规范和退货简便性等是影响消费者退货行为的关键性解释变量。

第4章 网络购物消费者主观退货风险构成与异质性研究

4.1 引　　言

在无理由退货政策和退货运费险的双效作用下，网络购物退货率近年来一路飙升，零售咨询公司嘉思明指出，网络销售产品的退货率高达1/3，并处于不断上升态势。据英国广播公司报道，最新数据显示，有近2/3的网络购物女装的消费者，至少退过1件衣服。据媒体统计，30%的顾客会故意多买，再把不想要的东西退回去；19%的顾客承认会购买同一种商品的多个版本，收到货后再做决定。这些故意购买多件商品，然后将其中一部分退回去的消费者，被业内称为"连环退货族"①。

虽然便捷的网络购物退货服务保护了消费者权益，但这些故意为之的退货行为却给电商企业和社会造成了资源浪费，网络零售商需要为这些退货承担如客服咨询、打包、发货、接受退货等不必要成本，这些成本最终会通过价格形式转移给所有消费者，让没有故意退货行为的顾客无端受损。因此，如何借助消费数据挖掘技术，甄别出高主观退货风险的消费者，并有针对性地制定差异化退货和销售策略，降低不道德退货带来的成本和损失，是网络购物平台及网络零售商改善经营绩效的重要运营问题。

关于无理由退货或无缺陷退货的现有研究主要集中在三个方面。一是退

---

① 柚子. 多买再退"连环退货族"为哪般？［N］. 今晚报，2016 - 7 - 3.

货策略优化设计问题。杨光勇和计国君（2016）探讨了存在战略顾客时，退货处理方式对销售商退货策略设计的影响作用；姜宏等（2012）将顾客惰性行为引入定量模型中，探讨其对无理由退货政策优化的影响。二是探讨无理由退货策略对退货行为的影响作用。如李东进等（2013）从退货政策感知、退货原因及退货政策表述等方面，分析了退货行为对消费者购后后悔和重购意愿的影响作用；姜宏（2015）研究了无理由退货条件对销售商缺货保障策略优化的影响价值；邵兵家和崔文昌（2016）探讨了网络零售商无缺陷退货政策对消费者溢价支付意愿的影响。三是探讨消费者无缺陷退货行为的影响因素。鲍尔斯和杰克（2013）研究发现，网购消费者感知风险对其退货行为具有正向影响作用；陈敬贤等（2016）借助构建 Hotelling 模型分析发现，网络零售商可以通过投资店铺辅助服务来降低顾客退货率。

现有关于无缺陷退货行为的影响研究更多关注于产品、零售商和交易情境等因素对消费者退货行为或意愿的影响，忽略了消费者个体在主观退货意愿上的差异，难以充分解释"连环退货族"和不道德退货行为。为了更好地分析消费者个体的网购退货风险差异，本章首先基于计划行为理论（TPB）建立网购消费者主观退货意愿的构成维度，结合消费者访谈、问卷调查和因子分析方法，构建网购顾客主观退货意愿的度量指标体系；其次，借助相关分析访谈，提炼与主观退货意愿各维度显著相关的顾客消费行为，为电商企业基于消费行为分析顾客主观退货意愿提供理论借鉴；最后，基于网购顾客主观退货意愿的度量体系，以"顾客个体"为中心，基于潜剖面分析确定主观退货意愿构成维度的均衡组合，依据不同维度得分情况确定主观退货风险类型，并分析不同类型主观退货风险顾客群在个体特征、退货行为和心理感知方面的差异。

4.2　网购消费者主观退货意愿构成维度与度量体系构建

阿赞（1991）曾指出，要预测人的某种行为，必须了解个体对该行为的意愿。本节将从消费者个体角度，探讨网络购物消费者主观退货意愿的构成维度和测量指标，基于计划行为理论界定主观退货意愿的维度，提炼高退货风险消费者的主要特征，借助测量指标值甄别网络购物顾客主观退货风险的高低，为今后的网络购物退货行为相关研究提供工具支持，也为电子商务实践工作提供理论依据。另外，本章通过文献研读和消费者访谈，选取了一系列网络购物中可能与主观退货风险相关联的消费行为。基于调查问卷数据，分析顾客主观退货意愿与这些消费行为变量之间的相关关系，提炼与顾客主观退货意愿显著相关的退货行为，以利于电商企业和平台借助大数据挖掘技术对顾客消费数据加以分析，基于顾客网络购物中历史消费行为对顾客主观风险加以评估和判断。

4.2.1 相关理论与模型假定

计划行为理论被广泛应用于多种行为领域研究，对于提高行为研究的预测力和解释力有重要作用。依据 TPB，决定行为意愿的三个主要变量是行为态度、主观规范和感知行为控制。学者们常常从这三个维度来构建消费者的行为意愿理论模型，苗莉和何良兴（2016）在对 TPB 模型修订的基础上，探讨主观规范和感知行为控制对不同类型创业意愿的影响。

根据 TPB，消费者网络购物的主观退货意愿可以从退货态度、主观规范和退货行为感知控制三个维度构建度量指标体系。态度是指个体对某种行为所持有的感觉，态度越积极，行为意愿往往越高。主观规范是指个体对实施某种行为所感受到的社会压力，社会压力越大，行为意愿往往越低。感知行为控制是指个体对实施某种行为容易度的感知，当个体拥有的资源或机会越多，感知行为控制越强，行为意愿越高。

消费者网络购物主观退货意愿的第一个维度是退货态度。退货态度是消费者个人对网络购物退货行为所持有的稳定的心理倾向，蕴含着消费者对退货行为的主观评价以及由此产生的行为倾向性。消费者对网络购物的退货态度可以从三个角度加以衡量：一是退货认知，是指个体对退货带有评价意义的叙述，包括对退货的理解、认识等；二是退货情感，是指个体对退货行为的情感体验，包括对退货的喜欢、厌恶等；三是退货行为，是指个体对退货的行为意向，包括退货习惯、经验等。

消费者网络购物主观退货意愿的第二个维度是主观规范。主观规范是指消费者对是否采取退货行为所感受到的社会压力，包括大社会规范和周边社会压力两个方面。大社会规范是指整个社会规范对个体退货行为产生的压力；周边社会压力是指家人、朋友或同事等对个体退货行为产生的压力。

消费者网络购物主观退货意愿的第三个维度是退货行为感知控制。退货行为感知控制是消费者内心对退货容易度的感知，包括自我感知和环境感知两个层面。自我感知是指个体根据自身的经验和能力等感知的退货行为控制；环境感知是指消费者根据环境的变化、政策支持等感知的退货行为控制。

通过将主观退货意愿测量的三个维度进一步概念化，将构成主观退货意愿的态度、主观规范和感知控制三个潜在变量转变为 7 个可测变量，即认知、情感、行为、社会规范、亲友压力、自我感知和环境感知，实现消费者网络购物主观退货意愿的可测性，形成了主观退货意愿测量理论模型（如图 4 - 1 所示）。

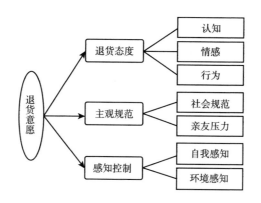

图 4 - 1　退货意愿理论测量模型

4.2.2　初始测量项目的形成

根据图 4 - 1 的相关测量变量，课题组组织了 6 位管理学、市场营销、供应链等领域的学者，结合相关理论和自身网络购物退货经历，借鉴消费者行为意愿测量中态度、主观规范和感知控制维度的相关成熟量表，经过不断交流和讨论,编写相关陈述句用来测量相关变量的具体指标,共计获得 27 个陈述性问题。因此,初步设定的主观退货意愿度量体系包含 3 个维度、7 个测量指标和 27 个题项(调查问卷详见附录 1)。

针对设计好的初始量表,邀请了 15 位管理学领域专家,采取背靠背的方式,针对题项选择、测量内容、问题易懂性和表述准确性四个方面进行评价,所有题项均采用 5 点李克特量表。并在问卷最后设计一个开放式问题,受访者根据填写感受填写有关题项删减等其他修改意见。

通过对回收问卷的汇总分析,删除一些"题项选择"评分较低的题项。同时,针对被访学者提出的关于题项表述不清、表达不准确或有重复的题项,经仔细推敲后加以修改与合并。最终确定了 18 个题项,用于测量消费者网络购物主观退货意愿(见表 4 - 1)。

表 4 - 1　　　　网络购物主观退货意愿测量题项预处理结果

维度	项目内容
退货态度	1. 我认为退货能够减少消费者的经济损失
	2. 如果产品价值相对较低,我认为不值得退货
	3. 我反感别人无端退货
	4. 我赞成使用无理由退货来规避网络购物中的风险
	5. 我会借助"无理由退货"挑选较满意的产品
	6. 对于不小心损坏的产品,我一般会选择退货
主观规范	7. 出于社会诚信考虑,不应该随意退货
	8. 随意退货不太符合社会道德准则
	9. 退货可能会在网络购物平台上留下不良信用记录
	10. 朋友和同事理解和支持我的网络购物退货行为
	11. 家人理解和支持我的网络购物退货行为
感知控制	12. 我有丰富的网络购物退货经验
	13. 我很熟悉网络购物退货的规则和流程
	14. 对我而言,网络购物退货很简单
	15. 我善于与卖家就退货问题进行沟通
	16. 我有充裕的时间处理网络购物退货
	17. 我经常购物的网络平台提供非常便利的退货服务
	18. 我经常购物的网络平台提供"退货运费险"之类措施,帮助顾客降低退货损失

4.2.3　数据收集与分析

根据表 4 - 1 中网购消费者主观退货意愿测量题项预处理结果设计正式的调查问卷（调查问卷详见附录 2），采用 5 点李克特量表。问卷发放采取随机抽样和便利抽样相结合的原则，通过 QQ 和微信社交手段进行发放，从全国各地共回收 322 份问卷。通过同时测试 10 名被试并记录和询问填写时间和感受的方法，将有效填写时间确定为不低于 200 秒，故将填写时间低于 200 秒的问卷视为无效并剔除，共回收有效问卷 290 份，样本有效回收率为 90.06%。有效样本的人口统计学特征分析结果如表 4 - 2 所示。

表 4 - 2　　　　　　　　　　　样本的人口统计学特征

项目	类别	人数	人数百分比（%）	有效值
性别	男	109	37.6	290
	女	181	62.4	
年龄	30 岁及以下	102	35.2	290
	31 ~ 40 岁	152	52.4	
	41 ~ 50 岁	33	11.4	
	50 岁以上	3	1	
教育	高中、中专及以下	23	7.9	290
	大专	26	9	
	本科	144	49.7	
	研究生及以上	97	33.4	
月均收入	2000 元及以下	38	13.1	290
	2001 ~ 4000 元	96	33.1	
	4001 ~ 6000 元	60	20.7	
	6001 ~ 10000 元	54	18.6	
	10000 元以上	42	14.5	

将回收的 290 份有效问卷进行对半分析。利用 SPSS 对 145 份问卷进行项目分析、t 检验和探索性因子分析；另外 145 份问卷则利用 AMOS 进行验证性因子分析，进一步检验探索性因子分析得到的网购顾客主观退货意愿的构成维度。

4.2.3.1 项目分析

采用极端组 t 检验方法和同质性检验来分析项目鉴别度，用以检验测验题目能够正确测量受测特质的程度，进而删除鉴别度较低的题项。检验结果如表 4 - 3 所示。

表 4 - 3　　　　　　　　　极端组 t 检验、同质性检验结果

测试项目	极端组 t 检验		同质性检验	
	t 值	Sig.	校正项目总分相关性	因素负荷量
退货意愿 1	- 3.577	0.001	0.301	0.426
退货意愿 2	- 1.719	0.090	0.036	0.002
退货意愿 3	- 2.164	0.034	0.126	0.034
退货意愿 4	- 4.327	0.000	0.337	0.425
退货意愿 5	- 7.142	0.000	0.438	0.520
退货意愿 6	- 2.539	0.013	0.134	0.207
退货意愿 7	- 5.404	0.000	0.382	0.358
退货意愿 8	- 5.702	0.000	0.369	0.317
退货意愿 9	- 5.712	0.000	0.309	0.317
退货意愿 10	- 6.045	0.000	0.466	0.603
退货意愿 11	- 5.071	0.000	0.460	0.584
退货意愿 12	- 10.392	0.000	0.591	0.695
退货意愿 13	- 9.626	0.000	0.547	0.715
退货意愿 14	- 9.875	0.000	0.595	0.763
退货意愿 15	- 7.172	0.000	0.458	0.633
退货意愿 16	- 7.297	0.000	0.474	0.590
退货意愿 17	- 6.252	0.000	0.523	0.660
退货意愿 18	- 3.614	0.001	0.315	0.438

（1）极端组 t 检验。针对对半受测样本的前 145 份受试者，将 18 个题项得分进行求和，其中反向题反向计分，取总得分最高的 27% 受试者作为高分

组，另取总得分最低的 27% 被试者作为低分组，对高、低分组进行平均数差异 t 检验。鉴别度较高的项目，在两个极端组的得分应具有显著差异，t 检验达到显著水平。若 t 检验达不到显著水平，则表示该项目鉴别度较差，应考虑予以删除。表 4-3 的检验结果显示，t 检验未达 0.05 显著水平的有第 2 题，显示该题明显无法鉴别高分者和低分者；未达到 0.01 显著水平的有第 3 题和第 6 题，表明这两题的鉴别度稍差；其他较差（t 值低于 4）的还有第 1 题和第 18 题。

（2）同质性检验。采用题目总分相关法和因素负荷判断法对项目的同质性加以检验。题目总分相关法是运用 SPSS 软件获得每个项目的校正项目总分相关系数，即每个项目与其他项目加总后总分的相关系数，用以辨别该项目与其他相关项目的相对关联性，一般要求在 0.3 以上。因素负荷判断法则是借助探索性因素分析，将公因素设定为 1，检验因素负荷量的高低，一般要求其值不可低于 0.3。结果显示，全量表的同质性较高，内部一致性系数为 0.799，表明量表项目具有可接受的同质性。单个项目的同质性以相关系数和因素负荷量低于 0.3 为标准。由表 4-3 可知，这两项指标不够理想的项目有第 2 题、第 3 题和第 6 题。

综合极端组 t 检验、题目总分相关法和因素负荷判断法三种检验的分析结果，删除测量题项的第 2 题、第 3 题和第 6 题。

4.2.3.2　探索性因子分析

为了进一步分析和完善顾客网络购物主观退货意愿测量量表的内在结构，借助 SPSS 软件对余下的 15 个测量项目进行探索性因子分析。

本章首先使用 KMO 检验和巴特利特球形检验，检验待分析的项目是否适合作因子分析，检验结果如表 4-4 所示。KMO 检验值为 0.809，说明测量项目适合做因子分析；巴特利特球形检验值给出的检验结果为 $\chi^2 = 867.705$、Sig. $= 0.000 < 0.001$，故而可以拒绝"相关矩阵为单位阵"的原假设，测量项目适合做因子分析。因此，两项检验都表明这些测量项目适合进行因子分析。

表 4 – 4　　　　　　　　　　**KMO 和巴特利特球形检验结果**

Kaiser-Meyer-Olkin 检验		0.809
巴特利特球形检验	近似卡方	867.705
	df	105
	Sig.	0.000

共同度分析结果显示，项目第 1 题、第 17 题、第 18 题的共同度都低于 0.5（分别为 0.438、0.489 和 0.378），表明这三个项目被公因子解释得较少，故需要从量表中将其删除。

对余下的 12 个项目重新进行因子分析。KMO 检验值为 0.802 > 0.7，巴特利特球形检验结果显著（$\chi^2 = 805.689$、Sig. = 0.000），适合进行因子分析，每个项目的共同度都大于 0.5。采用主成分提取法和方差最大正交旋转法，经过 5 次迭代后收敛，12 个测量项目归为 4 个公因子，累计解释了总方差变异量的 72.724%，分别解释方差变异的 27.194%、16.920%、15.221% 和 13.388%，探索性因子分析结果如表 4 – 5 所示。所有项目在对应因子上的载荷绝对值均大于 0.7，也不存在交叉载荷差异较小的"骑墙派"项目。

表 4 – 5　　　　　　　　　　**探索性因子分析结果**

测量指标	标准化负荷	项已删除 Cronbach's α	因子名称（方差）	各因子 Cronbach's α	整体 Cronbach's α
退货意愿 12	0.756	0.817	感知控制（27.194%）	0.865	0.808
退货意愿 13	0.831	0.802			
退货意愿 14	0.877	0.797			
退货意愿 15	0.786	0.825			
退货意愿 16	0.708	0.843			
退货意愿 7	0.801	0.688	社会压力（16.920%）	0.784	
退货意愿 8	0.891	0.519			
退货意愿 9	0.708	0.734			
退货意愿 10	0.893	—	亲友支持（15.221%）	0.876	
退货意愿 11	0.905	—			
退货意愿 4	0.868	—	无理由退货态度（13.388%）	0.713	
退货意愿 5	0.836	—			

运用 SPSS 软件对这 12 个指标 145 份数据进行探索性因子分析，结果显示，探索性因子分析结果与预期的因子维度划分基本一致，公因子一在第 12 题、第 13 题、第 14 题、第 15 题、第 16 题上有较大载荷，描述了顾客内心对退货容易度的自我感知，如丰富的网络购物退货经验、熟悉网络购物退货的规则和流程、善于与卖家就退货问题进行沟通、有充裕的时间处理网络购物退货等，命名为"感知控制"。公因子二在第 7 题、第 8 题、第 9 题上有较大载荷，描述了社会环境对网络购物退货形成的压力，包括社会诚信和道德准则与一些恶意退货行为的冲突，以及网络平台对退货行为的记录与惩罚，命名为"社会压力"。公因子三在第 10 题、第 11 题上有较大载荷，描述了家人、朋友和同事对消费者网络购物退货行为的理解和支持，命名为"亲友支持"。公因子四在第 4 题、第 5 题上有较大载荷，描述了顾客对无理由退货行为所持有的感觉或态度。如赞成使用无理由退货来规避网络购物中的风险、借助"无理由退货"挑选较满意的产品，命名为"无理由退货态度"。

在探索性因子分析阶段，本章利用克朗巴赫（Cronbach's）α 值检验量表信度，结果表明所有公因子变量的 α 系数均大于 0.7；对于测量项目数量超过两项的公因子，删除任一测量项目后的克朗巴赫 α 值都小于原变量的克朗巴赫 α 值。因此，由 12 个测量项目构成的四维度网络购物主观退货意愿的测量量表具有较高的信度。

4.2.3.3　验证性因子分析

探索性因子分析并没有对因子结构的总体拟合度进行量化分析，需要借助验证性因子分析进一步检验。针对余下的 145 份有效样本，利用 AMOS 软件对探索性因子分析获得的测量模型进行验证性因子分析，一方面判断测量模型与另外 145 份样本数据的拟合度，另一方面比较竞争模型的优劣，寻找到拟合更好的模型。

首轮验证性因子分析结果表明，测量模型与样本数据的拟合程度可以接受（$\chi^2 = 63.839$，$P = 0.063 > 0.05$，$\chi^2/\mathrm{df} = 1.330 < 2$；GFI $= 0.943$、NFI $= 0.945$、IFI $= 0.986$、CFI $= 0.986$，均大于 0.9，PGFI $= 0.594 > 0.5$、RMSEA $= 0.034 <$

0.05），但是结果显示退货意愿9的因子载荷低于0.5，被公因子解释度较低。删除退货意愿9后，对保留的11个测量项目再次进行验证性因子分析。结果表明，该包含11个项目的测量模型与数据拟合度更好（$\chi^2 = 50.757$，$P = 0.081 > 0.05$，$\chi^2/\mathrm{df} = 1.336 < 2$；GFI = 0.969、NFI = 0.954、IFI = 0.988、CFI = 0.988，均大于0.9，PGFI = 0.558 > 0.5、RMSEA = 0.034 < 0.05）。四因子测量模型的标准化估计值如图4-2所示。

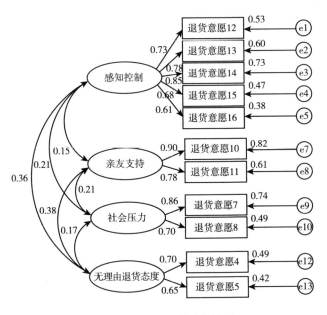

图4-2 标准化估计值模型

验证性因子分析的相关信度和效度系数分析结果如表4-6所示。除无理由退货态度外（$\alpha = 0.651 > 0.6$，可以接受），其他三个维度变量的克朗巴赫 α 系数都高于0.75，说明四维度量表具有较高的信度。四因子变量的组合信度（CR）都高于0.6，说明测量模型的内在质量理想。所有测量指标在各自高维变量的因子负荷都高度显著，且大于0.6，表明基本适配指标理想。另外，平均方差抽取量（AVE）可以直接显示被变量所揭示的变异量有多少是来自测量误差，平均方差抽取量越大，测量指标被维度变量解释的变异量百分比越大。除无理由退货态度外，其他三个维度变量的 AVE 均高于0.5，说明数据具有较高的聚合效度。

表 4 - 6　　　　　　　　　验证性因子分析信度和效度检验

变量	测量指标	标准化负荷	α	组合信度 CR	平均方差抽取量 AVE
感知控制	退货意愿 12	0.731	0.851	0.854	0.542
	退货意愿 13	0.776			
	退货意愿 14	0.853			
	退货意愿 15	0.685			
	退货意愿 16	0.614			
亲友支持	退货意愿 10	0.904	0.819	0.832	0.714
	退货意愿 11	0.781			
社会压力	退货意愿 7	0.86	0.752	0.760	0.616
	退货意愿 8	0.701			
无理由退货态度	退货意愿 4	0.702	0.651	0.630	0.460
	退货意愿 5	0.649			

表 4 - 7 给出了各维度之间的相关系数，对角线是每个维度因子的 AVE 平方根。分析结果显示，四个因子之间相互显著相关，但是相关系数都低于 0.4，因此共线性问题存在的可能性较低；另外，每个因子变量的 AVE 平方根都大于该变量与其他变量的相关系数，说明各因子之间具有较高的区别效度。综上分析，四因子测量模型的信度和效度都是可以接受的。

表 4 - 7　　　　　　　　　各维度变量相关系数矩阵

变量	感知控制	亲友支持	社会压力	无理由态度
感知控制	0.736			
亲友支持	0.154 *	0.844		
社会压力	0.209 **	0.211 **	0.785	
无理由退货态度	0.363 ***	0.376 ***	0.171 *	0.676

注：*** $P < 0.001$，** $P < 0.01$，* $P < 0.05$。

另外，借助竞争模型检验四因子测量模型的相对优越性。本章研究提出了另外六个三因子竞争模型。表 4 - 8 列出了七个测量模型拟合指标的对比情况，结果显示，六个竞争模型也基本达到各项指标，但 P 值、χ^2/df 和 RMSEA 三个指标高于临界值。综上可见，本章研究得出的四因子模型能够更好地拟合样本数据，故网络购物主观退货意愿更适合采用四因子测量模型。

表 4 – 8 模型拟合度比较

模 型		χ^2	P >0.05	χ^2/df <2	GFI >0.9	PGFI >0.5	NFI >0.9	IFI >0.9	CFI >0.9	RMSEA <0.08
四因子模型		50.757	0.081	1.336	0.969	0.558	0.954	0.988	0.988	0.034
三因子模型	亲友支持 + 社会压力	259.367	0.000	6.326	0.876	0.544	0.764	0.794	0.791	0.136
	感知控制 + 无理由退货态度	124.302	0.000	3.032	0.925	0.575	0.887	0.921	0.920	0.084
	亲友支持 + 无理由退货态度	121.258	0.000	2.958	0.927	0.576	0.890	0.924	0.923	0.082
	社会压力 + 无理由退货态度	148.771	0.000	3.629	0.911	0.566	0.865	0.898	0.897	0.095
	感知控制 + 亲友支持	267.536	0.000	6.525	0.875	0.543	0.757	0.786	0.783	0.138
	感知控制 + 社会压力	110.720	0.000	2.700	0.892	0.554	0.774	0.845	0.840	0.109

基于问卷调查、项目分析、探索性和验证性因子分析等多种分析的结论，本章研究构建的网购消费者主观退货意愿测量指标体系如图 4 – 3 所示，包括 4 个维度和 11 个测量指标。

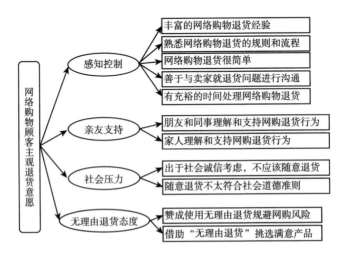

图 4 – 3 网络购物消费者主观退货意愿测量指标体系

4.2.4　顾客主观退货意愿与消费行为相关分析

鉴于主观退货意愿的度量需要消费者自评，不利于退货主观风险的甄别，故本章研究尝试将主观退货意愿与消费者历史行为相联系，通过历史消费行为辨别顾客的主观退货风险，这对于更好地借助消费大数据来分析顾客主观退货意愿具有重要意义。

对现有文献中相关网络购物消费行为的整理发现，学者们对于顾客网络购物消费行为特征的刻画往往从网络购物冲动、机会主义、产品评价、产品价格、商家品牌、网络购物频率、网络购物经验等方面展开（鲍尔斯和杰克，2013；Mottner & Smith，2009；Miranda & Jegasothy，2009；Walsh et al.，2016）。将相关变量与我国网络销售中顾客消费实践相结合，本章研究最终选取了退货运费险的购买频率、单次网络购物挑选时间、网络购物挑选谨慎性、产品挑选价格准则、产品评价浏览、商家类型偏好、网络购物产品种类数、网络购物频率，以及网络购物平台访问习惯等 9 个网络购物行为变量，用以描述和刻画顾客的网络购物消费行为，并将这些变量转化为题项放置在调查问卷中。

根据前面因子分析的结果，计算网络购物主观退货意愿的四个公因子值，分别记为感知控制 F_1、亲友支持 F_2、社会压力 F_3 和无理由退货态度 F_4，再依据式（4-1）加权计算网购顾客主观退货风险 F，其中 $\lambda_1 \sim \lambda_4$ 分别为各公因子变量 $F_1 \sim F_4$ 的特征值，进而可获得顾客主观退货意愿表达式为 $F = 0.443F_1 + 0.243F_2 + 0.177F_3 + 0.147F_4$。

$$F = \frac{\lambda_1}{\lambda_1 + \lambda_2 + \lambda_3 + \lambda_4}F_1 + \frac{\lambda_2}{\lambda_1 + \lambda_2 + \lambda_3 + \lambda_4}F_2$$
$$+ \frac{\lambda_3}{\lambda_1 + \lambda_2 + \lambda_3 + \lambda_4}F_3 + \frac{\lambda_4}{\lambda_1 + \lambda_2 + \lambda_3 + \lambda_4}F_4 \qquad (4-1)$$

将感知控制、亲友支持、社会压力、无理由退货态度、网络购物退货风险和 9 个网络购物行为变量进行相关分析，分析结果如表 4-9 所示，表中已经剔除相关系数不显著的网络购物行为变量。

表4-9　相关分析结果

变　量	1	2	3	4	5	6	7	8	9	10
1. 退货运费险购买频率	1									
2. 网购物挑选习惯	0.090	1								
3. 评价浏览习惯	-0.034	-0.116+	1							
4. 网络购物频率	-0.059	0.102+	-0.145*	1						
5. 平台访问习惯	-0.069	-0.085	-0.240***	-0.390***	1					
6. 网购物产品种类	0.169**	0.114+	0.157**	0.419***	-0.276***	1				
7. 无理由退货态度	0.140*	-0.018	0.060	0.062	-0.148*	0.114+	1			
8. 亲友支持	0.122*	-0.074	0.093	0.135*	-0.077	0.130*	0.299***	1		
9. 感知控制	0.205**	0.140*	0.118+	0.224***	-0.266***	0.266***	0.238***	0.098	1	
10. 社会压力	-0.109*	-0.008	-0.096	-0.173**	0.114*	-0.080	-0.158**	-0.142*	-0.217***	1
11. 主观退货意愿	0.203**	0.084	0.105*	0.176**	-0.239***	0.259***	0.501***	0.422***	0.832***	0.123*

注：***$P<0.001$，**$P<0.01$，*$P<0.05$，+$P<0.1$。

　　无理由退货态度与退货运费险的购买频率、网络购物产品种类数正相关，与网络购物平台访问习惯负相关。因此，随着消费者网络购物中购买退货运费险频率的增大以及网购产品品种的丰富，消费者对待无理由退货的态度更加积极；另外，喜欢经常去淘宝等网络购物平台浏览的顾客趋向于更加赞同和欢迎无理由退货。退货运费险作为一种购后后悔保障，与其他保险产品存在一个共性，即"劣币驱逐良币"的逆向选择特性，无缺陷退货风险低的顾客一般很少会主动投资此类保险，反之无缺陷退货风险高的顾客却对该保险青睐有加，不仅会主动购买，也会优先选择赠送退货运费险的卖家。如果顾客偏好于网络购物时购买退货运费险，往往意味着顾客倾向于购前做好无理由退货的准备，其对无理由退货持有赞同、支持的积极态度。伴随着消费者通过网络购买的产品种类数的增多，其网络购物经验更加丰富、对网络市场的依赖程度越大，对网络销售市场的相关规定、政策等知识也更加熟悉，从心理上对无理由退货的接受程度也越高。有分析表明，喜欢闲暇时常在网络购物平台上浏览的顾客从网上购买的东西更多、更随意，这类顾客发生冲动性购买事件的概率更高，很多产品在购买后产生后悔情感，致使这些消费者发生无理由和无缺陷退货的概率更高。

　　亲友支持与退货运费险的购买频率、网络购物频率，以及网络购物产品种类数正相关。随着消费者网络购物中购买退货运费险的频率和网络购物频率的增大、网购产品品种的越丰富，周围亲友对顾客退货的理解和支持度越高。伴随着网络购物成为中国消费市场的重要组成部分，民众对网络购物的认知和认可度在不断提升，顾客不仅会通过网络购买自用商品，还会通过网络给亲人、朋友购买需要的商品或礼物，因此一个网络账号往往意味着一个消费家庭，其消费行为与亲友退货认知偏好紧密关联。退货运费险的购买需要额外资金的投入，即便是卖家赠送退货运费险也常常伴随着商品零售定价更高的现象。当一个网络消费账号意味着家庭消费时，顾客借助退货运费险规避退货风险的偏好也就意味着亲友对其退货行为的理解和支持。顾客网络购物频率和网络购物产品种类数的增加，一方面意味着亲友对网络购物行为的理解和信任，从而也就更加认可和支持网络购物中的退货行为；另一方面也可能触发亲友对其频繁网络购物行为的反感情绪，甚至会在购买后督促和劝诫顾客将部分商品退回。

感知控制与退货运费险购买频率、网络购物挑选谨慎性、产品评价浏览、网络购物频率，以及网络购物产品种类数正相关，与网络购物平台访问习惯负相关。因此，伴随着消费者网络购物中退货运费险购买频率、产品评价浏览频率和网络购买频率的增大，顾客感知的退货难度越低；伴随着消费者网络购物时挑选谨慎性和通过网络购物购买产品种类数的增加，顾客对退货行为的感知可控性越高；喜欢时常去网络购物平台浏览的顾客对退货行为的感知控制度越高。当顾客偏好于借助退货运费险规避退货风险时，顾客不需要为退货运费的承担问题而担心。统计数据表明，50% 以上的退货纠纷是由于退货运费的承担所发生的，如果退货运费由保险公司来承担，退货纠纷的产生概率就会大大下降，从而也就降低了顾客对退货难度的感知。如果顾客倾向于在网络购物时更加谨慎地比较和挑选商品，就会更为详尽地了解商品知识和退货信息，退货中由于自身知识不足导致的被动和不利局面的可能性下降，对退货的感知可控性也会上升。顾客在购买前认真浏览商品的顾客评价信息，可以更好地了解产品可能存在的问题，购后退货交涉中可以将相关评价作为支持其退货的有力佐证，有利于降低顾客退货难度。另外，对于那些网络购物频率高、网络购物商品种类数多，以及喜欢时常浏览各类网络购物平台的消费者而言，他们熟悉网络购物销售环境，退货经验和知识也颇为丰富，对退货行为的感知难度较小。

社会压力与退货运费险购买频率、网络购物频率负相关，与网络购物平台访问习惯正相关。因此，随着消费者网络购物频率和退货运费险购买频率的增大，其退货行为感受到的社会压力降低。对于经常性网购、善于运用退货运费险改善网购经历的成熟型网购消费者而言，已经接受了退货是网络购物重要和必要的一部分，加之网络购物平台对无理由退货的鼓励，导致这些消费者对网络购物退货的社会顾虑较少。对于时常浏览网络购物平台的消费者而言，即兴购买和冲动购买时常发生，在经过产品运输和体验等一段时间的冷静后，由于对所购买商品的真实需求较低，退货行为往往更为频繁，感受到的退货社会顾虑也较低。

综上分析可以发现，消费者网络购物的主观退货意愿主要与退货运费险购买频率、网络购物频率、网络购物挑选谨慎性、网络购物产品种类数，以及网络购物平台访问习惯等消费行为密切相关。伴随着网络购物顾客购买退货运费险频率、网络购物挑选谨慎性、网络购物频率和网络购物产品种类数的提高，消费者主观退货意愿更高；喜欢时常去网络购物平台浏览的顾客主观退货意愿更高。

最后，网络购物主观退货意愿的四个公因子之间的相关分析表明，社会压力与无理由退货态度、感知控制和亲友支持负相关，无理由退货态度与感知控制、亲友支持正相关，感知控制与亲友支持相关性不显著。因此，当顾客对无理由退货持有的态度越积极、感知的退货难度越低、周围亲友对其退货支持度越高时，顾客对退货行为感受的社会压力越小，其退货时表现得越轻松，这类顾客的主观退货意愿越高；当顾客结合自身知识经验和交易环境感知退货难度较低，顾客周边亲友支持或鼓励其退回产品时，顾客对待无理由退货的态度会更加积极，这类顾客的主观退货意愿更高；当顾客周边亲友对其退货支持度较高时，顾客退货情感阻碍较低，感知的退货心理阻力较小，这类顾客的主观退货意愿增大。

4.2.5　结论与启示

本章研究使用因子分析法构建了消费者网络购物主观退货意愿测量体系，共计包含四个维度 11 个测量指标。通过将主观退货意愿各子维度与顾客消费行为进行相关分析，探讨高主观退货意愿顾客在消费行为中的可能表现，为电商企业和网络购物平台分析和识别高主观退货风险顾客，进而完善其营销策略提供理论借鉴。

4.2.5.1　主要结论

（1）退货行为感知控制是影响顾客网络购物主观退货意愿的关键维度，这里主要是指自我能力感知，与环境感知无关。退货行为感知控制用于度量消费者的主观退货意愿，体现了顾客自身对退货行为的控制能力，主要体现了消费者的网络购物退货能力和经验，包括对退货政策和流程等的理解和学习能力、实施退货的操作能力、拥有退货时间，以及对退货规则流程的熟悉度等。环境感知则体现了环境因素所导致的外在可控性，更多地影响消费者的客观退货意愿，这是本书后续章节即将关注的内容。由于感知控制体现了顾客对退货难度的预判和感知，与其消费经历和行为密切相关。丰富的网络购物经验和知识能够有效地降低顾客对退货难度的感知，故网络购买产品种类越多、时常浏览各类网购信息对于顾客退货感知控制有积极作用；购买前谨慎挑选商品、多关注商品的顾客评价对于顾客更好地了解产品，从而降低退货可能性有重要意义，也增强了顾客对退货行为的感知控制；通过退货运费险有效规避由退货导致的运费损失，削弱了顾客对退货行为的心理顾虑，降低了顾客对退货难度的感知。

（2）针对消费者网络购物的退货行为，主观规范中的社会压力和亲友支持两个维度对主观退货意愿的影响作用并非完全统一，需要拆分为两个独立的维度。社会压力主要体现消费者对社会道德规范的关注和自律；亲友支持则体现消费者对亲友情感的关注和迎合。由于网络购物退货是顾客的私密行为，涉及范围主要是周围亲友圈，故而亲友支持会直接影响顾客主观退货意愿，属于外因压力。社会环境很难直接监控消费者个体的退货行为和真实动机，导致社会规范对顾客主观退货意愿的作用有限，需要借助顾客个体素质间接作用于退货意愿，属于内因压力。然而，社会压力和亲友支持统属主观规范范畴，故与它们关联的消费行为高度一致，都与消费者购买退货运费险频率、网络购物频率，以及网络购物平台浏览偏好等显著相关。

（3）无理由退货态度是影响顾客主观退货意愿的重要维度，其内容包含情感和行为两个层面。情感层面是指顾客对无理由退货所持有的赞同或排斥观点，行为层面是指顾客是否会利用无理由退货来帮助自己获得满意的产品。由于主观退货意愿测量的是顾客自身原因所导致的退货风险，所涉及的大多数是无理由退货，故而网络顾客退货态度维度的差异主要体现在对无理由退货的情感。顾客对待无理由退货的态度能够通过其消费行为加以分析推理，退货运费险购买频率越高、网络购买的商品种类数越多，以及偏好时常浏览网络购物平台等消费行为，都预示着顾客持有积极的无理由退货态度。

4.2.5.2　理论和实践启示

本节研究结论对相关理论研究有两点启示。一是顾客退货意愿需要从主观和客观两个方面加以区分。现有退货研究虽然也有极少数提出了退货意愿的概念并对其影响因素和影响机理加以探讨，但分析的仅仅是客观意义上的退货意愿，探讨环境因素对顾客退货意愿的影响。学界对于退货动机的研究结论早已表明，退货行为中诸如"连环退货族"等不道德退货是一个重要的退货原因，但对这一领域的进一步研究却鲜少涉足。本章研究基于消费者个体差异，提出了顾客主观退货意愿这一构念，并进而基于计划行为理论设计了主观退货意愿测量指标体系，为学界进一步关注顾客个体差异对退货行为的影响提供了一定研究启示。二是挖掘顾客主观退货意愿与消费行为之间的关联性。学界虽然一致认为不道德退货是一个重要的退货原因，但却鲜有学者对其进行研究的关键在于，不道德退货涉及消费者主观意愿，而主观意愿只能通过消费者调查才能度量，且在度量中难以避免社会称许性这一敏感问题。另外，即使借助调查度量出消费者的主观退货意愿，对于实践的借鉴意义也不大，因为由于个人信息因素、度量准确性以及主观自述观点稳定性等问题，此类调查结论无法用作构建个人信用体系，信用体系的构建基础必须是历史消费行为，因此挖掘与主观退货意愿密切相关的消费行为显得尤为重要。本节研究通过构建主观退货意愿测量体系，并初步将其与退货运费险购买、网络购物频率、顾客评价浏览、网络购买商品种类等消费行为关联，为未来相关方向的研究提供了一定研究启示。

本节研究结论对管理实践有三点启示。一是基于顾客主观退货意愿的差异，网络购物中退货运费险需要进行差异化定价。无理由退货态度、社会压力、亲友支持，以及感知控制四方面因素会综合作用于顾客主观退货意愿，导致消费者个体间退货风险的差异。退货运费险作为保险类产品，其定价需要依据被保障对象的出险风险高低进行差异化区分。然而，目前在网络购物中，退货运费险却是依据卖家购买和买家购买两方面进行差别定价，这种定价方式虽然简单易行，却不能体现"高风险高定价、低风险低定价"这一基本定价规则，导致退货运费险中逆向选择问题非常严重。因此，甄别顾客的主观退货风险，形成较为完备的消费者退货信用体系，根据消费者退货风险水平计算合适的退货运费险价格，是完善网络销售市场中退货服务行业的一项重要工作。二是伴随着顾客退货经验的丰富、退货能力的提升，以及社会对退货认可度的增加，退货服务在网络销售市场中的地位将大大提升。在我国现有网络销售市场中，电子零售商更多地关注销售和配送环节，对售后服务特别是退货服务的重视远远不足，很多企业甚至没有专门的退货客服人员，导致退货成为我国网络交易纠纷中的主要因素之一。伴随着网络销售市场的发展与成熟、网络购物消费者的成长和壮大，顾客对无理由退货的认可度必然进一步增大、对退货行为的感知控制不断增强，导致网络销售市场中顾客主观退货意愿将继续增大，加之国际市场中退货政策的不断宽松化（如美国很多企业允许顾客三个月内无理由退货，沃尔玛甚至允许退回已经拆封或没有包装的商品），消费者退货必将成为网络零售业中不得不面对的重要问题，故完善退货服务体系是我国网络销售市场未来的重要发展议题。三是网络消费者退货诚信体系的构建，可以借助大数据挖掘技术基于历史消费行为剖析顾客的主观退货风险。针对一些恶意退货顾客，百思买和亚马逊等企业会采取黑名单等惩罚措施，因此我国网络销售市场中退货诚信体系的建设势在必行。退货诚信体系的构建离不开对网络购物消费者历史消费行为的分析，故挖掘与顾客主观退货风险密切相关的消费行为非常关键。本节研究结论表明，退货运费险的购买、购买前竞争产品的比较和顾客评价的浏览、网络购物产品的丰富性等消费行为与顾客主观退货意愿的四个维度显著相关，通过对消费行为的大数据分析甄别顾客主观退货风险水平，是完善退货诚信体系的重要工作。

4.2.5.3 不足和展望

尽管本节研究结论对理论研究和实践有一定的启示作用，但是仍然存在两点局限。一是顾客主观退货意愿的无理由退货态度维度测量量表的信度效度虽然可以接受，但并未达到理想状态，未来的研究需要对这一维度进行修正和检验。二是本章研究只是将网络购物顾客主观退货意愿四个公因子变量与一些网络消费行为做了简单的相关分析，二者之间进一步的具体影响机理有待后续的深入研究。

4.3　基于主观退货意愿构成维度组合的网购消费者退货风险分析

在退货行为影响研究领域，学者们都是基于因子分析和回归分析探讨变量的构成和因果关系，这种"以变量为中心"的研究路径是基于样本平均水平的分析得出研究结论（Whitaker & Levy，2012）。尽管这种路径在理论研究上具有很高价值，但是与实践中个体认知模式并不匹配，个体对事物的认知是基于各种属性（变量）高低水平组合形成的高效认知分类（尹奎等，2020），实践中个体样本存在异质性，与"以变量为中心"研究路径中样本的同质性假定并不吻合。"以变量为中心"的研究思路通过将主观退货风险各维度平均化，孤立地分析主观退货风险作为一个变量的作用，忽视了其内部各维度之间的相互关系，忽视了内部各维度不同组合的差异，导致难以区分不同退货风险顾客群体之间的质性差异及其成因和影响，无法充分考虑个体样本的异质性（Dahling，Gabriel & Macgowan，2017）。第 4.2 节研究指出，网购消费者主观退货风险包括社会压力、亲友支持、感知控制和无理由退货态度四个构成维度，实践中网购消费者主观退货风险类型取决于这四个维度高低水平的组合，因此基于构成维度的均衡组合探讨主观退货风险的类型对于辨别网购消费者主观退货风险具有重要意义。

鉴于"以变量为中心"研究思路在探讨多维度个体变量组合上的不足，近年来学者们开始借助"以个体为中心"研究路径进行补充研究。"以个体为中心"则是基于不同的个体特征（变量）组合，识别被试群体中包含的子群体。通过对心理和行为特征分类，"以个体为中心"将相关变量看成由高低不同各维度构成的组合体，强调各维度不同高低水平组合形成外在行为特征，根据内部维度不同组合区分相关变量的不同样本类别，并分析不同类别的前因和后果作用机理。因此，运用潜剖面分析技术探讨主观退货意愿四个维度对顾客主观退货风险特征是均衡发力还是各有侧重，基于构成维度的均衡组合诠释网购消费者主观退货风险类型，分析影响主观退货风险类型的关键维度，对于电商企业分析退货行为和设计差异化的退货策略具有重要意义。

本节引入潜剖面分析方法，探究网络购物顾客主观退货风险各维度的组合，探索不同风险类型群体之间的特征差异，并进一步挖掘不同主观退货风险是否存在退货行为、购物满意度和退货满意度的差异，以及主观退货风险类别对购后失调与退货意愿关系的影响作用，为深入研究顾客退货行为提供新的研究视角。

4.3.1　研究假设

顾客不诚实意图是导致消费者退货行为的一个重要原因（King & Denis，2006）。在无理由退货政策和退货运费保险的双重保障下，网络购物中衍生出大量"连环退货族"。"连环退货族"是指网络购物中购买很多自己不需要的东西，然后把其中一部分再退回去的消费者。对于在线零售商而言，"连环退货族"的退货风险比一般网络购物顾客更高，这种由于个体因素导致的退货风险目前没有得到学者们的关注。主观退货风险是指由顾客个体特征和心理意识确定的退货可能性，体现消费者个体在退货偏好上的差异。4.2 节研究基于计划行为理论确定了构念"顾客主观退货意愿"的构成维度，网购顾客主观退货风险是以消费者个体为中心，将主观退货意愿不同维度进行均衡组合形成的综合退货风险水平。

4.3.1.1　主观退货风险的潜在类别

基于无理由退货态度、社会压力、亲友支持和感知控制四个维度，通过计算各子维度项目得分的平均数，进而根据得分高低评估网购消费者主观退货意愿高低。这种"以变量为中心"的研究途径假定消费者个体的主观退货意愿认知是相似的，忽略了个体在不同维度上的认知构成差异对退货意愿总体认知的影响，探索不同维度的均衡组合对于区分网购消费者主观退货意愿、确定顾客主观退货类型非常重要（Dahling，Gabriel & Macgowan，2017）。

主观退货风险的无理由退货态度表示顾客对"借助无理由退货策略实施

策略性退货行为"的态度。社会压力用于衡量基于社会诚信等规范压力，顾客对随意退货行为的认同度。亲友支持用于衡量顾客亲友对其网络购物退货行为的理解和支持程度。感知控制用于衡量顾客对退货行为控制的难易程度，主要体现在顾客的退货经验，以及对退货政策和流程的熟悉程度。这四个维度对顾客退货风险的影响并非对等的，顾客的无理由退货态度会受到社会压力、亲友支持和感知控制的影响，当顾客感知的社会压力越大、亲友对其退货行为理解程度越低、其退货难度越高时，顾客对无理由退货的态度越消极。影响顾客行为的亲友往往与顾客保持最为亲密的关系，非正式组织理论表明密切关系人之间的行为态度和价值观往往趋同，因此亲友支持对主观退货风险的作用会被削弱。伴随着网络零售市场份额的增加、顾客经历的丰富、社交网络对互动过程的简化，以及在线销售平台服务体系的标准化，顾客的退货感知控制难度趋同，对个体主观退货风险的影响力下降。近年来，大众针对无理由退货政策爆出的一些退货新闻的讨论，如"女子买 18 件衣服旅游拍照后全部退货"，表明民众对退货行为的社会规范感知存在一定差异，大多数人对这种行为持有不赞同甚至鄙夷的态度，一部分人对此却持有赞同和支持的态度，还有一部分人则持有无所谓的态度。因此，可以预期社会压力会在顾客之间产生较大分歧，也将成为区分顾客群体的重要依据。

假设 H4 - 1：消费者主观退货风险存在有区别的多个剖面，社会压力在不同类别之间存在明显差异。

4.3.1.2　消费者主观退货风险的个体特征影响因素

主观退货风险作为衡量不同消费者个体间主观退货意愿的差异，与个体特征有着密切关联。第 3 章研究结论表明，消费者的性别、家庭年收入、受教育水平和顾客时尚性会影响顾客主观退货风险，直接影响矩阵 A 中他们对主观退货风险的影响值分别为 0.447、0.348、0.320 和 0.516，显著高于或接近于较高门槛值，因此需要重点关注性别、受教育水平、家庭年收入和顾客时尚性对消费者主观退货风险的影响作用。从性别上来看，女性消费者冲动性购物更多，对网络购物退货事务的熟悉程度更高，主观退货风险更高。从受教育水平来看，受教育水平偏低的顾客受社会压力的影响程度更大，接受过高等教育，特别是研究生及以上教育的消费者价值观更为稳定，对社会压力的敏感性下降，主观退货风险偏高。从家庭年收入上来看，低收入家庭受访者的受教育水平偏低，对社会压力敏感性较高，主观退货风险偏低；高收入家庭受访者的时间成本更高，对退货产品价值敏感性下降，主观退货风险并不高；因此，中等收入家庭是高主观退货风险消费者的重要来源。从顾客时尚性来看，高时尚性顾客意味着对创新产品接受程度高，受社会规范的约束程度偏低，主观退货风险偏高。

假设 H4 - 2：消费者的性别、受教育水平、家庭年收入和时尚性对他们的主观退货风险有显著影响作用。

4. 3. 1. 3　主观退货风险类型对退货行为、以往购物和退货满意度的影响

关键影响因素识别研究发现，主观退货风险是影响顾客退货行为的重要末端因素，是顾客个体特征因素作用于其退货行为的关键传递变量，因而主观退货风险对消费者退货行为具有重要的直接影响作用。伴随着顾客主观退货风险的增加，顾客退货行为更为频繁。这些观点是"以变量为中心"探讨主观退货风险与退货行为之间的关系，如果转换到从"个体中心"的视角，不同主观退货风险类型的顾客群体，是否存在退货行为的差异？

假设 H4 - 3：不同主观退货风险顾客组在退货行为方面存在差异。

鉴于不同类别顾客群存在个体特征差异，在退货频繁度和退货原因方面明显不同，可以预期对以往购物满意度和退货满意度的感知存在差异。

假设 H4 - 4：不同主观退货风险顾客组在以往购物满意度和退货满意度方面存在显著差异。

4. 3. 1. 4　主观退货风险对购后失调与退货意愿关系的调节作用

主观退货风险和购后失调是影响消费者退货行为的两个重要结果因素，分别从顾客个体特性和心理认知两个方面来接受退货行为的产生动机，个体特征对心理认知的影响作用会发挥进一步调节效应。

假设 H4 - 5：不同主观退货风险类型的顾客组，购后失调与退货意愿的作用关系存在差异。

4.3.2　研究方法

4.3.2.1　测量工具

主观退货风险包含退货感知控制、亲友支持、社会压力和无理由退货态度四个构成维度，每个维度通过对不同题项得分取平均数求得。其中，退货感知控制主要度量消费者的退货经历和退货熟悉度，亲友支持用来度量亲友对其网络购物退货行为的理解和支持程度，社会压力度量社会诚信规范对顾客随意退货行为态度的作用，无理由退货态度度量顾客借助"无理由退货"政策退回不喜欢商品的可能性。顾客时尚性、购后失调和退货意愿等其他变量与后续章节的测量完全相同。另外，为了探讨不同主观退货风险组行为结果的差异，将过去半年时间内退货频繁度、以往网络购物满意度和退货满意度引入研究设计中，探讨主观退货风险类型对退货行为和顾客满意度的影响作用。

这里使用的是与后续第 5 章 ~ 第 7 章同一次的调查数据（调查问卷详见附录 3），在原有有效数据的基础上，进一步剔除一些关键变量缺失的调查问卷，共保留 604 份数据用于本次研究。描述性统计分析显示，被调查者中女性 424 人，占 70.2%；男性 180 人，占 29.8%。高中及以下教育水平 65 人，占 10.8%；大专 79 人，占 13.1%；本科 302 人，占 50.0%；研究生及以上 158 人，占 26.2%。家庭年收入 8 万元以下 238 人，占 39.4%；8 万 ~ 15 万元 228 人，占 37.7%；15 万 ~ 30 万元 98 人，占 16.2%；30 万元及以上 40 人，占 6.6%。2 人家庭 60 人，占 9.9%；3 人家庭 272 人，占 45.0%；4 ~ 5 人家庭 234 人，占 38.7%；6 人及以上家庭 38 人，占 6.3%。

4.3.2.2　分析技术

首先，采用 Mplus 7.4 对数据进行潜在剖面分析。潜在剖面分析（latent profile analysis，LPA）是以个体为中心的一种统计分析方法，通过使用潜在类别变量解释外显连续变量之间的关联，实现外显变量间的局部独立性。

Mplus 分析结果中，通常使用三类指数判断潜在剖面模型的拟合度和分类准确度：信息指数主要有 AIC、BIC 和 SSA – BIC，这些指标值越小表示模型拟合度越高；分类指标 Entropy 的取值范围在 0 ~ 1，值越大表示分类精确度越高；Entropy < 0.60 意味着超过 20% 的个体存在分类错误，Entropy = 0.8 表明分类的准确率超过了 90%。似然比检验（likelihood ratio test，LTR）用于比较两嵌套模型（K 类别和 K – 1 类别）之间的优劣，主要有 LMR 和 BLTR，两个指标达到显著水平意味着 K 个类别的模型显著优于 K – 1 个类别的模型。

其次，采用 SPSS26.0 对潜在剖面分析结果进行多项 Logistics 回归分析，进一步探讨主观退货风险类型的个体特性。以潜在剖面分析结果的主观退货风险类型作为因变量，性别、受教育水平、家庭年收入和顾客时尚性作为自变量进行多项 Logistics 回归分析。

最后，采用 Mplus7.4 探讨不同主观退货风险类型顾客组在退货行为、购物满意度和退货满意度等方面表现的差异，以及主观退货风险类型对购后失调与退货意愿正向关系的调节效应。为了处理包含潜在类别变量的回归模型，BCH 方法[①]被应用于验证不同主观退货风险顾客组，在退货行为频率、购物和退货满意度方面的差异，以及对购后失调与退货意愿作用关系的调节效应（Vermunt，2010）。

4.3.3 潜在剖面分析

4.3.3.1 描述性统计分析和相关分析

针对主观退货风险的四个维度变量、个体特征的四个变量，以及是否退货的二项类别变量，进行描述性统计分析和相关分析，各变量的平均数、标准差和相关系数结果如表 4 – 10 所示。结果表明，主观退货风险的各构成变量与个体特征变量和退货行为变量有一定相关性，社会压力主要与受教育水平、顾客

---

① BCH 方法是由 Bolck，Croon & Hagenaars（2004）提出，用于处理包含分类预测变量的潜在类别分析，该方法与稳健三部分逻辑相似，但是将第三步的估计方程转换为加权方差分析，分类误差作为权重，该方法的突出优点是不改变潜类别的顺序。

时尚性和退货行为显著相关。这些结论为后续的研究提供了初步支持。

表 4 – 10　　　　　　　　　描述性统计分析与相关分析

变量	1	2	3	4	5	6	7	8	均值	标准差
1. 退货熟悉度	1								3.339	1.047
2. 亲友支持	0.476**	1							3.967	0.979
3. 社会压力	0.147**	0.269**	1						3.878	1.252
4. 退货态度	0.351**	0.206**	0.038	1					3.308	1.364
5. 性别	−0.130**	−0.089*	−0.003	−0.052	1				0.300	0.458
6. 受教育水平	0.082*	0.016	0.085*	0.100*	0.035	1			3.880	0.996
7. 家庭年收入	0.110**	0.008	0.032	0.007	−0.026	0.193**	1		1.930	0.975
8. 顾客时尚性	0.297**	0.123**	0.099*	0.088*	−0.170**	−0.144**	0.023	1	3.242	1.000
9. 退货行为	0.082*	0.015	−0.084*	0.062	−0.033	0.103*	0.079	−0.081*	0.570	0.496

注：*** $P < 0.001$，** $P < 0.01$，* $P < 0.05$。

4.3.3.2　确定剖面个数

主观退货风险不同类别数的潜剖面模型拟合度分析结果如表 4 – 11 所示。结果显示，随着类别数的增加，信息指数 AIC、BIC 和 SSA-BIC 呈不断下降的趋势。从似然比检验（LMR 和 BLRT）结果来看，主观退货风险分为两类明显好于一类，分为三类明显好于两类，分为四类并不比三类好（LMR 不显著）。分为三类时，Entropy 值为 0.853，表明分类准确率已经高于 90%，且四类潜剖面明显的 LMR 不显著，因而更倾向于选择简单的模型。

表 4 – 11　　　　　　　主观退货风险潜剖面分析拟合指数

类别数	LL	FP	AIC	BIC	SSA-BIC	Entropy	LMR(p)	BLRT(p)
2	−3633.402	13	7292.804	7350.051	7308.779	0.880	0.0000	0.0000
3	−3513.194	18	7182.389	7261.653	7204.507	0.853	0.0003	0.0000
4	−3484.582	23	6915.163	7016.440	6943.426	0.999	0.3423	0.0000
5	−3434.490	28	6824.992	6948.292	6859.399	0.953	0.0075	0.0000
6	−3404.360	33	6774.720	6920.043	6815.277	0.954	0.0063	0.0000

进一步比较三类剖面模型和四类剖面模型的分类结果，如图 4 – 4 和图 4 – 5 所示。三类剖面模型和四类剖面模型的分类差异较大。四类剖面模型中四

个测量指标得分对主观退货风险的贡献基本一致，主观退货风险不同类型各测量变量的得分表现出较高一致性，这与潜在剖面分析假设"外显变量各种反应的概率分布可以由少数互斥的潜在类别变量来解释"（张洁婷、焦璨和张敏强，2010）相悖。三类剖面模型中四个测量指标得分对主观退货风险的贡献不同，退货熟悉度（RF）、亲友支持（FS）和退货态度（RA）得分基本统一，但是社会压力（SN）的得分却存在显著差异波动。由于增加到四类剖面模型时，模型拟合度并未见明显改善（LMR 不显著），四类剖面模型没有更大贡献，同时考虑到模型的简洁程度和易解释性，选择三类剖面模型作为最优拟合模型。

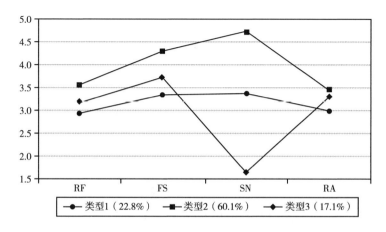

图 4-4　主观退货风险三类剖面分析结果

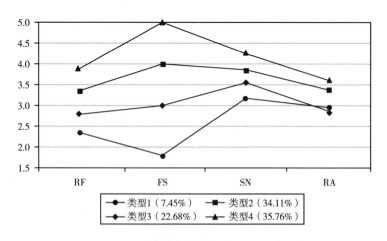

图 4-5　主观退货风险四类剖面分析结果

4.3.3.3　剖面命名和解释

由图 4 - 4 可知，类型 1 包含了 138 个被试，占比 22.8%，这类被试在退货熟悉度、亲友支持和无理由退货态度三个测量变量上的得分均相对较低，在四个测量变量上的得分均值波动性很低，都在 3 左右（2.933 ~ 3.373），表明这类被试对相关测量题项的态度都处于一般水平，没有特别的同意或不同意偏好，因此将类型 1 命名为"不敏感退货族"。

类型 2 包含了 363 个被试，占比 60.1%，这类被试在四个测量变量上的得分都较高，其中在社会压力维度的得分特别高，其他三个变量上得分只是相对较高，表明这类被试虽然在退货熟悉度、亲友支持和无理由退货态度三个方面表现得风险都很高，但是在社会诚信规范上感知的压力很大，导致他们实施蓄意非善意退货行为的可能性很低，由于这类被试占据着大部分调查对象，因此将类型 2 命名为"正常风险退货族"。

类型 3 包含了 103 个被试，占比 17.1%，这类被试在退货熟悉度、亲友支持和无理由退货态度三个测量变量上的得分都居中，且均值都位于 3 ~ 4（3.16 ~ 3.73）；但是这些被试在社会诚信规范上感知的压力很低，得分均值只有 1.65，意味着这个群体的被试并不认同随意退货行为涉及社会诚信规范问题，如网络上广泛流传的案例——旅游拍照后 18 件衣服全部退货，买家给出的解释是买衣服回来试穿是很正常的行为，由于主观上不认同随意退货属于社会诚信问题，导致实施蓄意非善意退货行为的可能性偏高，因此将类型 3 命名为"高风险退货族"。

因此，假设 H4 - 1 得到验证，主观退货风险存在量（如不敏感退货族和正常风险退货族）和质（如高风险退货族与正常风险退货族）上有区别的多个剖面，社会压力维度在不同类别顾客群之间存在明显差异。

4.3.4　主观退货风险类别的个体特征和影响效应分析

4.3.4.1　不同主观退货风险群体的个体特征分析

基于潜在剖面分析结果，运用 Logistic 回归分析进一步探讨不同类型主观退货风险顾客群的个体特征。以潜在剖面分析结果作为因变量，顾客时尚性、性别、受教育水平（研究生及以上作为参照）和家庭年收入（50 万元及以上作为参照）作为自变量，进行多项 Logistic 回归分析，其中正常风险组作为比较参考类别组，分析结果如表 4 – 12 所示。

表 4 – 12　　个体特征对三个潜类别顾客组的多项 Logistic 回归结果

变量（水平）		不敏感组				高风险组			
		估计值	P 值	95% C. I.		估计值	P 值	95% C. I.	
顾客时尚性		0. 274 **	0. 006	− 0. 491	− 0. 068	− 0. 270 *	0. 013	− 0. 490	− 0. 062
性别	女	0. 143	0. 846	− 1. 776	1. 724	0. 220	0. 774	− 1. 568	1. 771
	男	0. 105	0. 906	− 1. 831	1. 723	0. 085	0. 900	− 1. 780	1. 619
受教育水平	初中及以下	0. 921	0. 097	− 0. 420	2. 112	1. 080	0. 066	− 0. 544	2. 372
	高中和中专	0. 801	0. 054	− 0. 142	1. 617	1. 211 **	0. 004	0. 251	2. 175
	大专	0. 438	0. 211	− 0. 274	1. 180	0. 669	0. 081	− 0. 174	1. 439
	本科	0. 307	0. 240	− 0. 174	0. 845	0. 542	0. 066	− 0. 021	1. 207
	研究生及以上	0	0	0	0	0	0	0	0
家庭年收入	8 万元以下	− 0. 307	0. 682	− 1. 746	1. 514	− 0. 874	0. 132	− 2. 275	0. 585
	8 万 ~ 15 万元	− 0. 720	0. 302	− 2. 163	1. 076	− 1. 251 *	0. 022	− 2. 640	− 0. 216
	16 万 ~ 30 万元	− 0. 587	0. 435	− 2. 045	1. 262	− 1. 294 *	0. 039	− 2. 899	− 0. 124
	31 万 ~ 50 万元	− 0. 914	0. 290	− 3. 199	1. 452	− 1. 436	0. 065	− 21. 226	0. 328
	50 万元以上	0	0	0	0	0	0	0	0

注：** $P < 0.01$，* $P < 0.05$。

与正常退货风险组相比，高风险组（− 0. 270*）和不敏感组（− 0. 274**）的顾客时尚性都显著偏低，因而这两组顾客对新事物的接受程度较低；高风险和不敏感顾客组在性别上没有显著差异；受教育水平方面，与教育水平为研究生及以上的顾客组相比，高风险组和不敏感组顾客的受教育水平偏低，高风险组中教育水平为高中和中专的顾客比例比正常风险组显著偏高；与家庭年收入50 万元及以上的富裕家庭相比，高风险组 8 万 ~ 15 万元和 16 万 ~ 30 万元中等收入水平的比例比正常风险组显著偏低。因此，主观退货风险的个体特征Logistic 回归分析显示，相比于大多数网络消费者（正常风险组）而言，高退货风险顾客具有时尚性低、受教育水平偏低（其中高中和中专的比例明显偏高）和家庭年收入极端化（8 万元以下和 50 万元及以上的比例偏高）等特征。

因此，假设 H4 - 2 得到部分验证，不同主观退货风险顾客组在受教育水平、家庭年收入和时尚性方面存在明显差异，高风险退货组表现出受教育水平和时尚性偏低，以及收入极端化的特性。

4.3.4.2　不同主观退货风险群体的退货行为和消费满意度分析

将退货行为频繁度、购物满意度和退货满意度作为连续结果变量，使用 BCH 方法检验不同类别主观退货风险组在退货行为和顾客满意度方面的差异，研究结果如表 4 - 13 所示。关于退货行为比较，高风险退货顾客组的退货行为频率偏高，分组对比的卡方结果和整体检验结果表明，高风险退货顾客组在退货行为频繁度上与其他两组存在明显差别，不敏感组和正常风险组在退货行为上没有显著差异。关于以往购物满意度和退货满意度的比较，正常退货风险顾客组的以往购买满意度和退货满意度都最高，分组对比的卡方结果和整体检验结果表明，正常风险组顾客满意度与其他两组存在显著差别，但不敏感组和高风险组在顾客满意度上没有显著差异。

表 4 - 13　　　　各潜类别组在退货行为、顾客满意度上的差异比较

变量	平均数			卡方			整体检验
	1. 不敏感组	2. 正常风险组	3. 高风险组	1 vs 2	1 vs 3	2 vs 3	
退货行为频繁度	1.975	2.046	2.201	1.262	9.034 **	6.073 *	9.710 **
以往购物满意度	3.580	4.072	3.712	34.439 ***	1.511	17.143 ***	43.097 ***
以往退货满意度	3.606	4.070	3.602	28.870 ***	0.002	25.434 ***	42.891 ***

注：*** $P < 0.001$，** $P < 0.01$，* $P < 0.05$。

因此，假设 H4 - 3 得到验证，不同主观退货风险组顾客在退货行上表现出显著差异，高风险退货顾客组比其他两种类型风险顾客组表现出更加频繁的退货行为。假设 H4 - 4 得到验证，不同主观退货风险顾客组在购物满意度和退货满意度上表现出明显差异，不敏感组和高风险组的顾客满意度比正常风险组明显偏低。

4.3.4.3　主观退货风险的调节效应检验

主观退货风险对购后失调与退货意愿作用关系的调节效应检验结果如表

4－14 所示。在三种类型主观退货风险顾客组中，购后失调与退货意愿都显著正相关，其中不敏感组购后失调与退货意愿的回归系数最高（$\beta = 0.601$，S. E. $= 0.076$，$p = 0.000$），高风险组的回归系数最低（$\beta = 0.372$，S. E. $= 0.085$，$p = 0.000$）；不敏感组和正常风险组的回归系数存在显著差异（$\Delta\beta = 0.193$，S. E. $= 0.113$，$p = 0.042$），不敏感组与高风险组的回归系数存在显著差异（$\Delta\beta = 0.229$，S. E. $= 0.087$，$p = 0.027$），但正常风险组与高风险组的回归系数并不存在显著差异（$\Delta\beta = -0.036$，S. E. $= 0.099$，$p = 0.717$）。假设 H4－5 得到验证。不敏感组顾客群的购后失调对退货意愿的影响作用明显高于另外两种类型顾客组，高风险组顾客群的退货意愿对购后失调的依赖度与正常风险组顾客群不存在差异。图 4－6 展示了主观退货风险类型对购后失调与退货意愿作用关系的调节效应。

表 4－14   调节效应检验结果

	1. 不敏感组	2. 正常风险组	3. 高风险组	$\Delta\beta_{12}$	$\Delta\beta_{13}$	$\Delta\beta_{23}$
β	0.601 ***	0.408 ***	0.372 ***	0.193 *	0.229 *	－0.036
S. E.	0.076	0.051	0.085	0.113	0.087	0.099
95% C. I.	0.452，0.751	0.309，0.508	0.205，0.540	0.022，0.364	0.022，0.364	－0.231，0.159

注：*** $P < 0.001$，** $P < 0.01$，* $P < 0.05$。

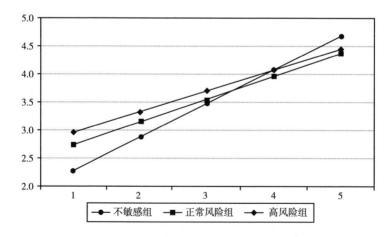

图 4－6　主观退货风险的调节效应示意图

4.3.5　讨论

本节遵循"以个体为中心"的研究思路，基于潜在剖面分析，验证了网购消费者主观退货风险的异质性，通过探讨主观退货风险构成维度的最佳均衡组合，将网购消费者划分为不敏感风险组、正常风险组和高风险组。通过Logistic 回归分析发现，不同主观退货风险类型顾客组在受教育水平、家庭年收入和顾客时尚性方面存在明显差异；基于 BCH 方法发现，不同主观退货风险组顾客在退货行为频繁度、购物满意度和退货满意度三个方面表现出显著差异；主观退货风险对购后失调与退货意愿作用关系的调节效应得到统计支持，不敏感组顾客群的购后失调对退货意愿的影响作用明显高于另外两种类型顾客组。研究结论具有重要的理论和实践启示。

4.3.5.1　理论启示

（1）以个体为中心探讨网购消费者主观退货风险的异质性表明，网购消费者的主观退货风险存在明显分组特征，各项统计指标支持了三分类模型。不同类型主观退货风险顾客组在个体特征和退货行为方面表现的差异，进一步验证了这种分类方式的科学性。这种以个体为中心的研究路径，根据个体间共享反应模型将网购消费者划分为不同群体，有效地识别了消费者主观退货意愿的异质性，从理论上支持了网购消费者在退货反应模式上的差异，对于消费者退货行为的理论研究具有重要价值。

（2）不同类别顾客组在主观退货风险各维度的数量和质量上都存在差异，社会压力是影响主观退货风险类型分组的关键维度。不敏感组与正常风险组之间主要表现在不同维度得分高低的不同，而高风险组的关键特征是社会压力维度得分非常低（平均得分不到 2）。裴和帕斯旺（Pei & Paswan, 2018）指出，消费者网络退货行为可以分为合法性退货行为和机会性退货行为，机会性退货行为主要受不道德、自我监督和社会影响等因素的影响。研究虽然探讨了机会性退货行为的驱动因素，却缺少对相关顾客群特征和行为动机内在构成的分析。本章研究关于高风险组剖面社会压力维度得分低、个人特征差异的结论，从顾客主观退货意愿内在构成维度上阐明了计划性退货行为的内在驱动力，深入刻画了机会性退货行为顾客群的个体特征，对于从理论上解释网购消费者的复杂退货行为具有重要意义。

（3）主观退货风险不敏感组的发现，为拓展社会判断理论在退货行为领域的应用提供了一定理论启示。社会判断理论以态度变量为中心，将个体对行为的态度分为接受区、不明朗区和不接受区。不敏感组剖面在主观退货意愿各构成维度均处于中立状态（得分 3 分上下），社会压力维度在三组中居中，其他三个维度均得分最低，意味着这类顾客主观上对退货行为持有消极不接受的态度。本章研究关于不敏感组顾客群个体特征、退货行为和消费满意度的差异，以及其退货意愿高度依赖于购后失调等研究结论，深入刻画了社会判断理论中退货行为不接受区顾客的行为特征，拓展和充实了社会判断理论在退货行为领域的应用。

4.3.5.2　实践启示

（1）不同风险组在个体特征上表现出显著差异，高风险组的顾客时尚性偏低，受教育水平偏低，特别是高中和中专教育水平比例明显偏高，家庭年收入更容易出现极端化——一方面是家庭年收入低于 8 万元，处于贫困区域，另一方面则是家庭年收入超过 50 万元的富裕区域。潜剖面分析结果为我们勾勒了两类消费者群体：一是没有接受过高等教育、家庭年收入很低、生活低俗消极且社会道德规范感很低的社会边缘人，这类人经常表现出"破罐子破摔"的生活心态，奉行"光脚的不怕穿鞋的"的处事风格；二是没有接受过高等教育，但由于各种非劳动原因带来家庭年收入很高、生活张扬跋扈、消费品位低下且社会道德规范感低下的社会土豪组，这类人经常表现出"万事我最大"的生活心态，奉行"有钱就有理"的处事风格。这两类人虽然家庭年收入上差距很大，但是行事风格都属于无视社会规范的范畴，在无理由退货政策的辅助下，认为一切退货行为都合情合法，是网络零售中退货问题的最大隐患，更是造成很多社会冲突的根源。

（2）与正常退货风险组相比，高主观退货风险会提高顾客退货行为的频繁度，降低顾客对以往网络购物和退货的满意度。非善意高风险顾客的退货行为不仅造成大量的退货成本和损失，较低的消费满意度还会给企业带来很多交易纠纷，甚至通过传播消极口碑影响其他消费者的购买意愿。裴和帕斯旺（2018）研究指出，机会性退货行为会降低顾客的再购意愿，对企业长期收益产生不利影响。因此，网络零售平台应该追踪顾客退货频率、退货原因和退货险购买情况，并据此构建消费者网络购物信用积分体系。根据信用积分限制高风险顾客的消费权益行使，如运费险保险公司会根据顾客出险频率提高运费险购买价格，甚至限制其购买运费险。国外很多零售企业采用退货黑名单政策，对于在一段时间内频繁退货或退货行为恶劣的消费者，企业会将他们列入黑名单，取消其未来一段时间的退货权限或封闭其账号。消费者网络购物信用积分体系不仅为相关消费者惩罚策略提供依据，更是肃清网络购物欺诈性退货行为、塑造良好网络购物环境的重要基石。

（3）主观退货风险能够调节购后失调与退货意愿之间的关系，不敏感组顾客的退货意愿对购后失调的依赖程度最大。现有学者基于认知失调理论探讨消费者退货的心理机制，后续章节的研究也发现购后失调是消费者退货意愿的关键前因。作为退货行为的另一个重要前因，主观退货风险不仅对退货意愿有直接影响作用，还会调节购后失调的作用。不敏感组顾客的退货意愿更多依赖购后失调，高风险组对购后失调的依赖度最低。因此，网络零售的售后服务不仅要关注消费者退货的客观原因，更要分析顾客的个体特征和消费行为，对于不敏感组顾客则需要更多地借助相关策略安抚和消除顾客购后的各种消极感知。

4.4　本章小结

本章针对网络购物退货行为，从消费者个体差异角度分析主观退货风险的构成与异质性。首先，基于计划行为理论，从态度、主观规范和感知控制三个维度探索主观退货意愿的影响因素，借助因子分析构建网购主观退货意愿的四维度 11 个指标的度量体系。其次，基于主观退货意愿各维度与消费者行为的相关分析，挖掘反映网购顾客主观退货意愿的强消费痕迹信号。最后，从"顾客个体中心"视角，基于主观退货意愿不同维度均衡组合分析，探讨消费者主观退货风险异质性问题，依据主观退货风险将网购顾客分成三个组群：不敏感组、正常风险组和高风险组，并分析不同退货风险组群的个体特征差异、退货行为和消费满意度差异。

第5章 购后失调对网购顾客退货意愿的影响机理研究

5.1 引　言

伍德（2001）将网络购买过程分为购买前和购买后两个决策阶段。购买前的决策重点在于是否购买，购买后的重点在于决定保留或退回订购的商品。网络购物中顾客无法在购物时检查和体验产品，图片和视频可能存在色差和感知差异等问题，由此会增加网购消费者的感知风险。消费者购后认知与购前认知可能会存在偏差（Shulman，Coughlan & Savaskman，2010），这种偏差会引起消费者心理不舒服感进而导致认知失调。为了更好地保护消费者权益，新《消费者权益保护法》明确了网络购物的"七日无理由退货"政策。很多网络零售商为了更好地消除消费者的网购顾虑和增强购买意愿，在"七日无理由退货"政策基础上推出宽松的退货运费策略，如赠送退货运费险、无忧退货等。宽松的退货政策使得顾客购买决策可逆且退货难度很低，退货成为网购消费者消除购后失调的重要手段（Lee，2015）。

费斯廷格（1957）将认知失调界定为在众多备选项中作出一个选择决策后，产生的心理不舒服状态。学者们借助认知失调理论解释购买决策行为之后的心理情感后果，为认知失调在营销领域的行为研究奠定了理论基础。鲍尔斯和杰克（2013）率先使用认知失调理论来解释消费者退货行为的心理机制；李（2015）基于认知失调理论，指出退货行为是消费者减轻购买后认知失调的有效途径。学术界关于购后失调尚没有达成一致共识，李（2015）指出，购后失调是指购买产品后由于冲突认知因素而导致的不舒服、怀疑、不确定、焦虑、后悔等。购后失调导致的消极情绪会引发消费者后悔，进而产生退货倾向（Tsiros & Mittal, 2000）。本书第 3 章关于退货行为关键影响因素的研究结论表明，购后失调是影响退货行为的关键性结果变量，因而探讨购后失调对退货意愿的影响机理是深入理解网购消费者退货行为的重要环节。

现有研究虽然用购后失调来解释消费者退货行为，但是对二者之间作用机制缺乏深入探讨。李（2015）只是基于认知失调理论解释退货行为的产生动机，没有对其影响机理和相关前因加以挖掘。鲍尔斯和杰克（2013, 2015）聚焦于购后失调关于自由退货政策认可度、消费者满意度和再购障碍对消费者退货行为的中介作用，缺乏关于购后失调影响退货行为作用条件的分析。梅蒂（Maity, 2012）曾尝试探讨退货政策宽松程度对认知失调与退货意愿作用关系的调节作用，可惜研究假设没有得到统计支持。虽然少数学者从理论（李, 2015）或实证（鲍尔斯和杰克, 2013, 2015）研究上提出购后失调对网络购物退货行为的重要诱因作用，但是购后失调对顾客退货行为的影响作用是否存在作用边界？什么因素可能会影响购后失调与退货行为的影响关系？这些是从消费者心理认知角度研究退货行为所必须解决的问题。因此，需要更多的实证研究来验证购后失调对消费者退货行为的影响作用，同时深入挖掘认知失调理论在网络购物退货行为中的作用环境，从理论上进一步充实消费者退货领域的认知失调理论。

本书将购后失调对顾客退货意愿的影响作为主效应。首先，基于现有研究文献的梳理，提炼出刻画网络购物环境规范的变量——情境规范性，进而探讨其对购后失调和退货意愿关系的调节作用。其次，受启于梅蒂（2012）的研究设计，将顾客对退货政策的认可度引入结构模型中，分析其对购后失调和退货意愿关系的调节作用及其在情境规范调节效应中所发挥的中介作用。最后，将顾客对所购买产品的熟悉度和顾客时尚性引入结构模型中，探讨这两个变量对情境规范调节效应的再调节作用。

5.2　理论基础与研究假设

认知失调是选择决策后的一种心理不舒服状态，源于决策主体需要从多个备选项中选择一个，选择前认知与选择后认知的偏差所导致的消极心理（费斯廷格，1957）。近年来，在与管理决策相关的高水平期刊中，认知失调理论在不同管理领域应用研究的文章数量迅速增长（Hinojosa et al.，2017）。购后失调是认知失调在营销领域应用后形成的衍生概念，常被用来解释消费者购买后心理感知和行为，指顾客在做出购买决定后由认知因素冲突引起的不适、疑惑、不确定、焦虑或后悔等一系列消极心理状态（Nadeem，2007；李，2015）。顾客购买决策的认知失调被分为两个维度（Sweeney，Hausknecht & Soutar，2000；Zeelenberg & Pieters，2004）：与所购买产品相关的产品失调（product dissonance）以及与购买后心理不适相关的情绪失调（emotional dissonance）。

购后失调主要来自购买产品与市场上其他可用替代产品之间的比较，如果比较结果消极，就会导致顾客心理不适（艾略特和迪瓦恩，1994）。依据认知失调理论，如果消费者购买后产生认知失调，他们就会产生采取行为策略降低心理不适感的动机（费斯廷格，1957），这些行为策略的抉择取决于一个非常关键的因素，即购买决策的可逆性（Cummings & Venkatesan，1976；Korgaonkar & Moschis，1982）。当购买决策不可逆时，消费者会通过改变他们对产品的态度来减少心理失调，如寻求亲友的认同与安慰、查询相关信息来验证问题的普遍性、查询替代产品的评价发现相似问题等。但是，如果购买决策可逆且难度较低，即消费者会通过退货来撤销之前的购买决策，退货就成为消费者消除或减少认知失调的重要手段（Zeelenberg et al.，1996；Davis，Hargerty & Gerstner，1998）。宽松的退货政策不仅让网络购物决策具有了可逆性，还降低了顾客的退货难度和成本，这就使退货成为顾客缓解购后失调的重要行动策略，购后失调成为学者们用以解释消费者退货行为的重要心理反应（Lee，2015）。基于现有研究结论，网络购物顾客感知的购后失调越高，其退货意愿也越高。

假设 H5 - 1：顾客购后失调对其网络购物退货意愿有正向影响作用。

退货政策对消费者退货的影响一直是退货管理研究的一个焦点问题，研究结果表明，宽松的退货政策会导致更多的产品退货（Wood，2001；Janakiraman & Ordonez，2012）。然而，大多数研究都是局限于将退货政策作为退货行为或退货数量的前因变量。梅蒂（2012）基于理论推导和实践知识，率先提出了退货政策宽松度会调节购后失调与退货意愿之间关系的假设，虽然研究假设没有得到统计学验证，但相关假设逻辑却为后续研究提供了启发。

"退货是被允许的"是购后失调转换为退货行为的一个必要前提。在线零售中，70% 以上退货产品并不存在明确的质量问题，需要借助"无理由退货"等宽松退货政策来保障消费者后悔权益，因此网购顾客会对网络零售商的退货政策进行考量。文献梳理发现，一些研究将自由退货政策考量（consideration of free return policy）作为购后失调和退货行为的前因（Harris & Daunt，2011；Rogers & Tibben-Lembke，2001）。顾客有关自由退货政策的知识有助于降低他们的购后失调，因为宽松的退货政策能够简化顾客退货过程（艾略特和迪瓦恩，1994）。鲍尔斯和杰克（2013）更是借助实证研究验证了顾客的退货政策考量对其购后失调情感的削弱作用，以及对其退货频率的抑制作用。

尽管从法律上来说，我国网络零售市场实施的"七日无理由退货"政策基本一致，但是不同电商平台对相关退货政策的诠释和执行不尽相同，消费者对于退货政策的考量更是大相径庭。顾客对自由退货政策的考量代表了消费者对网络零售商实施的自由退货政策的考虑和评价水平（鲍尔斯和杰克，2013）。当顾客对网络零售商自由退货政策考量较高时，就会认为这些退货政策会保证后续的退货过程简单便利，这就意味着顾客对网购交易的购前满意度和初始信任较高。顾客对网络零售商的满意和信任有利于缓解购后失调导致的消极情绪，因而顾客自由退货政策考量能够有效降低其购后失调转化成退货意向的可能。因此，当网购中顾客自由退货政策考量水平较低时，购后失调与退货意愿之间的正向关系更显著；反之，高水平自由退货政策考量会削弱购后失调与退货意愿的积极关系。本章研究提出以下假设。

假设 H5 - 2：顾客的自由退货政策考量负向调节购后失调与网络购物退

货意愿的正向关系。

　　不同于线下市场中消费者与销售商面对面交流和交易，网购消费者无法掌握在线销售商地址、规模等信息，且很多网络购物是消费者与零售商之间的首次交易，故消费者在线上交易中感知的不确定性和风险更高，导致信任成为 B2C 零售交易的核心（Grabner-Krauter & Kaluscha，2008）。大多数网络零售相关研究仅关注交易过程形成的信任（Harris & Goode，2004；Hess & Ring，2016），然而交易信任需要建立在对企业能力、社会责任和诚信等认可的基础上（李和特班，2001），不足以解释首次交易顾客的信任。近期研究发现，与重复购买顾客相比，首次购买顾客的信任发展机制不同，网络交易环境下初始信任的建立尤为重要。

　　由于网络零售的虚拟性，可供消费者参考进而形成初始信任的因素有限，网络交易情境的设计成为制约顾客初始信任的重要因素。相关研究发现，网络购物交易情境规范（situational normality）是顾客形成初始信任的一个重要前因，网络交易情境规范程度越高，顾客对网络交易方的初始信任水平会越高（Muñoz-Leiva et al.，2010；Eastlick & Lotz，2011）。巴尔等（2018）对有关初始信任的研究也发现，工作环境对新员工的信任形成有着重要影响作用，工作情境规范将通过感知可信度正向作用于信任。温格林等（Wingreen et al.，2019）基于电子零售商信任的分类，发现情境规范有助于增强顾客对电商企业基于技术的信任。

　　盖尔特和严（Gehrt & Yan，2004）研究指出，顾客的初始信任会进一步影响顾客购后失调时心理情感的变化。对于首次交易的网络顾客而言，网络零售商规范化的购物情境使其形成了较高的初始信任，这种信任会在产生购后失调情绪时发挥缓解作用，会给予顾客一定的心理暗示和疏导，从而降低退货意愿的强度。伊斯特里克和洛兹（Eastlick & Lotz，2011）研究发现，网络购物交易环境下顾客的初始信任会对顾客后续消费行为产生重要影响。周等（Zhou et al.，2018）以中国阿里巴巴电子金融为对象，研究指出，信任是顾客满意度和持续性意愿之间关系的重要调节者。购后失调转换为退货意愿缘于顾客希望通过退货来降低和消除购后的消极情绪，当由情境规范形成的初始信任能够帮助顾客有效缓解其购后失调的消极情绪时，顾客通过退货来撤销此次交易的意愿就会降低。基于以上分析，当网络购物中情境规范水平较低时，顾客初始信任水平较低，导致购后失调更易于转化为退货意愿；反之，高水平情境规范增强了顾客初始水平，从而削弱了购后失调转化为退货意愿的动机。本章研究提出以下假设。

假设 H5 - 3：网络购物情境规范负向调节购后失调与网络购物退货意愿的正向关系。

基于前文分析，网络购物交易中情境规范是顾客初始信任度形成的一个重要成因，顾客感知的网络交易情境规范化程度越高，对网络零售商的初始信任水平越高（伊斯特里克和洛兹，2011）。另外，高水平的初始信任会积极影响顾客对网络零售商自由退货政策的考量。因此，网络交易情境规范程度对自由退货政策考量有积极影响作用。故本章研究提出以下假设。

假设 H5 - 4：网络购物情境规范正向影响顾客对网络零售商的退货政策考量。

结合假设 H5 - 2 ~ 假设 H5 - 4 得出，顾客自由退货政策的考量可能会影响情境规范对购后失调和退货之间关系的调节作用。因而本章研究提出，高水平的情境规范将削弱购后失调与退货意愿之间的正向关系，且调节作用会通过自由退货政策考量发挥效用。当调节效应需要通过中介过程进行解释时就出现了第二种类型的被中介调节效应（Grant & Sumanth，2009），这种类型的被中介调节效应曾经被王等（Wang et al.，2015）用来进行员工反馈导向与其社会敏感性的关系研究。这种效应在这里可以解释为相较于情境规范水平高的网络交易而言，顾客自由退货政策考量程度在低水平情境规范交易中更低，这却使购后失调对退货意愿的影响作用更显著。故本章研究提出以下假设。

假设 H5 - 5：网络购物中情境规范对购后失调与退货意愿之间关系的调节效应，通过顾客自由退货政策考量的中介而发挥作用。

由前文分析可知，情境规范通过影响顾客的初始信任作用于购后失调与退货意愿的关系，顾客解读情境规范形成初始信任的能力会受其理性和对交易产品的熟悉程度影响，故情境规范的调节作用会因顾客的差异而不同，结合现有文献研究，本章研究重点考察顾客的时尚性和对交易产品的熟悉度两个变量的调节效应。

现有研究表明，顾客的时尚特性（customer fashion）会影响他们的退货行为，康和约翰逊（2009）研究发现，顾客时尚创新性与频繁退货行为密切相关。罗杰斯（Rogers，2003）指出，时尚创新型顾客的主要特征是具有冒险精神或购买并承担新产品风险的意愿更高。由于没有先例人群的经验借鉴，时尚型顾客采用新产品时必须面对新产品的高度不确定性，考虑到早期使用者比晚期使用者具有更高的理性，早期使用者更需要网络零售商宽松退货政策的保障以降低购买风险。时尚型顾客对多样化的追求和对尝试新产品的兴趣，也能用于解释对顾客退货行为的作用。由于时尚型顾客更愿意去尝试新产品，但是他们同样具有理性人对经济性的要求，这就使他们更多地将"试验失败"的商品退回（Workman & Johnson，1993）。另外，相比于非时尚型消费者，时尚型消费者购物更为频繁，对于网络销售环节、退货政策、退货流程、快递企业等更为熟悉，退货对他们而言难度更低、需要消耗的精力更少，故时尚创新型消费者退货行为更为频繁。

除了作为退货行为的前因外，时尚型消费者冒险和试验新产品的特点也会影响他们对于情境规范的关注。首先，由于新产品意味着不确定性和风险更高，规范程度高的网络购物情境能够有效降低交易风险，时尚型消费者对情境规范的需求更高。其次，由于时尚型消费者频繁进行网络购物，使他们对网络销售的情境规范性更为了解，对情境规范的感知准确性更高。最后，由于没有先例经验的借鉴，时尚型消费者购物理性水平更高，更偏好和善于进行网络购物情境的规范性分析。因此，时尚型消费者更为重视网络购物环境的情境规范。基于以上分析，顾客时尚性较高时，对网络购物情境规范的重视程度越高，越有利于情境规范对认知失调与退货意愿之间调节效应的发挥。本章研究提出以下假设。

假设 H5 - 6：顾客时尚性会正向调节情境规范对购后失调与退货意愿正向关系的调节作用，当顾客时尚水平高时，情境规范对购后失调与退货意愿关系的调节作用显著；当顾客时尚水平低时，情境规范的调节作用不显著。

产品熟悉度（product familiarity）描述了消费者掌握的关于某类产品的知识水平和使用经验。消费者寻找产品前，他们首先会根据自己的偏好对产品进行分组，然后通过属性识别将产品与类似产品区分来确定最合适的产品。

现有研究表明，产品熟悉度会影响顾客购前的产品预期，进而影响其后续消费行为。当顾客对产品熟悉度较低时，他们更倾向于借助品牌、程序公平等信息提示来判断产品绩效，进而形成购买意图（Banovic et al.，2012；Hunt & Shehryar，2005）。洪和帕夫洛（2014）研究指出，产品熟悉度会影响顾客对产品属性期望的不确定性，当产品属性不符合他们的购买前偏好时，顾客就会退回产品。顾客会依据自身对产品属性的了解做出购买决策（Areni et al.，1999），并针对属性预期来评估所接收的产品属性。如果预期和所接收的产品属性之间存在严重错配，则消费者可能会退回产品，而不管网络购物交易情境规范程度。

综上分析，当顾客对产品熟悉度较低时，情境规范作为一种信号可能会提高顾客对产品的预期，但顾客由此形成的产品预期不确定性非常高，导致预期与产品属性严重不吻合的概率很高，当产品表现与预期相差甚远导致购后失调消极情绪时，情境规范在购前形成的初始信任作用荡然无存，情境规范对消极情绪的缓解作用失效，顾客选择通过退货来缓解购后失调的意愿增强。反之，当顾客非常熟悉这类产品时，对产品预期的准确性较高，也更为了解同类产品的销售情境，购买后即便出现不满意、购后失调等消极情感，销售情境的规范性也可以作为有效缓解消极情绪的重要途径。因此，消费者对同类产品的熟悉度，有利于情境规范调节效应的发挥，本章研究提出以下假设。

假设 H5 - 7：产品熟悉度会调节情境规范对购后失调与退货意愿正向关系的调节作用，当顾客对网络购物交易中产品熟悉程度高时，情境规范对购后失调与退货意愿关系的调节作用显著，反之调节作用不显著。

本章的理论研究模型如图 5 - 1 所示。

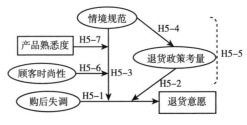

图 5 - 1　本章研究的概念模型

5.3 研究设计

5.3.1 样本描述

本章研究将曾经有过退货经历的网络购物顾客作为调查对象，采用问卷调查方式收集相关数据。被调查者被要求回忆近三个月内一次印象深刻的网络购物经历，并且在此次网络购物中有过不舒服、焦虑或后悔等消极情感。为了确保调查问卷的清晰度和可解释性，对 20 名本科生进行了预测试，通过预测试删除和修改了一些测量题项。

研究团队通过纸质问卷、在线问卷两种方式，共发放和回收 849 份问卷，剔除没有网络购物退货经历、开放题项填写不准确、关键变量缺失等无效问卷后，共获得 635 份有效问卷，有效问卷率达 74.8%。

通过对有效问卷进行描述性统计分析，结果显示，被调查者中女性 448 人，占比为 70.6%；男性 187 人，占比为 29.4%。高中及以下教育水平 67 人，占比为 10.6%；大专 85 人，占比为 13.4%；本科 319 人，占比为 50.2%，研究生及以上 164 人，占比为 25.8%。家庭年收入 8 万元以下 252 人，占比为 39.7%，8 万～15 万元 237 人，占比为 37.3%；15 万～30 万元 103 人，占比为 16.2%，31 万元及以上 43 人，占比为 6.8%。事业单位和政府机关工作人员 214 人，占比为 33.7%；国有企业、外资企业工作人员 73 人，占比为 11.4%；民营企业人员 123 人，占比为 19.4%；学生 114 人，占比为 18%；自由职业和其他人员 111 人，占比为 17.5%。1～2 人家庭 61 人，占比为 9.6%；3 人家庭 285 人，占比为 44.9%；4～5 人家庭 249 人，占比为 39.2%；6 人及以上家庭 40 人，占比为 6.3%。

5.3.2 变量测量

本章研究共涉及购后失调、退货意愿、情境规范、退货政策考量、顾客时尚性和产品熟悉度六个结构变量。本章研究依据英文文献中相关变量解释和量表来度量相关变量，成熟量表采取了双向互译形式形成具体测量题项。问卷采用李克特五点量表测量，1 表示"同意"，5 表示"不同意"。

自变量——购后失调。基于鲍尔斯和杰克（2015）的研究结论，本章研究从情感失调和产品失调两个维度来设计购后失调的度量题项。根据预测试反馈的意见，结合认知失调现有度量量表，本章研究最终采用八个题项来测量变量购后失调。分别为：（1）购买产品后我感觉自己不需要该产品；（2）购买产品后我感觉心里不舒服；（3）我对这次购物感到失望；（4）我感觉当时购买该产品的决策失误；（5）这次网络购物让我感到郁闷；（6）收到产品后我有种被欺骗的感觉；（7）我感觉这次网络购物好像哪里出了问题；（8）我感觉产品与卖家描述的不一致。

调节变量——情境规范。依据伊斯特里克和洛兹（2011）的研究设计，从网络购物优势、需求吻合等方面，共设计了四个题项用以度量网络购物的情境规范。分别为：（1）一半以上生活用品来源于网络购物；（2）网络购物比其他购物方式更具有综合优势；（3）能够很好地与生活方式和需求吻合；（4）网络购物简单便捷。

中介变量——退货政策考量。依据鲍尔斯和杰克（2013）、康和约翰逊（2009）相关研究设计，本章研究采用三个题项用以度量退货政策考量。分别为：（1）熟悉该购物网站和卖家的退货政策；（2）满意网站和卖家的退货政策；（3）该购物网站和卖家的退货政策具有优势。

因变量——退货意愿。参考李（2015）的研究设计，本章研究针对受访者的一次不和谐网络购物经历，运用五点量表测量本次网络购物中的退货意愿，1 表示"强烈希望退货"，5 表示"不愿意退货"。

双重调节变量——顾客时尚性和产品熟悉度。本章研究参考康和约翰逊（2009）的研究设计，采用两个题项度量顾客时尚性。分别为：（1）善于捕捉时尚因素；（2）时尚型消费者自我认定。另外，参考洪和帕夫洛（2014）的研究设计，本章研究运用五点量表测量顾客对网络购物交易产品的熟悉度，1 表示"熟悉"，5 表示"不熟悉"。

控制变量。相关研究表明，性别、家庭年收入、受教育水平、家庭规模和工作性质等人口统计学变量会影响消费者网络使用、在线购物等行为（McGoldrick & Collins，2007；鲍尔斯和杰克，2013），故这五个变量被作为本章研究的控制变量。

5.3.3　数据分析方法

对反向题项反向计分处理后，本章研究按照以下步骤对数据进行分析处理：首先，使用 Mplus 软件对本章研究涉及的四个潜变量（购后失调、情境规范、退货政策考量和顾客时尚性）进行验证性因子分析，同时检验相关变量的信度和效度，以及数据拟合度。其次，对本章研究涉及的六个变量进行描述性统计分析和相关分析，初步判断变量之间的相关关系。最后，运用回归分析等技术手段对本章研究涉及的一系列调节效应、被中介调节效应和双重调节效应等研究假设进行统计检验和验证。

5.4　研究结果

5.4.1　验证性因子分析

本章研究理论模型共涉及六个结构变量，其中退货意愿和产品熟悉度是单因素变量，购后失调、情境规范、退货政策考量和顾客时尚性是四个潜变量，验证性因子分析主要针对这四个潜变量进行统计分析。相关信度和效度系数分析结果如表 5 - 1 所示。四个潜变量的克朗巴赫 α 值都高于 0.70 的建议标准，组合信度（CR）也都高于 0.70，说明变量的内在质量理想，测量量表具有较高的信度。所有测量指标在各自结构变量上的因子负荷都高度显著，且大于 0.5，基本适配指标理想，说明潜变量的内在效度较高。另外，平均方差抽取量（AVE）可以直接显示被变量所揭示的变异量有多少是来自测量误差，平均方差抽取量越大，测量指标被结构变量解释的变异量百分比越大。结果显示，四个潜变量的 AVE 都高于 0.5，说明结构变量的测量结构具有较高的聚合效度。因此，四个潜变量具有良好的信度和效度。

表 5 – 1　　　　　　　　　　验证性因素分析信度和效度检验

变量	测量指标	标准化负荷	Cronbach's α	组合信度 CR	AVE
购后失调	感觉不需要	0.548	0.923	0.924	0.607
	心里不舒服	0.779			
	感到失望	0.852			
	感觉决策失误	0.795			
	感到郁闷	0.855			
	感到被欺骗	0.844			
	感觉出了问题	0.811			
	描述不一致	0.698			
情境规范	经常网络购物	0.654	0.789	0.802	0.507
	网络购物优势	0.732			
	需求吻合	0.832			
	简单便捷	0.609			
退货政策考量	熟悉退货政策	0.676	0.752	0.747	0.500
	满意退货政策	0.824			
	退货政策优势	0.633			
顾客时尚性	捕捉时尚	0.799	0.802	0.726	0.574
	时尚消费	0.846			

　　基于 Mplus 软件对理论模型与数据的拟合度进行检验，结果显示：$\chi^2 =$ 469.123、df = 113（$\chi^2/df = 4.151$，$p = 0.000$），由于统计量 χ^2 与样本量高度相关，其显著性检验结果在此不适合作为拒绝理论模型的原因（Rigdon，1995）；比较拟合指数（CFI）为 0.932、Tucker-Lewis 指数（TLI）为 0.919，CFI 和 TLI 两个指数都高于临界值 0.9，表明测量模型与统计数据具有高度增量拟合度；近似的均方根方差指数（RMSEA）为 0.071，其 90% 的置信区间为（0.064，0.078），指数估计值与上下区间值均在（0.05 ~ 0.08）范围内，

显著性 $p = 0.000$；标准化的均方根残差（SRMR）为 0.046；RMSEA 和 SRMR 两个指数都低于临界值 0.08，说明测量模型与样本数据具有良好的绝对拟合度。

　　为了进一步验证测量模型与样本数据的拟合度，本章研究还提出了三个竞争模型，分别是：三因素测量模型（情境规范 + 顾客时尚性、购后失调、退货政策认可）、二因素测量模型（情境规范 + 顾客时尚性 + 退货政策认可、购后失调）和单因素测量模型。将本章研究的四变量基准模型与这三个竞争模型的拟合指标进行比较，分析结果如表 5 - 2 所示。结果表明，三个竞争模型的拟合度较差，只有本章研究提出的四因素测量模型的拟合指标符合统计要求。

表 5 - 2　　　　　　　　　　竞争模型整体拟合度比较

模型	χ^2/df	RMSEA	CFI	TLI	SRMR
四因素模型	4.151	0.071	0.932	0.919	0.046
三因素模型	7.291	0.100	0.862	0.838	0.070
二因素模型	10.171	0.121	0.795	0.764	0.086
单因素模型	14.662	0.156	0.579	0.530	0.143

　　综合以上的信度和效度分析结果，本章研究四个潜变量测量模型具有较高的信度和效度，符合统计学要求，能够支持进一步的统计学分析。

5.4.2　描述性统计分析和相关分析

　　所有变量的描述性统计分析和相关分析结果如表 5 - 3 所示。由相关分析结果可知，顾客的退货意愿与购后失调显著正相关，购后失调与网络购物情境规范和顾客退货政策考量显著负相关，顾客的退货政策考量与网络购物情境规范、顾客时尚性显著正相关，网络购物情境规范与顾客时尚性显著正相关。这些相关分析结论为后续购后失调与退货意愿的正向关系，情境规范和退货政策考量的负向调节效应，以及顾客时尚性的负向再调节作用的验证提供了初步统计支持。

表 5 - 3　描述性统计及相关分析结果

变　量	均值	标准差	1	2	3	4	5	6	7	8	9	10
1. 性别	0.29	0.455	1									
2. 受教育水平	3.88	0.987	0.035	1								
3. 家庭年收入	1.92	0.970	-0.030	0.206***	1							
4. 工作性质	4.13	2.422	0.048	-0.364***	-0.119**	1						
5. 家庭规模	2.42	0.751	0.039	-0.211***	0.005	0.219***	1					
6. 购后失调	3.20	1.092	0.090*	-0.016	-0.030	0.030	-0.044	1				
7. 退货意愿	2.52	1.208	0.054	-0.042	-0.044	0.052	0.005	0.424***	1			
8. 情境规范	2.20	0.808	0.070+	-0.101*	-0.092*	0.157***	0.C70+	-0.083*	-0.020	1		
9. 退货政策考量	2.27	0.839	0.053	-0.016	-0.025	0.106**	0.098*	-0.119**	-0.027	0.324***	1	
10. 产品熟悉度	1.34	0.623	0.019	-0.010	0.090*	-0.092*	0.079+	0.007	0.017	-0.020	0.048	1
11. 顾客时尚性	2.76	1.010	0.163***	0.118**	-0.037	-0.010	0.025	0.014	-0.070+	0.181***	0.237***	0.076+

注：*** $P<0.001$，** $P<0.01$，* $P<0.05$，+ $P<0.1$。

5.4.3　假设检验

5.4.3.1　主效应和调节效应的检验

将性别、受教育水平、家庭年收入、工作性质和家庭规模五个人口统计学变量作为控制变量，将购后失调作为自变量、退货意愿作为因变量、情境规范作为调节变量，使用逐层回归方法验证研究假设 H5-1 和假设 H5-3 的主效应和调节效应。逐层回归分析结果如表 5-4 所示。其中，模型 M5-1 是退货意愿对五个控制变量的回归分析模型，模型 M5-2 考察退货意愿与购后失调、情境规范的线性回归关系，模型 M5-3 考察退货意愿与购后失调、情境规范以及两者交互项的线性回归关系。

表 5-4　　　　　　　　　　主效应和调节效应检验结果

自变量	退货意愿		
	模型 M5-1	模型 M5-2	模型 M5-3
性别	0.055	0.015	0.014
受教育水平	−0.023	−0.017	−0.015
家庭年收入	−0.034	−0.025	−0.023
工作性质	0.035	0.024	0.017
家庭规模	−0.012	0.013	0.013
购后失调		0.418 ***	0.426 ***
情境规范		0.007	0.010
购后失调×情境规范			−0.095 *
R^2	0.007	0.179	0.185
ΔR^2	0.007	0.172 ***	0.005 *
F	0.896	19.456 ***	17.596 ***

注：* $p < 0.05$，*** $p < 0.001$。

模型 M5-2 和模型 M5-3 中退货意愿关于购后失调的回归系数表明，购后失调对顾客退货意愿的正向影响关系显著（$\beta_{M5-2} = 0.418$，$p < 0.001$；$\beta_{M5-3} = 0.426$，$p < 0.001$），因此购后失调会正向影响网络购物顾客的退货意愿，伴随顾客购后失调的增大，其退货意愿也增大，研究假设 H5-1 得到

支持。

将模型 M5-2 与模型 M5-3 进行比较可以发现，相比于模型 M5-2，引入购后失调与网络购物情境规范的交互项后，模型 M5-3 的 ΔR^2 显著，模型 M5-3 中交互项回归系数为负数且显著（$\beta_{交互} = -0.095$、$p = 0.044 < 0.05$）。结合购后失调与退货意愿的正回归系数可知，情境规范对购后失调与退货意愿的正向关系起负向调节作用，即网络购物的情境规范度越低，购后失调对顾客退货意愿的正向影响作用越大。

为了进一步验证和了解情境规范的负向调节效应。以情境规范均值的上下各一个标准差作为高低组（2.2±0.808），针对两组样本进行回归分析和比较。结果显示，在情境规范度高的网络购物样本组中，购后失调对顾客退货意愿的总效应值为 $\beta_1 = 0.401(p_1 - 0.000)$；在情境规范度低的网络购物样本组中，购后失调对顾客退货意愿的总效应值为 $\beta_2 = 0.555(p_2 = 0.000)$；高—低样本组间的效应差异显著（$\Delta\beta = 0.154$、$p = 0.044$），组间效应差异的95%置信区间为（0.029，0.280），置信区间不包括零，故情境规范高、低样本组之间购后失调对退货意愿的影响作用存在明显差异。因此，网络购物的情境规范会对购后失调与退货意愿的正向关系起负向调节作用，情境规范度越低，购后失调对退货意愿的正向影响作用越大。

综合以上分析可知，研究假设 H5-3 得到支持。为了更加直观地展示情境规范对购后失调与退货意愿之间关系的负向调节作用，图5-2展示了在情境规范高—低两组水平上，购后失调与退货意愿正向关系的大致趋势。由图5-2可知，对于低水平情境规范的网络购物样本而言，退货意愿关于购后失调回归直线的斜率更大，即购后失调与退货意愿的正向关系更加明显。因此，低水平的网络购物情境规范有利于强化退货意愿与购后失调的正向关系。

5.4.3.2 被中介调节效应的检验

控制变量、自变量、调节变量和因变量的设置保持不变，将退货政策考量作为中介变量引入回归模型，使用逐次回归分析法检验退货政策考量对购后失调与退货意愿作用关系的调节作用，以及对情境规范调节效应的中介作用。共构建了六个回归模型，分别为模型 M5-4～模型 M5-9。其中，模型

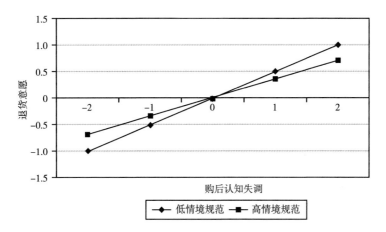

图 5-2　情境规范的调节效应

M5-4 是退货政策考量对控制变量的线性回归模型；模型 M5-5 考察退货政策考量与情境规范的线性回归关系；模型 M5-6 是退货意愿对控制变量的线性回归模型；模型 M5-7 考察退货意愿与购后失调、退货政策考量的线性回归关系；模型 M5-8 考察退货意愿与购后失调、退货政策考量，以及二者交互项的线性回归关系；模型 M5-9 考察退货意愿与购后失调、情境规范、退货政策考量、购后失调与情境规范交互项，以及购后失调与退货政策考量交互项的线性回归关系。检验结果如表 5-5 所示。

表 5-5　　　　　　　　　引入退货政策考量的逐次回归检验结果

变量	退货政策考量			退货意愿		
	模型 M5-4	模型 M5-5	模型 M5-6	模型 M5-7	模型 M5-8	模型 M5-9
性别	0.040	0.021	0.055	0.015	0.008	0.009
受教育水平	0.040	0.052	-0.023	-0.018	-0.014	-0.013
家庭年收入	-0.022	-0.001	-0.034	-0.025	-0.022	-0.021
工作性质	0.097*	0.055	0.035	0.023	0.009	0.006
家庭规模	0.085*	0.075+	-0.012	0.012	0.009	0.009
购后失调				0.420***	0.431***	0.435***
退货政策考量				0.019	0.028	0.027
购后失调×退货政策考量					-0.113**	0.100**

变量	退货政策考量			退货意愿		
	模型 M5-4	模型 M5-5	模型 M5-6	模型 M5-7	模型 M5-8	模型 M5-9
情境规范		0.314***				0.005
购后失调×情境规范						0.047
R^2	0.021	0.115	0.007	0.180	0.192	0.194
ΔR^2	0.021*	0.094***	0.007	0.173***	0.012**	0.187***
F	2.638*	13.556***	0.896	19.494***	18.462***	14.913

注：$+p<0.1$，$*p<0.05$，$**p<0.01$，$***p<0.001$。

模型 M5-5 中退货政策考量关于情境规范的回归系数为正且显著（$\beta = 0.314$、$p = 0.000$），表明情境规范对退货政策考量的正向影响显著存在。因此，网络购物情境规范水平越高，顾客对退货政策的考量越高，研究假设 H5-4 得到支持。

将模型 M5-7 与模型 M5-8 进行比较可以发现，相比于模型 M5-7，引入购后失调与退货政策考量的交互项后，模型 M5-8 的 ΔR^2 显著，且模型M5-8 中交互项回归系数为负数且显著（$\beta_{交互} = -0.113$、$p = 0.002 < 0.005$）。结合购后失调与退货意愿的正回归系数可知，退货政策考量对购后失调与退货意愿的正向关系起负向调节作用，即顾客对退货政策的考量越低，购后失调对顾客退货意愿的正向影响作用越大。

为了进一步验证和了解退货政策考量的负向调节作用，以退货政策考量均值水平上下各一个标准差作为高低组（± 0.839），针对两组样本进行回归分析和比较。结果显示，在高退货政策考量样本组中，购后失调对退货意愿的总效应值为 $\beta_1 = 0.365(p_1 = 0.000)$；在低退货政策考量样本组中，购后失调对退货意愿的总效应值为 $\beta_2 = 0.602(p_2 = 0.000)$；高—低样本组间的效应差异显著（$\Delta\beta = 0.238$、$p = 0.002$），组间效应差异值的 95% 置信区间为 $(0.107, 0.391)$，置信区间不包括零，故退货政策考量高、低样本组之间购后失调对退货意愿的影响作用存在明显差异。因此，顾客的退货政策考量会对购后失调与退货意愿的正向关系起负向调节作用，退货政策考量度越低，购后失调与退货意愿的正向关系越强。

综合以上分析可知，假设 H5-2 得到支持。图 5-3 展示了在退货政策考量高、低两组水平上，购后失调与退货意愿正向关系的大致趋势。由图 5-3 可知，对于低退货政策考量度的样本组而言，退货意愿关于购后失调回归直线的斜率更大，即购后失调对退货意愿的正向影响作用更大。因此，低退货政策考量度有利于强化退货意愿与购后失调的正向关系。

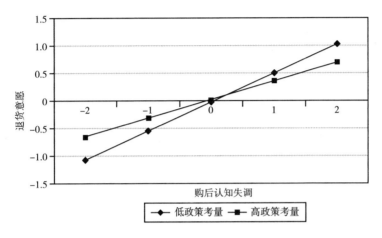

图 5-3 退货政策考量的调节效应

综合分析，情境规范和退货政策考量对购后失调与退货意愿正向关系都有负向调节作用，且情境规范正向影响退货政策考量，根据格兰特和苏曼斯 (Grant & Sumanth，2009)，以及陈晓萍等 (2012) 的研究成果，可以推知，情境规范会通过退货政策考量对购后失调与退货意愿的正向关系起负向调节作用，即退货政策考量中介了情境规范的负向调节作用。具体验证方法参考第 2 章相关内容，相关回归系数见式 (2-9)、式 (2-10) 和式 (2-11)。

综合考虑模型 M5-3、模型 M5-5 和模型 M5-9 的相关回归系数，可以发现，模型 M5-3 中购后失调与情境规范交互项系数 c_3 显著 ($c_3 = -0.095$、$p = 0.044$)，模型 M5-5 中情境规范对退货政策考量的影响系数 a_2 显著 ($a_2 = 0.314$、$p = 0.000$)，模型 M5-9 中购后失调与退货政策考量交互项系数 b_2 显著 ($b_2 = 0.100$、$p = 0.009$)。由于 $a_1 \neq 0$ 且 $b_2 \neq 0$，说明退货政策考量传递了情境规范对购后失调与退货意愿关系的调节效应。另外，由于模型 M5-9 中购后失调与情境规范交互项系数 c_3' 不显著 ($c_3' = 0.047$、$p = 0.216$)，因此情境规范对购后失调与退货意愿关系的调节效应完全通过退货政策考量进行传递，退货政策考量对情境规范的调节作用发挥完全中介作用。基于 Bootstrap 法分析回归系数乘积 $a_2 b_2$ 的 95% 置信区间为（0.014，0.080），置信区间不包括零，故被中介调节效应显著不为零。因此，退货政策考量中介情境规范对购后失调与退货意愿正向关系的调节效应得到了统计支持。研究假设 H5 - 5 得到支持。

5.4.3.3 双重调节效应的检验

（1）顾客时尚性双重调节效应的检验。

控制变量、自变量、调节变量的设置保持不变，将顾客时尚性作为双重调节变量引入回归模型中，使用逐次线性回归方法构建三个模型。模型 M5 - 10 是退货意愿对控制变量的线性回归模型；模型 M5 - 11 考察退货意愿与购后失调、情境规范、顾客时尚性、购后失调与情境规范交互项、购后失调与顾客时尚性交互项、情境规范与顾客时尚性交互项的线性回归关系；模型 M5 - 12 在模型 M5 - 11 的基础上进一步加入了购后失调、情境规范和顾客时尚性三个变量的交互项。双重调节效应检验结果如表 5 - 6 所示。

表 5 - 6　　　　　　　　顾客时尚性的再调节效应检验结果

变量	退货意愿		
	模型 M5 - 10	模型 M5 - 11	模型 M5 - 12
性别	0.055	0.023	0.022
受教育水平	- 0.023	0.000	0.004
家庭年收入	- 0.034	- 0.030	- 0.029
工作性质	0.035	0.016	0.015
家庭规模	- 0.012	0.016	0.010
认知失调		0.426 ***	0.447 ***
情境规范		0.025	0.036
顾客时尚性		- 0.087 *	0.102 **
购后失调×情境规范		- 0.066 +	- 0.068 +
购后失调×顾客时尚性		0.047	- 0.023
情境规范×顾客时尚性		0.032	- 0.021
购后失调×情境规范×顾客时尚性			0.102 **

续表

变量	退货意愿		
	模型 M5 – 10	模型 M5 – 11	模型 M5 – 12
R^2	0.007	0.195	0.204
ΔR^2	0.007	0.188 ***	0.009 **
F	0.896	13.621 ***	13.199 ***

注：$+p < 0.1$，$*p < 0.05$，$**p < 0.01$，$***p < 0.001$。

将模型 M5 – 11 与模型 M5 – 12 进行比较，可以发现，相比于模型 M5 – 11，在引入购后失调、情境规范与顾客时尚性的交互项后，模型 M5 – 12 的 ΔR^2 显著，三个变量交互项系数为负数且显著（$\beta = -0.102$、$p = 0.009$）。结合模型 M5 – 11 和模型 M5 – 12 中购后失调与情境规范交互项的回归系数为负数可知，顾客时尚性对情境规范的负向调节效应起正向调节作用，即顾客时尚性越高，情境规范对购后失调与退货意愿的调节作用越显著。因此，顾客时尚性的双重调节效应显著存在，对于时尚型网购顾客，情境规范对购后失调与退货意愿影响关系的调节作用更显著。

为了进一步验证和了解顾客时尚性对情境规范调节效应的强化作用，以顾客时尚性均值水平上下各一个标准差分别作为高、低组（2.76 ± 1.01），针对两组样本进行回归分析和比较。结果显示，对于高时尚性顾客组，情境规范对购后失调与退货意愿关系的调节效应值为 $\beta_1 = -0.210$（$p_1 = 0.003$），调节效应显著；对于低时尚性顾客组，情境规范对购后失调与退货意愿关系的调节效应值为 $\beta_2 = 0.035$（$p_2 = 0.568$），调节效应不显著；高—低样本组间的调节效应差异显著（$\Delta \beta = 0.245$、$p = 0.009$），组间效应差异值的 95% 置信区间为（0.413，0.104），置信区间不包括零，故顾客时尚性高、低样本组之间情境规范的调节效应存在明显差异。因此，顾客时尚性对情境规范调节效应具有再调节作用，只有当顾客时尚水平较高时，情境规范对购后失调与退货意愿之间关系的负向调节作用才会显著存在。

综合以上分析可知，假设 H5 – 6 得到支持。图 5 – 4 展示了情境规范 × 顾客时尚性不同水平组合情形下购后失调对退货意愿的影响作用，不同组合情形下购后失调对退货意愿都是正向影响作用，对比四条影响关系拟合直线可以看出：对于高时尚性顾客样本组，情境规范对退货意愿与购后失调关系的调节作用是显著存在的；而低时尚性顾客样本组中，情境规范对退货意愿与购后失调关系的调节作用不显著。因此，顾客时尚性能够调节情境规范对购后失调与退货意愿关系的调节作用，伴随着顾客时尚程度的增加，情境规范的调节作用愈加显著。

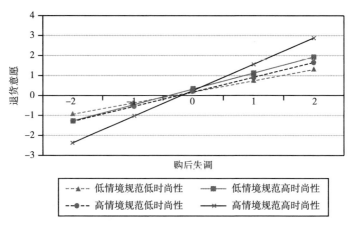

图 5 - 4　顾客时尚性的双重调节效应

（2）产品熟悉度双重调节效应的检验。

采用相同的方法对产品熟悉度的双重调节效应加以检验，分析结果如表 5 - 7 所示。模型 M5 - 13 是退货意愿对控制变量的线性回归模型；模型 M5 - 14 考察退货意愿与购后失调、情境规范、产品熟悉度、购后失调与情境规范交互项、购后失调与产品熟悉度交互项、情境规范与产品熟悉度交互项的线性回归关系；模型 M5 - 15 在模型 M5 - 14 的基础上进一步加入了购后失调、情境规范和产品熟悉度三个变量的交互项。

表 5 - 7　　　　　　　　　产品熟悉度的再调节效应检验结果

变量	退货意愿		
	模型 M5 - 13	模型 M5 - 14	模型 M5 - 15
性别	0.055	0.015	0.017
受教育水平	- 0.023	- 0.017	- 0.024
家庭年收入	- 0.034	- 0.027	- 0.024
工作性质	0.035	0.018	0.012

续表

变量	退货意愿		
	模型 M5 - 13	模型 M5 - 14	模型 M5 - 15
家庭规模	- 0. 012	0. 009	0. 006
购后失调		0. 426 ***	0. 420 ***
情境规范		0. 009	0. 009
产品熟悉度		0. 028	0. 027
购后失调 × 情境规范		0. 074 *	0. 072 *
购后失调 × 产品熟悉度		0. 029	0. 020
情境规范 × 产品熟悉度		- 0. 076 *	- 0. 101 **
购后失调 × 情境规范 × 产品熟悉度			- 0. 086 *
R^2	0. 007	0. 191	0. 198
ΔR^2	0. 007	0. 184 ***	0. 007 **
F	0. 896	13. 296 ***	12. 699 ***

注：* $p < 0.05$，** $p < 0.01$，*** $p < 0.001$。

　　将模型 M5 - 14 与模型 M5 - 15 进行比较可以发现，相比于模型 M5 - 14，在引入购后失调、情境规范与产品熟悉度的交互项后，模型 M5 - 15 的 ΔR^2 显著，三个变量交互项系数为负数且显著（$\beta = - 0.086$、$p = 0.013$）。结合模型 M5 - 14 和模型 M5 - 3 中购后失调与情境规范交互项回归系数为负数（$\beta = - 0.095$、$p = 0.044 < 0.05$）可知，产品熟悉度对情境规范的负向调节效应起正向调节作用，即产品熟悉度越高，情境规范对购后失调与退货意愿的调节作用越显著。因此，产品熟悉度的双重调节效应显著存在，产品熟悉度可以强化情境规范对购后失调与退货意愿关系的调节作用。

　　以产品熟悉度均值水平上下各一个标准差作为高低组（1. 34 ± 0. 623），针对两组样本进行回归分析和比较。结果显示，对于产品熟悉度高的顾客组，情境规范对购后失调与退货意愿关系的调节效应值为 $\beta_1 = - 0.206$（$p_2 = 0.000$），调节效应显著；对于产品熟悉度低的顾客组，情境规范对购后失调与退货意愿关系的调节效应值为 $\beta_2 = 0.011$（$p_2 = 0.854$），调节效应不显著；高—低样本组间的调节效应差异显著（$\Delta \beta = 0.217$、$p = 0.013$），组间效应差异值的 95% 置信区间为（0. 352，- 0. 072），置信区间不包括零，故产品熟悉度高、低样本组之间情境规范的调节效应存在明显差异。因此，产品熟悉度对情境规范调节效应的再调节作用显著,只有当顾客熟悉网络购物交易中的产品时,情境规范对购后失调与退货意愿之间关系的调节作用才会显著存在。

综合以上分析可知,假设 H5 – 7 得到支持。图 5 – 5 展示了情境规范 × 产品熟悉度不同水平组合情形下购后失调对退货意愿的正向影响作用,对比四条影响关系拟合直线可以看出:对于高产品熟悉度的样本组,情境规范能够显著调节退货意愿对购后失调的影响作用,伴随着情境规范水平的下降,购后失调对退货意愿的影响作用显著提升;对于低产品熟悉度的样本组,情境规范对退货意愿与购后失调关系的调节作用不显著。因此,顾客对产品熟悉度能够调节情境规范对购后失调与退货意愿关系的调节作用,伴随着产品熟悉程度的增加,情境规范的调节作用愈加显著。

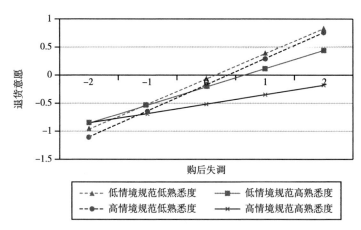

图 5 – 5 产品熟悉度的双重调节效应

5.5 研究结论与讨论

5.5.1 研究结论

本章研究重点关注网络购物中购后失调对顾客退货意愿的影响机制。以网络购物情境规范对购后失调与退货意愿影响关系的调节作用为主要研究对象,在论证这个主调节效应的基础上,探讨顾客的退货政策考量对情境规范调节效应的中介传递作用，以及顾客时尚性和产品熟悉度对情境规范调节效应的再调节作用。研究发现以下五点结论。

（1）网络购物中购后失调对顾客退货意愿有正向影响作用。消费者行为的研究离不开心理机制的推演，购后失调与退货意愿之间正向影响关系的验证，从心理认知角度解释了网络购物消费者的退货行为。虽然退货行为的发生可能是由于产品质量问题、产品不一致、配送不当和消费者后悔等多种原因导致的，但是这些因素对消费者退货行为的触发存在一个心理演变过程。无论是由于交易前产品信息不完善、交易中沟通不畅，还是由于交易后的发货错误或发货不及时等原因，都会给顾客带来心理不适感，包括产品认知和情感的不协调，导致顾客在购后产生了不满意或不舒服的消极情绪，为了削弱或消除消极情感的影响，顾客就会萌生通过退货行为撤销购买决策的意图。因此，购后失调是网络购物顾客退货行为的重要前置心理诱因。

（2）网络交易的情境规范会负向调节购后失调和退货意愿之间的正向关系，即网络购物情境规范度越低，购后失调对网络购物退货意愿的影响作用越大。购后失调影响顾客退货意愿的心理作用会伴随着网络购物情境而变化，伴随网络购物情境规范水平的下降，顾客对网络购物的信心下降（费斯廷格，1957），导致顾客在交易前对网络购物平台和卖家形成的初始信任水平较低。当购后产品表现与预期不符导致认知失调的消极情绪后，低落的初始信任无益于缓解消极情绪，甚至会进一步激化购后失调，进而导致更为强烈的退货意愿。反之，高水平的情境规范意味着顾客对网络购物的依赖性和熟悉度较高、获知的网络购物知识较多，顾客购前形成的初始信任水平也较高。购后产生认知失调消极情绪后，高水平情境规范不仅能够帮助顾客更全面地分析问题，由此形成的初始信任也会促使顾客改变自我认知来缓解购后失调，进而弱化退货意愿的发生动机。

（3）情境规范对购后失调与退货意愿正向关系的负向调节效应，完全通过顾客对退货政策的考量发挥作用，其直接的调节作用不显著。这意味着网络购物情境规范对认知失调与退货意愿之间关系的调节作用，表现为伴随着网络购物情境规范水平的下降，顾客对退货政策的考量降低，导致顾客对退货行为的成功概率预判降低，使购前交易不确定性和感知风险上升，引发顾客降低了对网络购物的初始信任度，进而强化了购后失调与退货意愿的关系。反之，若网络购物情境规范水平高，顾客愈加认可和相信网络购物的退货政策，对后续不确定的退货行为充满信心，促使顾客初始信任水平上升，进而削弱了购后失调对退货意愿的影响。结合情境规范与退货政策考量之间的正相关关系，顾客退货政策考量对情境规范调节效应的完全中介，意味着网络购物情境规范需要转化为顾客退货政策考量来缓解购后失调，两者共同构成了退货意愿心理影响作用的边界条件集。

（4）顾客时尚性强化情境规范对购后失调与退货意愿之间关系的调节效应，只有当顾客时尚水平较高时，情境规范对购后失调与退货意愿关系的调节作用才显著存在。时尚创新水平高的消费者，更善于和愿意接受新产品，能够承担更高的不确定性和交易风险，对网络购物的依赖度和认可度都高于非时尚型消费者。但是由于缺乏其他顾客经验的参考，致使时尚型消费者更善于对网络购物的情境规范进行理性分析，并据此形成网络购物前的预判进而影响初始信任水平。反之，对于低时尚型顾客，更多时候表现出的是跟风式消费，此时有大量的其他顾客经验可以参考，对情境规范进行理性分析的动力不足，导致情境规范的调节作用失灵。消费者时尚性对情境规范调节效应的再调节作用表明，顾客时尚性是情境规范调节效应发挥的重要先决条件，只有当顾客时尚创新性较高时，购后失调与退货意愿之间关系才受情境规范的调节。

（5）产品熟悉度会强化情境规范对购后失调与退货意愿之间关系的调节效应，只有当顾客对该类产品的熟悉度较高时，情境规范对购后失调与退货意愿关系的调节作用才会显著存在。当消费者非常熟悉所购买产品时，很容易在购买前根据其对产品的了解形成准确度较高的预期，购后失调的发生与产品预期的关联性较低，更多的是与服务和环境等因素相关，而这些恰恰与网络购物的情境规范感知高度相关，从而使得情境规范的调节效应得以充分发挥。反之，当顾客对产品熟悉度较低时，网络购物情境规范被消费者作为一种信号来形成产品预期（Hunt & Shehryar，2005）和初始信任，当产品表现与预期产生冲突时，情境规范缓解购后失调的作用难以发挥，导致其对购后失调和退货意愿关系的调节作用失灵。产品熟悉度的再调节作用表明，产品熟悉度也是网络购物情境规范调节效应发挥作用的重要先决条件，只有当顾客对产品熟悉时，购后失调与退货意愿之间的影响关系才会被情境规范调节。

5.5.2 理论价值与管理启示

本章研究的理论价值在于以下三点。

（1）本章研究探讨了情境规范对购后失调与退货意愿正向关系的调节作用，不仅验证了认知失调对解释消费者退货行为的重要作用，还进一步说明了消费者退货行为心理演化的作用条件。现有研究虽然从理论或实证研究的角度提出了认知失调是消费者退货的重要前因，但是没有深入探讨这一心理机制的作用条件，导致认知失调理论在消费者退货领域应用受限，本章研究关于情境规范和退货政策考量的调节作用验证，揭示了认知失调—退货意愿这一心理演化路径会受到网络交易情境因素的影响，不仅丰富了消费者退货行为的相关研究，还从侧面印证了网络购物情境对认知失调作用的影响，充实了认知失调理论在消费者退货行为领域的应用研究。

（2）本章研究论证了退货政策考量对情境规范调节效应的中介作用。文献中关于退货政策的研究大多数是量化模型理论研究，少量实证研究也仅关注于退货政策考量对认知失调和退货行为的影响作用，虽然梅蒂（2012）提出了退货政策宽松度调节认知失调与退货行为影响关系的研究假设，但是假设没有得到统计支持。通过文献梳理，本章研究将退货政策考量引入结构模型中，论证了退货政策考量对主效应的调节作用和对情境规范调节效应的中介作用，丰富了退货政策对退货行为的影响研究。

（3）顾客时尚性和产品熟悉度对情境规范调节效应的再调节作用，深入揭示了认知失调对退货行为的作用条件。顾客时尚性和产品熟悉度作为对网络购物情境规范调节效应的充分条件，从心理作用边界的角度揭示了顾客时尚性和产品熟悉度对退货行为的影响机理，不仅丰富了购后失调对消费者退货行为的作用机理，更充实了消费者退货行为的影响研究。

本章研究的管理启示在于以下三点。

（1）情境规范对认知失调与退货意愿关系的负向调节作用表明，高水平的网络购物情境规范有助于缓解网络购物顾客经历购后失调后萌生的退货意愿。伴随着网络购物中商流的虚拟化，顾客在预购买阶段依据网络购物情境形成的初始信任，会对其后续的消费行为产生重要影响。顾客感知的网络购物情境规范水平越高，对该次网络购物形成的初始信任水平越高，这种高水平的初始信任在顾客经历购后失调时，有助于帮助顾客通过调整对产品的态度来缓解负面消极情绪，从而削弱消费者退货的认知动机。因此，对于网络购物平台和销售商而言，通过不断简化、规范相关网络购物操作，在不断迎合广大网民网络购物需求的同时，提升网络购物交易的规范、专业、简便和快捷等诸方面综合优势，对于缓解顾客购后的认知失调情感、减少退货行为的发生具有重要意义。

（2）顾客的退货政策考量对情境规范调节效应的中介作用表明，网络购物情境规范对认知失调与退货意愿关系负向作用的充分发挥，取决于网络购物情境规范能否促进顾客对退货政策的考量，因而退货政策考量在网络购物情境规范建设和减少产品退货中发挥着重要作用。顾客一旦将规范的购物情境内化为自身对退货政策的考量，就更容易将情感失调归结于内因，并趋向于通过内在调整来消化购后失调，削弱由此导致的退货意愿。因此，网络购物平台和销售商应该将自己的退货政策清楚、具体、简单地传递给网络购物顾客，着力培养和突出自己的特色与优势，提升顾客对退货政策的熟悉度和满意度，通过培养满意、忠诚的顾客来缓解产品退货压力。

（3）顾客时尚性和产品熟悉度对情境规范调节效应的再次调节作用表明，网络购物情境规范对认知失调与退货意愿关系的调节作用，会受到顾客时尚性和产品熟悉度的影响。低时尚型顾客网络购物决策更多体现出模仿特性，对网络购物情境规范的关注和感知水平较低，导致情境规范作用受限。当对产品不熟悉时，情境规范成为顾客形成产品预期的依据，当产品表现与购前预期严重不符从而产生失调心理时，顾客甚至会将情境规范理解为一种欺骗，使得情境规范效应失灵。因此，网络购物平台和销售商需要通过大数据挖掘技术，基于顾客平时的消费行为分析顾客的时尚特性和产品熟悉集，对于时尚型顾客，以及消费者熟悉度高的产品类，可以通过不断增强网络购物的情境规范来提升顾客满意度、减少产品退货的发生；而对于低时尚型顾客，以及消费者熟悉度低的产品类，还是需要进一步探索其他降低顾客认知失调的制约因素。

5.6　本章小结

　　本章基于认知失调理论探讨购后失调对顾客退货意愿的影响作用，并结合信任理论分析网络交易情境规范对购后失调影响作用的调节效应，研究发现，购后失调对顾客退货意愿具有显著的促进作用，网络交易情境规范水平低会增强购后失调对退货意愿的影响作用，情境规范的调节效应需要通过顾客将其内化为对退货政策的认可度发挥作用。另外，顾客的时尚特性和对产品的熟悉度会对情境规范的调节效应发挥调节作用，情境规范的调节作用只有针对时尚型顾客和消费者熟悉的产品时才显著存在。

第6章　网站信息对消费者退货意愿的作用机制研究

6.1　引　言

由于信息的不对称，任何购物过程都伴随着不确定性和风险，网络虚拟环境下顾客无法实际观察和体验产品，导致信息不对称问题更加严重。根据信号传递理论，当顾客对网络购物的产品表现存在不确定预期，便会在购买前通过搜集和查看各种信息来预判产品表现以降低网络购物决策风险。在网络销售环境下，消费者主要依据销售网站信息对产品进行购前评估，零售商也借助网站向顾客传递有关产品和服务的信息，以便于吸引和指导消费者完成在线购买（Collier & Bienstock，2006；Wolfinbarger & Gilly，2003）。当网站信息表现得完整、易理解、准确时，顾客往往能够借助这些信息更好地了解预购买产品（DeLone & McLean，2004）。高水平的网站信息质量有助于帮助购物网站从众多竞争对手中脱颖而出（金和尼姆，2009），为顾客提供愉快的购物体验服务，帮助顾客快速地做出购买决策（Ahn，Ryu & Han，2004）。因此，网站信息质量被列为吸引顾客选择电子零售商的重要因素之一（DeLone & McLean，2004）。

网站信息作为网站感知质量的重要组成部分（Kim & Lee，2006），会影响消费者购前产品评估，进而影响网购顾客的购前和购后消费行为（琼斯和金，2010）。对于网络购物顾客而言，在线购物网站能够提供两方面关键性基础信息：一是有关产品材料、尺寸和其他细节的详细产品信息（Park & Stoel，

2005），顾客甚至可以借助图像交互技术在线模拟店内产品体验（Kim，Fiore & Lee，2007）；二是先前购买和使用顾客的在线评论，顾客借此了解其他顾客对产品的消费体验（Babić et al.，2016）。在线顾客评论越多，意味着能够获得的信息量越大（Archak，Anindya & Panagiotis，2011），有利于降低顾客购前风险感知水平（Ho-Dac，Stephen & William，2013），在提升顾客购买意愿的同时，也降低了购后不协调水平和退货可能性（Sahoo，Dellarocas & Srinivasan，2018）。网站中消极评论信息对顾客购前评估影响作用更大（Chen & Lurie，2013），当负面评论较多时，顾客可能会放弃购买（Wang，Liu & Eric，2015），同时也会增大退货的可能性（He & Bond，2015）。

综上所述，顾客会根据在线网站信息（产品相关信息和在线顾客评论）进行购前产品评估，形成产品绩效和不确定性预期，进而确定购买及退货决策。现有研究更多关注于探讨网站信息对购买决策的影响作用，忽视了其对产品退货决策的影响。不考虑网站信息对产品退货的影响，意味着没有全面考察网站信息对在线零售商的影响作用，会导致研究结果过于乐观或悲观，因此探讨网站信息对退货行为的影响机制十分必要。虽然有少数学者探讨了在线顾客评论对产品退货的影响作用（Sahoo，Dellarocas & Srinivasan，2018；Minnema et al. 2016），但并没有深入探讨其影响机制，对提出相关实践管理建议的指导意义有限。

针对网站信息与退货行为关系现有文献研究中存在的不足，本章研究将产品信息和评论信息同时纳入网站信息概念，并结合认知失调理论探讨网站信息对退货意愿的影响机制。本章以网站信息—购后失调—退货意愿为主效应，同时探讨以下两个问题：一是顾客主观因素（如受教育水平、主观退货意愿和购买努力）对主效应的调节作用；二是客观因素（如替代品吸引力和感知风险）对主效应的调节作用。

6.2　网站信息对退货意愿的心理影响机理与主观因素的调节效应研究

当消费者在线购买商品时，他们对产品期望的高低和不确定性对其消费决策发挥影响作用（Shulman, Cunha & Saint, 2015）。网站信息中产品描述和顾客评价是影响网络消费者形成产品预期水平的重要因素（Kuksov & Xie, 2010）。依据网站信息形成的产品期望及其不确定性不仅会影响消费者的购买决策，还会影响到他们的退货决策（Minnema et al., 2016）。虽然有少量研究考察了顾客评价对退货决策的影响，但是却忽略了网页上产品描述信息的影响作用。网络销售市场中充斥着大量的同类竞争产品，消费者通过网页一键搜索就可以轻松找到所有产品，面对众多类似选择时，顾客很难有充足的时间去浏览和详读所有顾客评论。大多数消费者会选择通过简单浏览网页上相关产品信息后，决定是否深入了解该零售商提供的产品，进而选择性地浏览和分析顾客评论。只有当网页上产品信息吸引消费者产生一定购买兴趣时，在线顾客评论才会发挥其影响产品预期的作用。因此，网页上提供的产品信息对产品预期的初步形成起到了决定性作用，本章研究的贡献就在于将网站上产品信息与顾客评论信息综合在一起，提出了网站信息的概念，进而更为全面地分析购物网站上的信息对消费者购后决策的影响作用。

产品预期的不确定性导致了产品预期与产品表现的不符，从而为顾客购后失调和退货意愿的产生种下前因。然而，期望不确定性对消费行为的影响作用，可能因顾客和产品特征的差异而不同（Minnema et al., 2016）。基于现有相关研究文献的梳理，考虑到网络购物退货行为的特殊性，本章研究从顾客角度提炼了三个主观因素——受教育水平、主观退货风险和产品熟悉度，探讨顾客主观差异对网站信息作用机理的调节作用。因此，本章研究将网页上产品描述信息与顾客评论相结合并构成一个新概念——网站信息，以网站信息对购后失调和退货意愿的影响作为主效应，并检验顾客受教育水平、主观退货风险和产品熟悉度对主效应的调节作用，从网购消费者特征角度探讨网站信息对网络购物顾客退货决策的作用条件。

6.2.1　理论基础与研究假设

6.2.1.1　网站信息与退货意愿

网络销售环境为零售商提供了展示产品的线上渠道，相关信息的合理运用能够积极影响消费者对产品的认知（Chen & Xie，2008）。消费者在线购物时，对产品形成的初步认识和性能预期需要依赖于网站上有关产品的描述信息，清晰明确的信息有助于消费者在购买时做出更为合理的决策（Erdem & Swait，1998）。然而网站的产品描述信息并不能全面展示产品性能，消费者只能根据这些不完全信息做出购买决策（Shulman，Cunha & Saint，2015）。网站上提供的产品描述信息影响消费者购前对产品性能的评估和认知，进而影响产品退货行为（贝奇瓦蒂和西格尔，2005）。很多网络零售商在产品展示技术方面加大投入，如利用图片放大技术，辅助消费者更为清晰地观察产品细节，进而减少产品退货的发生（Prabuddha，Hu & Rahman，2013）。

在网络购物过程中，消费者会对购买的产品形成预期，由于网络市场环境中产品相关信息不全面（伍德，2001），导致顾客的产品预期不确定（Golder，Mitra & Moorman，2012）。网络购物中消费者对产品的绩效预期及其不确定性，会影响消费者的网络购物决策和后续的退货决策。产品表现低于预期的影响会大于超过预期的影响（Rust et al.，1999）。消费者产品期望越高，越容易不满意产品表现（Szymanski & Henard，2001），产品退货的可能性越大。如果产品没有实现绩效预期，消费者的不满意将会增强，导致退货可能增大（贝奇瓦蒂和西格尔，2005）。随着产品预期不确定性的增大，消费者满意度下降，产品退货率增大（Minnema et al.，2016）。

除了网页上的产品描述信息外，在线顾客评价信息也是零售商网站信息的重要组成部分。近几年来，顾客在线评价（online customer reviews，ORC）成为学者们研究的焦点问题之一。大量研究探究了顾客在线评价对购买决策的影响作用。有研究表明，评价质量和数量对顾客购买决策有积极影响作用（Babić et al.，2016；Floyd et al.，2014）。在线顾客对产品的整体评价会影响顾客的产品预期（Li & Hitt，2008），且在线评价数量越大，顾客产品预期的不确定性越低（Ho-Dac，Stephen & William，2013）。在线评论分散度（如方差）会降低顾客产品预期、增加预期不确定性（Chen & Lurie，2013），进而对顾客购买决策产生消极影响作用。

顾客在线评论会影响产品预期及其不确定性，进而影响消费者后续的退货决策（Minnema et al.，2016）。在线评论效价（平均产品评级）代表了其他顾客的总体产品评估，也反映了他们对产品表现的主观评价（Li & Hitt，2010）。顾客会参考产品信息搜索获得的评论效价形成产品预期（Langhe，Fernbach & Lichtenstein，2015）。对于长期评价较好的产品，在线顾客评价会促使更多的购买决策，却不会导致退货的增加（Sahoo，Dellarocas & Srinivasan，2018）。由于评论效价能够反映产品质量预期，顾客会依据在线评价中的积极信息和消极信息，来形成和修改自身对产品的偏好（Babić et al.，2016）。在收到网络购物货物后，当发现产品表现低于由于在线顾客评论形成的高预期时，评论效价越高，导致的顾客负面预期失调和不满意度越高（Szymanski & Henard，2001），增加了产品的退货可能性。本节研究提出以下假设。

假设 H6 - 1：网站信息质量对网络购物顾客的退货意愿有负向影响作用。

6.2.1.2　网站信息与购后失调

购后失调主要来自顾客将购买产品与市场上其他替代品之间的比较，消极的比较结果可能导致心理上不舒服的状态（艾略特和迪瓦恩，1994）。形成购后失调后，被拒绝的替代方案在消费者心目中被模拟为反事实（麦康奈尔等，2000），进而加剧已经出现的不和谐（Walchli & Landman，2003）。购后失调会受各种因素的影响，如购买体验、购买决策重要性、客户支持服务、竞争产品信息和替代品可得性，以及消费者购买参与等（George & Edward，2009）。

在线销售商网页上传达的各类产品信息是网络购物顾客形成购前预期的重要依据。借助网络展示平台，零售商可以将产品图片、安装和使用视频、顾客评论等重要信息传递给消费者，实现产品性能和质量的高效传递，增强消费者购前产品感知能力，缓解网络购物中消费者对产品不确定性的感知（威尔斯、瓦拉契奇与赫斯，2011）。网站信息还可以帮助消费者了解更多有关销售商及商品的信息（Bartikowski，Walsh & Beatty，2007），降低购前产品预期的不确定性（Gianfranco et al.，2016），进而有效地规避购后认知冲突的发生。

在线顾客评论对产品预期也有重要影响作用。顾客的消极评论对消费者产品期望的影响远远大于积极评论（Chen & Lurie, 2013）。当在线顾客消极评论较多时，消费者的产品预期水平往往较低，购买可能性下降（Wang, Liu & Eric, 2015）。另外，在线顾客评论的差异性还会增大消费者产品预期的不确定性（He & Bond, 2015；Khare, Labrecque & Asare, 2011），收货后对产品表现失望的可能性更高（Szymanski & Henard, 2001），导致购后顾客满意度下降（Rust et al., 1999），购后失调也会随之增强。在线顾客评论数越大，意味着更多消费者体验过该产品，可以有效降低顾客产品预期不确定性（Babić et al., 2016）和购后失调的发生（Minnema et al, 2016）。本节研究提出以下假设。

假设 H6 - 2：网站信息质量对顾客购后失调有负向影响作用。

综合以上分析可以发现，网站信息作为网络购物中产品信息的重要来源，会对消费者购前产品的预期水平及不确定性产生重要影响作用。低水平的产品预期和高度的预期不确定性不仅是诱发顾客购后不满意和退货决策的重要因素，还会导致顾客后续的焦虑、后悔和沮丧等消极情绪，产生购后失调情感。另外，第5章的研究结论表明，购后失调是导致网络购物顾客不满意和产品退货行为的一个重要前因。在退货自由的网络购物市场中，退货策略是顾客用来缓解购后认知冲突和消极情绪的重要手段。综合假设 H6 - 1、假设 H6 - 2 和前面的研究结论，我们可以推论由于网站信息影响顾客对产品的预期及不确定性，网站信息通过作用于顾客购后失调影响顾客退货意愿。因此，良好的购物网站信息有利于缓解顾客购后失调情感，进而削弱网购顾客的退货意愿，故本节研究提出以下假设。

假设 H6 - 3：顾客购后失调会在网站信息质量与网购顾客退货意愿之间发挥中介效应。

6.2.1.3　高等教育的调节作用

现有研究已经证实了高等教育或受教育水平是影响个体心理认知能力的重要因子。林登伯格、玛丽和克里格（Lindenberger, Mary & Kliegl, 1993）研究指出，受教育水平会通过作用于知识加工速度影响个体的推理、记忆等一般能力。王大华等（2005）调查研究也表明，受教育水平对老年人的认知能力存在积极作用。胡根豪特等（Hoogenhout et al.，2012）研究发现，受教育水平对理解认知能力及其消退速度有重要影响作用。阿萨杜拉和乔杜里（Asadullah & Chaudhury，2015）研究表明，高等教育水平显著影响学生的逻辑推理能力。在此基础上，近年来很多研究着手探讨受教育水平对影响因素与认知结果之间关系的调节作用。安德里亚斯等（Andreas et al.，2018）研究发现，高等教育水平会调节个体的心理压力与认知表现之间的关系。路易斯、特奥多罗和萨尔瓦多（Luis，Teodoro & Salvador，2017）研究揭示了本科毕业生对高度教育的参与程度会调节大学教育感知价值和总体印象之间的关系。

受教育水平会影响消费者对网络购物的接受度。艾瑞市场咨询（iResearch）及其他类似市场调查都发现，中国网络购物市场的消费者呈现出一个基本特征，即基本上接受过高等教育。这不仅是因为接受过高等教育的消费者更愿意接受网络购物这个新消费概念，还因为网络购物需要涉及注册账号、在线支付、产品搜索、在线聊天、信息阅读与比较等诸多不同于传统购物的环节，高教育水平个体的学习、阅读和接受能力更高，对网络购物的适应和操作速度更快。

网络购物中，针对网站上相关产品描述信息和顾客评价信息，需要消费者阅读、理解后加以预判形成自身对产品表现的预期。受教育水平会影响顾客对这些信息的理解、整理、提炼和判断能力，进而影响顾客对网站信息的接受度和利用度。低教育水平的消费者，由于对网站信息的接受度和利用度较低，网站信息对他们购后失调和退货意愿的影响作用也就更低；相反，由于阅读和理解能力更高，高教育水平的消费者更愿意认真阅读网站上提供的各类信息，对这些信息的感知水平更高，导致这些信息对其产品预期认知和后续行为影响更大。因此，本节研究提出以下假设。

假设 H6 - 4a：受教育水平对网站信息与购后失调之间的中介作用前半路径起正向调节作用，即消费者接受的高等教育程度越高，网站信息对购后失调的影响越大；接受的高等教育程度越低，网站信息对购后失调的影响越小。

随着消费者高等教育水平的提高，对网络销售环境中相关退货政策的理解和关注度增强，提高了运用退货手段缓解自身购后失调的可能性。有学者研究指出，消费知识水平低下会导致消费者维权意识薄弱和维权能力欠缺（文新和覃景柏，2014）。因此，随着高等教育水平的提高，消费者在经历购后失调后，利用相关退货政策来保护自身消费权益的意识和能力大大增强，从而增大了退货可能性。据此，本节研究提出以下假设。

假设 H6 - 4b：受教育水平对购后失调与退货意愿之间的中介作用后半路径起正向调节作用，即消费者接受的高等教育程度越高，购后失调对退货意愿的影响越大；接受的高等教育程度越低，购后失调对退货意愿的影响越小。

6.2.1.4　消费者主观退货风险的调节作用

对于消费者退货问题，营销和消费者行为研究人员大多从动机角度（如不满意产品表现和消费者不诚信）解释消费者退货（Chu，Gerstner & Hess，1998；Kotler & Keller，2012）。赫斯和梅休（Hess & Mayhew，1997）、金和丹尼斯（King & Denis，2006）研究指出，顾客不诚实意图是导致产品退货行为的一个重要缘由。行业观察家指出，即使有足够时间去体验产品性能或衡量整体质量，越来越多的消费者还是选择退回其购买的产品。有一部分学者侧重于从欺诈意图来研究消费者退货的根源动机，如不诚实和意图欺骗。赫斯、朱和格斯特纳（Hess，Chu & Gerstner，1996）研究指出，如果产品能够为消费者带来价值，大多数消费者会选择保留产品，但有些消费者却在获得产品价值后选择退货，这是机会主义退货的共性。还有研究表明，这些不诚实消费者之所以滥用宽松退货政策，是由于他们不需要为这些不道德行为负责（King，Denis & Wright，2008；金和丹尼斯，2006）。因此，消费者主观风险是导致消费者退货的重要因素。

基于第 3 章的研究结论，本节研究从退货能力、亲友态度和无理由退货态度三个方面来度量网络购物顾客的主观退货风险。主观退货风险高意味着顾客对无理由退货持积极态度，退货能够获得亲友的支持，且退货经验和知识较为丰富，这就导致顾客将购后失调转化为退货意愿的可能性更高。因此，主观退货风险能够强化购后失调与退货意愿之间的关系。据此，本节研究提出以下假设。

假设 H6 - 5：消费者主观退货风险对购后失调与退货意愿之间的关系起正向调节作用，即消费者主观退货风险越高，购后失调对退货意愿的影响越大。

6.2.1.5 产品熟悉度的调节作用

顾客会根据多种信息来源形成他们的购前产品期望，其中最重要的来源是先前的消费经验（Zeithaml，Berry & Parasuraman，1993）。如果没有这样的内部信息，外部信息如在线顾客评价、网页产品描述和视频等就会与产品预期的形成密切相关（Babić et al.，2016）。那些对购买产品非常了解的顾客，更多地依赖他们的产品知识和经验来形成产品期望（Rust et al.，1999），而非销售商或其他顾客的说辞。此外，零售商在网站上提供的很多信息如图片、安装视频等，以及在线顾客评论，提供的更多是产品体验信息，这些对于经验丰富的顾客形成产品表现预期的作用较小（Chen & Xie，2008）。

产品熟悉度可以刻画顾客对某类产品的知识和以往消费经验。现有研究表明，产品熟悉度作为顾客内化知识，对顾客的产品预期有重要影响。当顾客对产品熟悉程度低时，他们更倾向于依赖交易情境、口碑等外在信息形成产品期望（Banovic et al.，2012）。洪和帕夫洛（2014）研究表明，顾客对产品的熟悉度会影响他们对产品属性期望的不确定性。林和钟（Lim & Chung，2014）的研究结果表明，消费者更偏好使用口碑发送者的感知专业知识来评估不熟悉的品牌。对于不熟悉的产品，消费者的产品预期不确定性较低，从而更倾向于搜集外在信息源来降低预期不确定性，导致对网页上产品信息和其他顾客评论信息的依赖度增加。因此，基于期望—失调理论，对于产品熟悉度高的顾客而言，网站信息对购后失调的影响作用较弱。据此，本节研究提出以下假设。

假设 H6 - 6：产品熟悉度对网站信息与购后失调之间的负向关系起负向调节作用，即顾客的产品熟悉度越低，网站信息对购后失调的影响越强。

本节研究的理论研究概念模型如图 6 - 1 所示。

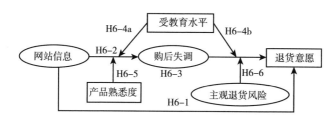

图 6 - 1　本节研究概念模型

6.2.2　研究设计

本节研究使用的是和第 5 章同一次的调查数据，故有关样本描述在此不再赘述。

6.2.2.1　变量测量

调查问卷包括网站信息、购后失调、退货意愿、受教育水平、主观退货风险和产品熟悉度共计六个结构变量。其中，退货意愿、受教育水平和产品熟悉度是单因素变量，网站信息、购后失调和主观退货风险是潜变量。购后失调是成熟量表，采用双向互译形式形成具体测量题项。问卷采用李克特 5 点量表测量，1 表示"同意"，5 表示"不同意"。

自变量——网站信息。本节研究中网站信息的变量是基于琼斯和金（2010）及明尼玛等（Minnema et al.，2016）的研究设计，结合消费者访谈提炼开发的。通过询问具有网络购物退货经验的顾客，了解哪些网站信息会影响他们对产品的期望和购后消极情绪，结果发现，网页产品描述信息、评分和好评率是顾客最看重的三方面信息。因此，本节研究从总体评价、好评率和产品描述信息三个方面设计网站信息的测量题项，分别为：（1）该产品的顾客购买评价很好；（2）该产品的在线好评率很高；（3）卖家关于产品的描述信息翔实、准确。

中介变量——购后失调。购后失调的测量设计与第 5 章研究相同，采用八个题项加以测量。

因变量——退货意愿。与第 5 章研究相同，运用五点李克特量表测量受访者的退货意愿。

调节变量——受教育水平。根据受教育程度将受教育水平分为没有接受过高等教育（高中及以下学历）、接受基本高等教育（大专和本科学历）、接受深度高等教育（研究生及以上学历）三个档次。主观退货风险从经验能力、亲友支持和无理由退货态度三个方面，采用四个题项进行测量，分别为：（1）我有丰富的网络购物退货经验；（2）我熟悉网络购物退货的规则和流程；（3）亲友能够理解和支持我的网络购物退货行为；（4）我会借助"无理由退货"政策退回不喜欢的网络购物产品。产品熟悉度，与第5章研究相同，运用五点李克特量表测量顾客对网络购物交易产品的熟悉度。

控制变量。本节研究中将性别、家庭年收入、家庭规模和工作性质四个人口统计学变量作为控制变量，受教育水平在本节研究中作为调节变量，故不作为控制变量。

6.2.2.2　数据分析方法

按照以下步骤对数据进行分析处理。首先，使用 Mplus 软件对涉及的三个潜变量进行验证性因子分析，同时检验相关变量的信度和效度，以及测量模型的数据拟合度。其次，对本节研究涉及的六个变量进行描述性统计分析和相关分析，初步判断变量之间的相关关系。最后，运用逐次回归等技术手段对本节研究涉及的中介效应和被调节中介效应等进行假设检验。

6.2.3　研究结果

6.2.3.1　验证性因子分析

对三个潜变量——网站信息、购后失调和主观退货风险进行验证性因子分析，相关信度和效度分析结果如表6-1所示。三个变量的克朗巴赫 α 值都高于0.70的建议标准，组合信度（CR）都高于0.75，说明测量模型的内在质量理想，量表具有较高的信度。所有测量指标在各自结构变量上的因子负荷都高度显著，且大于0.5，意味着基本适配指标理想，潜变量的内在效度较高。另外，三个结构变量的平均方差抽取量（AVE）均高于临界值 0.5，说明三个变量的测量结构具有较高的聚合效度。因此，三个潜变量具有良好的信度和效度。

表 6 – 1　　　　　　　　　　　　信度和效度检验结果

变量	测量指标	标准化负荷	Cronbach's α	组合信度 CR	AVE
购后失调	感觉不需要	0.548	0.923	0.924	0.607
	心里不舒服	0.779			
	感到失望	0.852			
	感觉决策失误	0.795			
	感到郁闷	0.855			
	感到被欺骗	0.844			
	感觉出了问题	0.811			
	描述不一致	0.698			
主观退货风险	退货经验	0.854	0.749	0.793	0.504
	熟悉退货	0.873			
	亲友支持	0.517			
	无理由退货	0.509			
网站信息	评价内容	0.796	0.747	0.773	0.541
	评价比例	0.845			
	产品描述	0.524			

利用 Mplus7.4 统计软件对理论模型与数据的拟合情况进行检验，分析结果如表 6 – 2 所示。相关分析指标显示：$\chi^2 = 621.088$、df = 146（$\chi^2/\text{df} = 4.254$，$p = 0.000$），由于统计量 χ^2 与样本量高度相关，其显著性在此不适合作为拒绝三因素模型的原因。分析结果还显示，比较拟合指数（CFI）为 0.912、Tucker-Lewis 指数（TLI）为 0.901，CFI 和 TLI 两个指数都高于临界值 0.9，说明测量模型与样本数据具有高度增量拟合度；近似的均方根方差指数（RMSEA）为 0.074，其 95% 的置信区间为（0.068，0.080），

指数估计值与上下区间值均在（0.05～0.08）范围内，显著性 $p = 0.000$；标准化的均方根残差（SRMR）为 0.060；RMAEA 和 SRMR 两个指数都低于临界值 0.08，说明测量模型与样本数据具有良好的绝对拟合度。综上所述，本节研究三个潜变量测量模型与样本数据的拟合度在统计学上是可以接受的。

表 6 - 2　　　　　　　　　　研究模型拟合度检验结果

χ^2 检验			RMSEA			CFI	TLI	SRMR
值	df	P	值	90% C. I.	P（≤0.05）			
621.088	146	0.000	0.074	(0.068, 0.080)	0.000	0.912	0.901	0.060

本节研究还将三变量基准模型与另外三个竞争模型进行比较，分别是：二因素模型 1（网站信息 + 主观退货风险、购后失调）、二因素模型 2（主观退货风险、网站信息 + 购后失调）和单因素模型。相关分析结果如表 6 - 3 所示。结果显示，三个竞争模型的拟合度较差，只有本节研究的三因素测量模型的拟合指标符合评价要求。

表 6 - 3　　　　　　　　　　竞争模型整体拟合度比较结果

模型	χ^2/df	RMSEA	CFI	TLI	SRMR
三因素模型	4.254	0.074	0.912	0.901	0.060
二因素模型 1	9.120	0.116	0.776	0.742	0.103
二因素模型 2	12.749	0.140	0.671	0.627	0.129
单因素模型	16.029	0.158	0.576	0.523	0.136

6.2.3.2　描述性统计分析和相关分析

所有变量的描述性统计分析和相关分析结果如表 6 - 4 所示。从相关分析结果可以发现，顾客网络购物的退货意愿与购后失调正相关，购后失调与网站信息负相关，这些相关分析结论为后续购后失调中介作用的验证提供了初步统计支持。

表6-4 描述性统计及相关分析结果

变　量	均值	标准差	1	2	3	4	5	6	7	8	9
1. 性别	0.30	0.457	1								
2. 家庭年收入	1.90	0.901	-0.025	1							
3. 工作性质	2.4	1.27	0.061	-0.132**	1						
4. 家庭规模	2.35	0.653	0.050	0.024	-0.231***	1					
5. 网站信息	2.191	0.780	-0.062	0.048	-0.013	0.042	1				
6. 购后失调	3.168	1.068	0.103*	-0.007	-0.018	-0.085*	-0.292***	1			
7. 退货意愿	2.49	1.191	0.067+	-0.057	-0.060	-0.019	-0.276***	0.397***	1		
8. 受教育水平	1.15	0.587	-0.010	0.185***	0.406***	-0.162***	0.072+	-0.007	-0.056	1	
9. 产品熟悉度	1.34	0.623	0.024	0.107**	0.091*	-0.048	-0.022	0.000	0.013	0.016	1
10. 主观退货风险	2.510	0.857	0.126**	-0.082*	-0.109**	0.102**	0.228***	-0.008	0.077+	-0.073+	0.055

注：*** $P<0.001$，** $P<0.01$，* $P<0.05$，+ $P<0.1$。

6.2.3.3 假设检验

（1）中介效应的检验。

将性别、家庭年收入、工作性质和家庭规模四个人口统计学变量作为控制变量，将网站信息作为自变量，将购后失调作为中介变量，将退货意愿作为因变量，使用逐层回归方法检验研究假设 H6 - 1 ~ 假设 H6 - 3。逐次回归分析结果如表 6 - 5 所示。其中，模型 M6 - 1 是购后失调对控制变量的线性回归模型；模型 M6 - 3 是退货意愿对控制变量的线性回归模型。参考巴伦和肯尼（1986）的研究观点，用于验证中介效应的三个线性回归模型分别为：模型 M6 - 2 考察购后失调与网站信息之间的线性回归关系；模型 M6 - 4 考察退货意愿与网站信息之间的线性回归关系；模型 M6 - 5 考察退货意愿与网站信息、购后失调之间的回归关系。

表 6 - 5　　　　　　　　　　主效应和中介效应回归检验结果

变量	购后失调		退货意愿		
	模型 M6 - 1	模型 M6 - 2	模型 M6 - 3	模型 M6 - 4	模型 M6 - 5
性别	0.105 *	0.086 *	0.064	0.047	0.017
家庭年收入	− 0.004	0.009	− 0.041	− 0.029	− 0.032
工作性质	0.033	0.038	0.046	0.051	0.038
家庭规模	− 0.069 +	− 0.062	− 0.010	− 0.004	0.018
网站信息		− 0.286 ***		− 0.272 ***	− 0.174 ***
购后失调					0.344 ***
R^2	0.016	0.097	0.009	0.082	0.189
ΔR^2	0.016 +	0.081 ***	0.009	0.074 ***	0.107 ***
F	2.376 +	12.879 ***	1.319	10.764 ***	23.310 ***

注：$+p < 0.1$，$*p < 0.05$，$**p < 0.01$，$***p < 0.001$。

模型 M6 - 4 中退货意愿关于网站信息的回归系数表明，顾客退货意愿与网站信息之间的负向关系显著存在（$\beta = - 0.272$，$p < 0.001$），因此网站信息将负向影响顾客网络购物的退货意愿，即网站信息质量越高，顾客退货意愿越低，研究假设 H6 - 1 得到支持。

模型 M6 - 2 中购后失调关于网站信息的回归系数表明，购后失调与网站信息之间的负向关系显著存在（$\beta = -0.286$，$p < 0.001$），因此网站信息会负向影响网络购物顾客的购后失调，即网站信息质量越高，顾客购后失调越低，研究假设 H6 - 2 得到支持。

将模型 M6 - 4 与模型 M6 - 5 进行比较可以发现，相比于模型 M6 - 4，引入变量购后失调后，模型 M6 - 5 中退货意愿关于网站信息回归系数的显著性虽然没有发生变化，但是影响效应明显降低（回归系数由 - 0.272 变为 - 0.174），即购后失调的加入覆盖了网站信息的部分影响作用，同时模型 M6 - 4 和模型 M6 - 5 之间的 ΔR^2 显著。因此，网站信息对顾客退货意愿的部分影响作用会经过购后失调传递，即网站信息既会通过影响购后失调间接影响顾客网络购物的退货意愿，也会直接影响或通过其他渠道影响顾客退货意愿。使用偏差校正的百分位 Bootstrap 法计算网站信息→购后失调→退货意愿这一中介效应路径系数的置信区间，得到中介效应路径系数的 95% 置信区间分别为 [- 0.216， - 0.105]，由于置信区间不包括零，故购后失调对网站信息的中介效应明显存在，网站信息经购后失调的中介效应占总效应的比例为 36.17%，研究假设 H6 - 3 得到支持。

（2）调节效应的检验。

参考温忠麟和叶宝娟（2014a）的研究观点，采用逐次回归方法对研究假设 H6 - 4 ~ 假设 H6 - 6 的调节效应进行验证。控制变量、自变量、中介变量和因变量的设置保持不变，将三个调节变量依次引入回归模型，所有变量都需要进行中心化处理。

①受教育水平的调节效应检验。

构建八个线性回归模型用以描述变量之间的关系。其中，模型 M6 - 6 是购后失调对控制变量的线性回归模型；模型 M6 - 7 考察购后失调与网站信息、受教育水平之间的线性回归关系；模型 M6 - 8 考察购后失调与网站信息、受教育水平及其交互项（网站信息×受教育水平）之间的线性回归关系；模型 M6 - 9 表示退货意愿对控制变量的线性回归模型；模型 M6 - 10 考察退货意愿与网站信息、受教育水平及其交互项（网站信息×受教育水平）之间的线性回归关系；模型 M6 - 11 考察退货意愿与购后失调、受教育水平之间的线性回归关系；模型 M6 - 12 考察退货意愿与购后失调、受教育水平及其交互项（购后失调×

受教育水平）之间的线性回归关系；模型 M6 – 13 考察退货意愿与网站信息、受教育水平、购后失调及交互项（网站信息×受教育水平、购后失调×受教育水平）之间的线性回归关系。回归系数符号与第 2 章相关效应检验公式中相同。受教育水平的调节效应相关检验结果如表 6 – 6 所示。

表 6 – 6　　　　　被调节中介效应检验一（调节变量——受教育水平）

变量	购后失调			退货意愿				
	模型 M6 – 6	模型 M6 – 7	模型 M6 – 8	模型 M6 – 9	模型 M6 – 10	模型 M6 – 11	模型 M6 – 12	模型 M6 – 13
性别	0.105 *	0.086 *	0.089 *	0.064	0.047	0.024	0.022	0.013
家庭年收入	− 0.004	0.007	0.006	− 0.041	− 0.027	− 0.034	− 0.033	− 0.027
工作性质	0.033	0.044	0.042	0.046	0.046	0.021	0.020	0.031
家庭规模	− 0.069 +	− 0.060	− 0.054	− 0.010	− 0.007	0.012	0.016	0.015
网站信息		− 0.288 ***	− 0.291 ***		− 0.270 ***			− 0.160 ***
受教育水平		0.018	0.021		− 0.016	− 0.037	− 0.037	− 0.024
网站信息 × 受教育水平			− 0.081 *		0.014			0.067
购后失调						0.394 ***	0.398 ***	0.357 ***
购后失调 × 受教育水平							0.067 +	0.076 +
R^2	0.016	0.097	0.104	0.009	0.083	0.163	0.167	0.196
ΔR^2	0.016 +	0.081 ***	0.007 *	0.009	0.074 ***	0.154 ***	0.004 +	0.114 ***
F	2.376 +	10.749 ***	9.892 ***	1.319	7.702 ***	19.430 ***	17.178 ***	16.189 ***

注：$+p < 0.1$，$*p < 0.05$，$***p < 0.001$。

将模型 M6 – 7 与模型 M6 – 8 进行比较可以发现，相比于模型 M6 – 7，引入网站信息与受教育水平的交互项后，模型 M6 – 8 的 ΔR^2 显著，同时模型 M6 – 8 中交互项系数（网站信息×受教育水平）为负数且显著（$a_3 = -0.081$、$p = 0.037$）。结合购后失调关于网站信息的回归系数为负可知，受教育水平对网站信息与购后失调的负向关系起正向调节作用，即网络购物顾客接受的受教育水平越高，网站信息对购后失调的负向影响作用越大。

将模型 M6 – 11 与模型 M6 – 12 进行比较可以发现，相比于模型 M6 – 11，引入购后失调与受教育水平的交互项后，模型 M6 – 12 的 ΔR^2 显著，同时模型 M6 – 12 中交互项系数（购后失调×受教育水平）为正且显著（$\beta = 0.067$、$p = 0.059$）。结合退货意愿关于购后失调的回归系数为正可知，受教育水平对购后失调与退货意愿的正向关系起正向调节作用，即网络购物顾客接受的受教育水平越高，购后失调对退货意愿的正向影响作用越大。

综合比较分析模型 M6 – 8、模型 M6 – 10 和模型 M6 – 13 可以发现，模型 M6 – 10 中网站信息与受教育水平的交互项对退货意愿的影响不显著（$c_3 = 0.014$、$p = 0.729$），即在未考虑中介效应的时候，受教育水平对网站信息与退货意愿之间的直接效应没有调节作用。模型 M6 – 8 中网站信息对购后失调影响系数显著（$a_1 = -0.291$、$p = 0.000$），网站信息与受教育水平交互项对购后失调的影响显著（$a_3 = -0.081$、$p = 0.037$）；模型 M6 – 13 中购后失调对退货意愿的影响显著（$b_1 = 0.357$、$p = 0.000$），购后失调与受教育水平交互项对退货意愿的影响显著（$b_2 = 0.076$、$p = 0.054$）；由于系数 a_1、a_2、b_1 和 b_2 均显著，根据叶宝娟等的研究结论，受教育水平调节了中介效应（网站信息→购后失调→退货意愿）的前、后半路径，又由于模型 M6 – 13 中网站信息与受教育水平交互项对退货意愿的影响不显著（$a_3 = 0.067$、$p = 0.107$），故受教育水平不调节网站信息与退货意愿的直接效应。使用偏差校正的百分位 Bootstrap 法计算 a_1b_2、a_3b_1 和 a_3b_2 的置信区间，调节效应系数乘积的95% 置信区间分别为：a_1b_2［-0.114，-0.004］、a_3b_1［-0.146，-0.012］、a_3b_2［-0.085，-0.001］。由于三个系数乘积的置信区间均不包括零，故受教育水平对中介效应（网站信息→购后失调→退货意愿）前、后半路径的调节作用都显著存在。

采用爱德华兹和兰伯特（2007）推荐的方法检验被调节中介效应，把自变量对中介变量、中介变量对因变量，以及自变量对因变量的总间接效应，按照消费者不同受教育水平分别进行模拟运算和比较，结果如表 6 – 7 所示。高、低教育水平组间的前半路径、后半路径和总间接效应都表现出显著差异。对于受教育水平高的消费者而言，网站信息通过购后失调对退货意愿的影响显著（$\beta_1 = -0.248$、$p_1 = 0.000$）；对于受教育水平低的消费者而言，网站信息通过购后失调对退货意愿的影响显著（$\beta_2 = -0.095$、$p_2 = 0.011$）。由于 $|\beta_1| > |\beta_2|$、$p_1 < p_2$，故受教育水平高的顾客，网站信息—购后失调—退货

意愿的中介效应更显著。因此，受教育水平对中介效应的调节作用显著存在。综合以上分析可知，研究假设 H6 - 4a 和假设 H6 - 4b 得到支持。

表 6 - 7 被调节的中介效应检验结果

	前半路径效应 ($X - M$)	后半路径效应 ($M - Y$)	间接效应 ($X - M - Y$)
高教育水平	- 0.515 ***	0.483 ***	- 0.248 ***
低教育水平	- 0.299 ***	0.318 ***	- 0.095 *
高低组间差异	- 0.216 +	0.165 +	- 0.153 *

注：$+p < 0.1$，$*p < 0.05$，$***p < 0.001$。

②主观退货风险的调节效应检验。

与受教育水平调节效应检验相同，将主观退货风险作为调节变量，运用逐次回归方法构建八个线性回归模型。主观退货风险调节效应的相关检验结果如表 6 - 8 所示。

表 6 - 8 被调节中介效应检验二（调节变量——主观退货风险）

变量	购后失调			退货意愿				
	模型 M6 - 14	模型 M6 - 15	模型 M6 - 16	模型 M6 - 17	模型 M6 - 18	模型 M6 - 19	模型 M6 - 20	模型 M6 - 21
性别	0.105 *	0.079 *	0.078 *	0.064	0.028	0.014	0.018	0.005
家庭年收入	- 0.004	0.013	0.015	- 0.041	- 0.017	- 0.035	- 0.034	- 0.020
工作性质	0.033	0.034	0.035	0.046	0.042	0.028	0.022	0.024
家庭规模	- 0.069 +	- 0.067 +	- 0.069 +	- 0.010	- 0.017	0.011	0.007	0.001
网站信息		- 0.299 ***	- 0.304 ***		- 0.309 ***			- 0.210 ***
主观退货风险		0.055	0.053		0.137 **	0.071 +	0.068 +	0.115 **
网站信息×主 观退货风险			0.066		0.056			0.051
购后失调						0.396 **	0.401 ***	0.339 ***
购后失调×主 观退货风险							0.078 *	0.090 *
R²	0.016	0.100	0.104	0.009	0.103	0.167	0.173	0.211
ΔR²	0.016 +	0.084 ***	0.004	0.009	0.094 ***	0.158 ***	0.006 *	0.108 ***
F	2.376 +	11.049 ***	9.907 ***	1.319	9.798 ***	19.973 ***	17.829 ***	17.730 ***

注：$+p < 0.1$，$*p < 0.05$，$**p < 0.01$，$***p < 0.001$。

将模型 M6 – 15 与模型 M6 – 16 进行比较可以发现，相比于模型 M6 – 15，引入网站信息与主观退货风险的交互项后，模型 M6 – 16 的 ΔR^2 不显著，且模型 M6 – 16 中交互项系数不显著（$a_3 = 0.066$、$p = 0.102$），因此主观退货风险对网站信息与购后失调关系的调节作用不显著。

将模型 M6 – 19 与模型 M6 – 20 进行比较可以发现，在引入购后失调与主观退货风险的交互项后，相比于模型 M6 – 19 而言，模型 M6 – 20 的 ΔR^2 显著，且模型 M6 – 20 中交互项（购后失调 × 主观退货风险）系数为正数且显著（$\beta = 0.078$、$p = 0.038$）。结合退货意愿关于购后失调的回归系数为正可知，主观退货风险对购后失调与退货意愿的正向关系起正向调节作用，即网络购物顾客的主观退货风险越高，购后失调对退货意愿的正向影响作用越大。

综合比较分析模型 M6 – 16、模型 M6 – 18 和模型 M6 – 21 可以发现，模型 M6 – 18 中网站信息与主观退货风险的交互项对退货意愿的影响不显著（$c_3 = 0.056$、$p = 0.145$），即在未考虑中介效应的时候，主观退货风险对网站信息与退货意愿之间的直接效应没有调节作用；模型 M6 – 16 中网站信息对购后失调影响系数显著（$a_1 = -0.304$、$p = 0.000$），网站信息与主观退货风险的交互项对购后失调的影响不显著（$a_3 = 0.066$、$p = 0.102$）；模型 M6 – 21 中购后失调对退货意愿的影响显著（$b_1 = 0.339$、$p = 0.000$），购后失调与主观退货风险交互项对退货意愿的影响显著（$b_2 = 0.090$、$p = 0.016$）；由于系数 a_1 和 b_2 均显著，根据叶宝娟等（2013）的研究结论，主观退货风险调节了中介效应（网站信息→购后失调→退货意愿）的后半路径，又由于模型 M6 – 21 中网站信息与主观退货风险交互项对退货意愿的影响不显著（$c_3' = 0.051$、$p = 0.171$），故主观退货风险不调节网站信息与退货意愿的直接效应。使用偏差校正的百分位 Bootstrap 法计算 a_1b_2、a_3b_1 和 a_3b_2 的置信区间，调节效应系数乘积95% 的置信区间分别为：a_1b_2 ［ – 0.096，– 0.018］、a_3b_1 ［ – 0.007，0.082］、a_3b_2 ［ – 0.001，0.031］。由于只有系数乘积 a_1b_2 的置信区间不包括零，故主观退货风险仅对中介效应（网站信息→购后失调→退货意愿）的后半路径起调节作用。

把自变量对中介变量、中介变量对因变量，以及自变量对因变量的总间接效应，按照主观退货风险不同水平分别进行模拟运算和比较，结果如表

6 - 9 所示。高—低主观退货风险水平组间仅后半路径表现出显著差异（$\Delta\beta = 0.205$、$p = 0.024$）。对于高退货风险消费者而言，购后失调对退货意愿的影响显著（$\beta_1 = 0.482$、$p_1 = 0.000$）；对于低退货风险消费者而言，购后失调对退货意愿的影响显著（$\beta_2 = 0.277$、$p_2 = 0.000$）；由于高—低样本组间影响系数差异值为 0.205，且显著不为零（$p = 0.024$），因此，主观退货意愿会对网站信息—购后失调—退货意愿的后半路径起正向调节作用。综合以上分析可知，研究假设 H6 - 5 得到支持。

表 6 - 9　　　　　　　　　被调节的中介效应检验结果

组　别	前半路径效应 （X - M）	后半路径效应 （M - Y）	间接效应 （X - M - Y）
高主观意愿	- 0.349 ***	0.482 ***	- 0.168 **
低主观意愿	- 0.504 ***	0.277 ***	- 0.139 **
高低组间差异	0.155	0.205 *	- 0.028

注：$*p < 0.05$，$**p < 0.01$，$***p < 0.001$。

③产品熟悉度的调节效应检验。

与受教育水平调节效应检验相同，将产品熟悉度作为调节变量，运用逐次回归方法构建八个线性回归模型。产品熟悉度调节效应的相关检验结果如表 6 - 10 所示。

表 6 - 10　　　被调节中介效应检验三（调节变量——主观退货风险）

变量	购后失调			退货意愿				
	模型 M6 - 22	模型 M6 - 23	模型 M6 - 24	模型 M6 - 25	模型 M6 - 26	模型 M6 - 27	模型 M6 - 28	模型 M6 - 29
性别	0.105 *	0.086 *	0.086 *	0.064	0.046	0.022	0.022	0.016
家庭年收入	- 0.004	0.009	0.010	- 0.041	- 0.030	- 0.041	- 0.041	- 0.033
工作性质	0.033	0.038	0.036	0.046	0.050	0.035	0.035	0.038
家庭规模	- 0.069 +	- 0.062	- 0.063	- 0.010	- 0.006	0.015	0.015	0.016
网站信息		- 0.286 ***	- 0.285 ***		- 0.270 ***			- 0.172 ***
产品熟悉度		- 0.001	- 0.002		0.011	0.019	0.025	0.016
网站信息 × 产品熟悉度			- 0.024		- 0.036			- 0.025

续表

变量	购后失调			退货意愿				
	模型 M6–22	模型 M6–23	模型 M6–24	模型 M6–25	模型 M6–26	模型 M6–27	模型 M6–28	模型 M6–29
购后失调 m						0.394 **	0.394 ***	0.343 ***
购后失调 × 产品熟悉度							0.026	0.015
R^2	0.016	0.097	0.098	0.009	0.084	0.162	0.163	0.190
ΔR^2	0.016 +	0.081 ***	0.001	0.009	0.075 ***	0.153 ***	0.001	0.028 ***
F	2.376 +	10.715 ***	9.231 ***	1.319	7.814 ***	19.973 ***	17.829 ***	17.730 ***

注：$+p<0.1$，$*p<0.05$，$**p<0.01$，$***p<0.001$。

将模型 M6–23 与模型 M6–24 进行比较可以发现，相比于模型 M6–23，模型 M6–24 的 ΔR^2 不显著，且交互项（网站信息 × 产品熟悉度）的回归系数不显著（$a_3=-0.024$、$p=0.532$），因此产品熟悉度对网站信息与购后失调影响关系的调节作用不显著。

将模型 M6–27 与模型 M6–28 进行比较可以发现，相比于 M6–27，模型 M6–28 的 ΔR^2 不显著，且交互项（购后失调 × 产品熟悉度）的回归系数不显著（$\beta=0.026$、$p=0.510$），因此产品熟悉度对购后失调与退货意愿影响关系的调节作用不显著。

综合比较分析模型 M6–24、模型 M6–26 和模型 M6–29 可以发现，模型 M6–26 中网站信息与产品熟悉度的交互项对退货意愿的影响不显著（$c_3=-0.036$、$p=0.358$），即不考虑中介效应时，产品熟悉度关于网站信息对退货意愿直接效应的调节作用不显著；模型 M6–24 中网站信息对购后失调影响系数显著（$a_1=-0.285$、$p=0.000$），网站信息与产品熟悉度的交互项对购后失调的影响不显著（$a_3=-0.024$、$p=0.532$）；模型 M6–29 中购后失调对退货意愿的影响显著（$b_1=0.343$、$p=0.000$），交互项（购后失调 × 产品熟悉度）对退货意愿的影响不显著（$b_2=0.015$、$p=0.708$）；由于系数 a_1 显著 b_2 不显著、a_3 不显著 b_1 显著，根据叶宝娟等（2013）的研究结论，产品熟悉度对中介效应（网站信息→购后失调→退货意愿）前、后半路径的调节效应都不显著，又由于模型 M6–29 中交互项（网站信息 × 产品熟悉度）

对退货意愿的影响系数不显著（$c_3' = -0.025$、$p = 0.504$），故产品熟悉度不调节网站信息对退货意愿的直接影响效应。使用偏差校正的百分位 Bootstrap 法计算 a_1b_2、a_3b_1 和 a_3b_2 的置信区间，调节效应系数乘积 95% 的置信区间分别为：a_1b_2 [-0.055，0.035]、a_3b_1 [-0.080，0.043]、a_3b_2 [-0.024，0.006]。由于所有置信区间都包括零，因此产品熟悉度对中介效应（网站信息→购后失调→退货意愿）的调节作用不存在。综上所述，研究假设 H6 - 6 没有得到支持。

6.2.4 研究结论与讨论

6.2.4.1 研究结论

本节研究重点关注在线零售商的网站信息对网络购物顾客退货意愿的影响机制。以网站信息通过购后失调影响顾客退货意愿为主要研究对象，在论证中介效应的基础上，探讨消费者的受教育水平、主观退货风险，以及产品熟悉度对中介效应"网站信息—购后失调—退货意愿"的调节作用。研究发现以下四点结论。

（1）网站信息的质量水平对网络购物顾客的退货意愿有显著的负向影响关系，且影响作用会部分通过购后失调传递，即在线零售商网站信息水平的提升，可以有效地抑制顾客购后失调和退货意愿。网站信息主要包含了两部分信息：一是产品的相关描述信息，在线零售商可以向顾客传递产品功能、尺寸、材质等信息，还可以展示该产品的安装和使用说明、模特展示等图片和视频；二是先前顾客的在线评论，网站会统计出产品的综合评分和好评率，甚至根据关键词将评论进行分类，帮助顾客更高效地阅读顾客评论。网站上产品描述信息和评论信息作为网络购物重要信息来源，低水平网站信息意味着产品描述信息不够详细，产品评分和好评率较低，这会使顾客对产品形成消极认知，导致顾客产生较高的购后失调，进而产生更加强烈的网络购物退货意愿。

（2）顾客的受教育水平会对"网站信息—购后失调—退货意愿"这一中

介效应的前、后路径发挥正向调节作用，即受教育水平越高，网站信息通过
购后失调影响退货意愿的作用越显著。研究还发现，在不考虑购后失调这一
中介效应的情况下，受教育水平对网站信息和退货意愿之间关系没有调节作
用，这意味着受教育水平只是对网站信息的间接效应发挥调节作用。伴随着
顾客受教育水平的提高，对网络购物接受度和网站信息的利用率增大，网站
信息对产品预期和认知失调的影响作用随之增强；另外，伴随着受教育水平
的上升，顾客对网络购物接受度增大，更容易掌握退货政策、退货流程等，
对退货行为控制较强，通过退货消除购后消极情绪的诉求更高，购后失调对
退货意愿的影响作用更显著。

（3）顾客主观退货风险会对中介效应"网站信息—购后失调—退货意
愿"的后半路径起正向调节作用，即消费者的主观退货风险越高，网站信息
通过购后失调影响退货意愿的作用越显著。研究显示，主观退货风险对中介
效应前半路径和网络信息的直接效应没有调节作用，这意味着主观退货风险
只是通过强化购后失调向退货意愿的转化来对网站信息的间接效应发挥调节
作用。伴随着顾客主观退货风险的上升，顾客的退货能力更高、亲友对其退
货的支持度越高、对自由退货的接受度和利用率更高，这就意味着这些顾客
内在退货动机和退货控制能力更高，通过退货行为消除购后失调的可能性更
高，导致购后失调与退货意愿之间的正向关系，以及网站信息通过购后失调
影响退货意愿的间接效应更显著。

（4）顾客产品熟悉度关于网站信息对退货意愿的直接影响作用和间接影
响作用的调节作用都不显著，因此产品熟悉度不会影响网站信息与退货意愿
的影响关系。

6.2.4.2　理论价值与管理启示

本节研究的理论价值在于以下三点。

（1）本节研究基于文献分析和消费者访谈，提炼出了网站信息这一结
构变量。现有网络购物相关研究中，更多关注于网站质量、在线顾客评论
等对顾客消费行为的影响，也有少数研究探讨了在线顾客评论对消费者退
货行为的影响作用，但是通过消费者访谈发现，由于网络搜索的替代性产

品众多，顾客网络购物中没有时间和精力去详细关注所有顾客评论，大多数消费者都是先浏览销售网页中产品描述的文字、图片和视频，然后再有针对性地查看顾客评论内容。对于在线顾客评论，由于中国大众网络销售平台（淘宝、京东、唯品会）等都会对产品的顾客评论给出综合评分和好评率两个指标，因此这两个指标也成为顾客进行消费决策的重要依据。基于文献分析结论和我国网络购物实践，本节研究提出了网站信息概念，用以评估网站上产品和顾客评论信息的质量，对于我国学者研究网络购物行为有一定的参考价值。

（2）本节研究探讨了网络购物中网站信息对顾客退货意愿的影响机制，不仅验证了网站信息质量对缓解顾客退货意愿的积极作用，还探讨了购后失调在网站信息影响路径中的中介作用。现有研究虽然探讨了在线顾客评论对顾客退货行为的影响，但鲜有涉及网站信息中产品描述信息的影响作用；另外，现有关于顾客评论对退货行为的影响研究大多关注于行为本身，缺乏从心理角度探讨其作用机理。本节研究通过网站信息这个概念，将网页中的产品信息考虑进来，同时从消费者认知角度分析网站信息的作用机理，研究结论验证了认知失调理论在网站信息对退货决策影响路径中的重要作用，丰富了认知失调理论在消费者退货领域的应用。

（3）本节研究验证了受教育水平和主观退货风险两个顾客特征对网站信息—购后失调—退货意愿中介效应的调节作用，使得网站信息对退货行为的影响机理更加丰富。虽然现有研究探讨了受教育水平对消费者购买行为的影响作用，但对退货行为的影响作用鲜有研究。研究结论仅支持了受教育水平对中介效应的调节作用，说明受教育水平的影响机理主要通过心理机制发挥。另外，本节研究首次将主观退货风险引入消费者退货行为的影响路径中，验证了高水平主观退货风险对购后失调与退货意愿影响关系的强化作用。现有研究发现，顾客反悔、不诚信等已经成为产品退货的重要动机，这就意味着顾客主观意愿在退货行为中发挥着不可小觑的作用，然而现有相关研究并没有探讨其对顾客退货行为的作用机理，主观退货风险调节作用的探讨进一步充实了认知失调理论在消费者退货领域的应用研究。

本节研究的管理启示在于以下三点。

（1）网站作为在线零售商和顾客交流的一个重要平台，其提供的信息质量会对顾客的退货意愿产生重要影响。在线零售商应当不断提升网站中产品描述信息的全面性和准确性，重视在线评论的好评比例和消极信息对顾客退货意愿的影响作用，积极了解已购买顾客的用后感受，鼓励顾客积极分享自己的使用心得。培训售后人员与相关诉求顾客积极沟通，了解网站上产品描述信息和在线顾客评价中存在的不足，及时采取措施提升网站信息质量水平，避免由于网站信息问题引发顾客购后的认知失调，减少网购顾客退货行为。

（2）购后失调会在网站信息与退货意愿之间承担着重要的中介作用，因此与顾客的售后交流能够缓解网站信息对退货行为的消极影响。在线零售商和网络销售平台可以为顾客提供便捷的售后交流渠道，通过与顾客进行积极沟通，及时发现顾客购后的各种消极情绪，准确地了解顾客购后失调的产生原因和诉求。针对顾客提出的关于网站信息方面的问题，在线零售商通过给予积极、热情的解释说明和必要的经济补偿，能够有效地缓解购后失调，进而避免顾客由于产品描述不当和消极评论等缘故导致的退货行为。

（3）受教育水平和主观退货风险的调节作用表明，对于不同特征的顾客，网站信息对其退货行为的影响机理存在差异，受教育水平和主观退货风险较高的顾客，购后失调的中介效应更显著。因此，在线销售商和相关第三方平台通过相关消费数据的收集和分析，基于顾客特征对其进行细分，通过制定适宜的营销和退货管理策略，尽可能地避免和减少退货损失。

6.3　替代品吸引力对网站信息心理影响作用的调节效应探析

第 6.2 节的研究结论表明，网站信息对网络购物顾客退货意愿有重要影响作用，其中购后失调扮演了重要的效应传递作用，即低水平网站信息会引发购后失调，进而诱发顾客退货意愿。网站信息对于认知失调的影响缘于其作为顾客获知产品知识的重要来源，会影响顾客的产品预期及其不确定性。

在网络购物过程中，除产品销售网站上的产品信息和评论信息外，替代品信息也是顾客获知产品信息形成产品预期的重要来源。周（Chou，2012）研究强调，产品信息、在线顾客评论和其他替代产品信息，会通过作用于顾客的产品预期进而影响顾客认知失调的感知。除了作为产品信息来源外，竞争品也是影响顾客购后失调的重要因素。营销领域的认知失调是由于顾客需要从众多选项中选择一个，而且所有选项都具有各自优势，从而导致顾客购后认知出现冲突。因此，作为众多备选和弃选产品，顾客对竞争品优势的感知会对他们心理感知的形成路径产生重要影响。有研究表明，消费者信心可以有效地防止或减轻购后认知的不和谐，这意味着感知风险低的消费者将体验到更低水平的认知失调（Hasan & Nasreen，2012）。顾客可以参与信息搜索过程和阅读在线客户评论来获取产品需求（低或高）和其他客户的消费体验（Babić et al.，2016），也可以通过比较替代品与购买产品来更好地进行绩效预判，这些购前投入行为有助于客户降低购买产品的感知风险（Ho-Dac，Stephen & William，2013）。

感知风险、在线顾客评论、购后失调、替代品吸引力和购买参与分别都在不同的文献里得到了一定关注，但是相互之间对核心关系的调节作用并没有得到重视。这些购买流程属性共同作用于网络零售业务中的消费者退货行为，顾客的购买努力决定了其对竞争品吸引力的掌握和对网站信息的利用，顾客感知风险的高低影响顾客对于网站信息的依赖程度，购买决策中其他替代品的多样性和竞争力会影响顾客感知风险。因此，网站信息作为购前和购物过程中用以决策的重要信息依据，其对消费行为的影响要受到替代品竞争力、顾客感知风险和顾客购买参与度的影响。了解这些因素对网站信息和购后失调影响关系边界条件的作用，对于更好地了解网站信息对退货行为的作用机理具有重要意义。

为了更好地探析网站信息对购后失调作用的影响机制，本节研究将替代品吸引力、顾客感知风险和购买参与度融入结构模型中，以更好地了解网站信息对购后失调的作用条件，进而从购买流程属性的视角完善网站信息对消费者退货决策的心理影响机制。现有研究中，替代品吸引力和转换成本是构成转换障碍的两个重要维度，将转换障碍作为顾客更换服务商行为的影响因子，重点关注了转换成本的影响作用，忽略了替代品吸引力的影响作用。对于网络购物而言，在执行无理由退货政策的自由竞争市场中，消费者退货并购买其他产品的成本很低，因而本节研究忽略了转换成本对退货行为的影响作用。不同于以往研究探讨购后阶段替代品吸引力对消费者行为的影响作用，本节研究探讨替代品吸引力通过作用于购前产品预期影响消费者的购后心理认知和行为。另外，本节研究还引入了购买参与和感知风险，探讨它们对替代品吸引力调节效应的再调节和中介作用，丰富了网站信息对网购顾客购后认知和行为的心理作用边界。

6.3.1　理论基础与研究假设

6.3.1.1　替代品吸引力的调节作用

考虑到在线购物的不确定性和高风险性，以及同类替代产品的低搜索成本等特性，消费者倾向于在购买决策前将不同购买平台、不同零售商和品牌的产品进行比较（Chiou，Wu & Chou，2012）。因此，替代品的竞争力会影响顾客的购买决策和购后心理与行为。

替代品的竞争力在现有成熟量表中可以借助替代品吸引力来加以衡量。替代品吸引力是指顾客对其他替代产品的可得性和性价比感知（Mutum et al.，2014）。现有研究发现，替代品吸引力会作用于顾客购后转换行为（Pick & Eisend，2014；Matzler et al.，2015）。如果缺乏有吸引力的替代产品，即使对当前产品或服务不满意，顾客仍然可能会保持当前的交易关系（Sharma & Patterson，2013）。另外，替代产品吸引力往往导致顾客在做出购买决策时遇到困难，且被拒绝的替代产品会在决策后被消费者模拟成反事实（麦康奈尔等，2000）。相比于所购买产品的消极表现，替代品吸引力会进一步强化消费者的购后失调（Walchli & Landman，2003）。贝奇瓦蒂和西格尔（2005）指出，与仅接触所购买产品的消费者相比，面对众多替代产品的消费者退回产品的可能性更高。

替代品吸引力通过作用于顾客转换行为的价值感知，影响消费者购后心理和行为，这主要体现了替代品吸引力对顾客心理认知的购后阶段影响作用，然而替代品在购前决策阶段往往被顾客看作产品知识的重要信息来源。实证研究表明，不完整的产品知识是消费者退货的动机之一（李，2015）。由于产品的高度相似性，替代产品之间的相关信息是互补的，导致替代品的知识信息具有显著的正外部性。例如，我们在实体商店中实地考察和体验商品后选择去网络销售平台上购买，我们还会通过浏览其他替代产品的网页信息和顾客评论来更全面地了解目标产品。作为产品知识的重要信息来源，替代品可以帮助消费者更多地了解这些产品，并降低他们对所考虑产品网站信息的依赖。正如贝奇瓦蒂和西格尔（2005）所发现的，替代产品对消极产品信息和消费者退货意愿之间关系具有调节作用。缺乏可用的替代产品限制了客户获取产品信息的途径（鲍尔斯和杰克，2013），受限的信息来源使得顾客更多地依赖目标产品提供的网站信息来获得产品知识（Keaveney，Huber & Herrmann，2007）。相反，替代品的高吸引力意味着其他替代产品的可得性和竞争性高，顾客能够通过替代品信息获取更多、更全面的产品信息，降低了对特定产品网站信息的依赖度。因此，降低替代品的吸引力能够强化网站信息与购后失调之间的负向关系。据此提出以下研究假设。

假设 H6 - 7：替代产品吸引力负向调节网站信息与购后失调之间的负向关系，即替代产品的吸引力越低，网站信息对购后失调的影响作用越大。

6.3.1.2　感知风险的调节作用和中介作用

由于无法实地考察和体验产品，加之网络零售商的虚拟性，消费者在网络购物中感知的交易风险高于传统实体店购物（Mitchell & Boustani，1993）。在网络购物环境中，感知风险对消费者的消费决策有重要影响作用（福赛斯和史，2004）。彼得和瑞安（Peter & Ryan，1976）将感知风险定义为"与购买相关的损失预期"，并认为其是抑制购买决策的消极影响因素。金和福赛斯（Kim & Forsythe，2010）研究指出，顾客感知的风险越高，他们在线购买商品的意愿和可能性越低。风险感知作为顾客决策时的重要心理变量，对顾客购买过程中的心理认知有重要影响作用（Macneil &

Macintyre，2009）。

调查分析显示，随着客户感知风险降低，他们对网站的信任度增加（Dragan & Ana，2015）。降低感知风险有利于提高顾客的初始信任水平，初始信任有利于提升其他因素对不确定系统接受程度的影响作用（Zhang et al.，2019）。网络购物作为高交易风险的零售渠道，顾客需要借助网站信息来获取产品知识形成产品预期，当顾客感知风险较低时，顾客形成的初始信任更高，更有利于网站信息对产品预期作用的发挥。因此，当消费者的感知风险较低时，他们对网站信息的信任度较高，网站信息对产品期望和购后失调的影响作用更大。根据感知风险水平对网站信息作用的调节，提出以下研究假设。

假设 H6 - 8：感知风险负向调节网站信息与购后失调间的影响关系，即网络购物中的感知风险越低，网站信息对购后失调的负向作用越强。

网络购物中，替代产品的可得性和竞争性会影响顾客购买决策的难度。崔和阿卢瓦利亚（Choi & Ahluwalia，2013）指出，高水平的替代品吸引力会导致顾客购买商品决策难度增加，进而增大他们对购买交易不确定性和风险的感知。范和何（2015）认为，竞争性替代产品的增多会增加购买决策的复杂性，从而让顾客体验到焦虑、后悔等不舒服情感，增强他们的交易感知风险。因此，本节研究提出以下假设。

假设 H6 - 9：替代产品的吸引力对顾客感知风险有正向影响作用。

结合研究假设 H6 - 7 ~ 假设 H6 - 9，本节研究提出，低水平的替代产品吸引力能够强化网站信息与购后失调之间的负向关系，并且这种调节效应会通过影响顾客感知风险而发挥作用。这种被中介调节效应可以通过网络购物平台上电子零售商的网页视频技术的投资实例来说明。淘宝网为其电子零售商提供了产品的视频展示技术支持，每个电子零售商都可以在网站上传 1 ~ 3 分钟的产品视频，帮助消费者更好地了解商品。作为一项产品展示的网页技术支持，视频展示提高了顾客对网站信息的感知质量，进而降低了顾客的购后失调。根据研究假设 H6 - 7 和假设 H6 - 8，当消费者面临的替代方案较少，且替代产品竞争力较弱时，这些视频技术对购后失调的降低作用更显著；当顾客在当前交易中感知的风险较低时，顾客的初始信任水平较高，对网页上展示的产品信息信任度更高，视频技术对购后失调的降低作用更显著；同时依据研究假设 H6 - 9，当顾客面临较少替代产品且替代品竞争力较弱时，由于缺乏有竞争力的替代产品，顾客感知的交易风险较低。因此，综合上面三个研究假设可以得出推理假设：低水平替代产品吸引力对网站信息与购后失调影响关系的强化作用，是由于缺乏有竞争力的替代产品导致顾客的感知风险较低，低水平感知风险强化了网站信息与购后失调之间的负向关系。爱德华兹和兰伯特（2007）指出，当调节效应可以借助中介过程来解释时，第Ⅱ类被中介调节效应就会存在。帕特和贝尼托（Martos-Partal & González-Benito，2011）应用这类被中介调节效应去研究学习不一致性对战略共识和公司绩效关系的作用。本节研究提出以下假设。

假设 H6 - 10：替代产品吸引力对网站信息与购后失调之间关系的调节作用可以通过顾客感知风险进行中介传递。

6.3.1.3　顾客购买参与的再调节作用

购买参与（purchase involvement）是指消费者在购买决策过程中花费了多少时间、精力和其他资源（Beatty & Kahle，1988）。当客户高度参与在线购物时，他们倾向于在做出购买决定之前全面搜索和阅读来自各电子零售商或购物平台的产品信息和顾客评论（Chang & Tseng，2014）。由于他们高度参与了购买决策，这些顾客对待初期认知的态度往往更加稳定（Chang & Tseng，2014）。较低参与度的购买行为通常是由于冲动驱使导致的冲动购买，使感知风险增加（Vonkeman，Verhagen & Van Dolen，2017）。苏德和卡图里亚（Sood & Kathuria，2004）发现，购买参与是消费者认知替代产品吸引力的决定因素之一。基于参与理论，本节研究认为购买参与可能是调节替代品吸引力作用的重要因素。王忠宇和吴立伟（Wang & Wu，2012）关于参与度调节作用的研究也支持了这个命题，指出当购买参与度较高时，替代产品吸引力对再购意愿会产生更大的负向影响。

只有当顾客高度参与购买决策过程，才能更好地了解替代产品的可得性和竞争力，对他们的购买决策有更大的信心，交易的感知风险更低，网站信息对购后失调的影响作用更显著。因此，高度的购买参与能够有效补偿替代产品吸引力对网站信息和购后失调之间关系的调节作用。相反，当顾客的购买参与度较低时，替代产品吸引力对网站信息与购后失调之间关系的负向调节作用将会减弱。本节研究提出以下假设。

假设 H6 - 11：购买参与、替代产品吸引力和网站信息在影响购后失调时存在互动效应。购买参与能够强化替代产品吸引力的负向调节效应，即顾客购买参与度越高，替代产品吸引力对网站信息与购后失调之间关系的调节作用越强。

综合上述研究假设，绘制出本节研究的理论概念模型，如图 6 -2 所示。

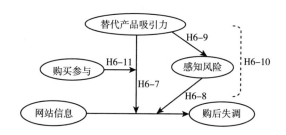

图 6 - 2　本节研究概念模型

6.3.2　研究设计

6.3.2.1　变量测量

调查问卷包括网站信息、购后失调、购买参与、替代产品吸引力和感知风险共计五个结构潜变量。网站信息和购后失调两个变量的测量同第 5.3 节的研究设计。问卷采用李克特 5 点量表测量，1 表示"同意"，5 表示"不同意"。选取性别、受教育水平、家庭年收入、家庭规模和工作性质五个人口统计学变量作为控制变量。

第一，替代产品吸引力。依据卡卡（Kakar，2016）和蔡等（Chuah et al.，2017）的研究设计，本节研究从销售渠道、同类产品和性价比三个方面设计替代产品吸引力的测量题项。卡卡（2016）采用题项"如果我需要更改搜索引擎，还有其他优秀的搜索引擎可供选择"度量优秀替代方案的可得性。蔡等（2017）则强调降价或增值是吸引竞争对手客户的两项重要营销手段。三个题项分别是：（1）从其他渠道购买过同类产品；（2）很容易从其他卖家买到类似产品；（3）能买到性价比差不多甚至更好的同类产品。前两个题项强调替代产品的可得性，第三个题项关注于替代产品的竞争力。分析结果显示，所有题项的因子负载都高于0.5，因子的组合信度为0.769、平均方差抽取量为0.528。

第二，感知风险。依据斯雷亚和拉文登兰（Sreya & Raveendran，2016）、内波穆切诺等（Nepomuceno et al.，2014）的研究设计，本节研究从产品风险和表现风险两个方面，设计了三个题项来测量网络购物中顾客感知风险。三个题项分别是：（1）我担心卖家会发错货；（2）我担心收到的产品与网站上描述的不一样；（3）我担心产品效果不能像预期的那样。前两项有关产品风险的题项借鉴了斯雷亚和拉文登兰（2016）的设计，第三项有关表现风险的题项参考了内波穆切诺等（2014）的设计。分析结果显示，所有题项的因子负载都高于0.5，因子的组合信度为0.805、平均方差抽取量为0.579。

第三，购买参与。参考布鲁维尔和坎普萨诺（Bruwer & Campusano，2018）、腾和鲁（Teng & Lu，2016）的研究设计，本节研究从信息搜索和评论关注两个方面，设计了三个题项来测量顾客在网络购物中的参与度。三个题项分别是：（1）购买前，我在线搜索了相关产品销售信息，了解哪里销售我想购买的产品；（2）购买前，我认真搜索和阅读了相关产品信息；（3）购买前，我非常关注在线顾客评论，尤其是负面评论。第一个题项（销售信息搜索）和第三个题项（顾客评论关注）源自布鲁维尔和坎普萨诺（2018）的设计，第二个题项（产品信息搜索）参考了腾和鲁（2016）的设计。分析结果显示，所有题项的因子负载都高于0.5，因子的组合信度为0.827、平均方差抽取量为0.616。

6.3.2.2 数据分析方法

本节研究按照以下步骤对数据进行分析处理。首先，使用 Mplus 软件对本节研究涉及的潜变量进行验证性因子分析，检验相关变量的信度和效度，测量模型的数据拟合度。其次，对相关变量进行描述性统计分析和相关分析。

最后，根据第2章介绍的相关方法，对调节效应、被中介调节效应，以及双重调节效应进行检验。

6.3.3　研究结果

6.3.3.1　验证性因子分析

本部分共涉及网站信息、购后失调、替代产品吸引力、感知风险和购买参与五个潜变量，对这五个变量测量模型进行验证性因子分析。相关信度和效度系数分析结果如表6-11所示。

表6-11　　　　　　　　　验证性因子分析和信度效度检验

变量	测量指标	标准化负荷	Cronbach's α	组合信度 CR	AVE
网站信息	评价内容	0.802	0.747	0.774	0.541
	好评比例	0.839			
	产品描述	0.526			
购后失调	感觉不需要	0.548	0.923	0.924	0.607
	心里不舒服	0.779			
	感到失望	0.852			
	感觉决策失误	0.795			
	感到郁闷	0.855			
	感到被欺骗	0.844			
	感觉出了问题	0.811			
	描述不一致	0.698			
替代产品吸引力	买过同类产品	0.658	0.720	0.769	0.528
	买到类似产品	0.827			
	买到更好产品	0.683			
感知风险	担心发错货	0.755	0.803	0.805	0.579
	担心产品与描述不一致	0.806			
	担心产品效果	0.719			
购买参与	销售信息搜索	0.744	0.833	0.827	0.625
	产品信息搜索	0.843			
	关注顾客评论	0.763			

五个潜变量的克朗巴赫 α 系数都高于 0.70 的建议标准，说明量表具有较高的信度。五个潜变量的组合信度（CR）都高于 0.75，说明测量模型的内在质量理想。所有测量指标在各自结构变量上的因子负荷都高度显著，且大于 0.5，意味着基本适配指标理想，潜变量的内在效度较高。另外，五个结构变量的平均方差抽取量（AVE）都高于临界值 0.5，说明五个变量的测量结构具有较高的聚合效度。因此，五个潜变量具有良好的信度和效度。

利用 Mplus6.0 统计软件对理论模型与数据的拟合情况进行检验，分析结果如表 6-12 所示。$\chi^2 = 590.033$、$df = 160$（$\chi^2/df = 3.868$，$p = 0.000$），由于统计量 χ^2 与样本量高度相关，其显著性不适合作为拒绝五因素模型的原因。结果还显示，比较拟合指数（CFI）为 0.908、Tucker-Lewis 指数（TLI）为 0.901，CFI 和 TLI 两个指数都高于临界值 0.9，说明测量模型与样本数据具有高度增量拟合度。近似的均方根方差指数（RMSEA）为 0.074，其 95% 的置信区间为（0.068，0.081），指数估计值与上下区间值基本低于 0.08，且显著性 $p = 0.000$；标准化的均方根残差（SRMR）为 0.055；RMAEA 和 SRMR 两个指数都低于临界值 0.08，说明测量模型与样本数据具有良好的绝对拟合度。综上所述，五个潜变量测量模型与样本数据的拟合度在统计学上是可以接受的。

表 6-12   **研究模型拟合度检验结果**

χ^2 检验			RMSEA			CFI	TLI	SRMR
值	df	p	值	90% C. I.	P(< =0.05)			
590.033	160	0.000	0.074	(0.068, 0.081)	0.000	0.908	0.901	0.055

除五因素基准模型外，本节研究还将其与另外四个竞争模型相比较，分别是：四因素模型 1（替代产品吸引力 + 购买参与、感知风险、网站信息、购后失调）、三因素模型（替代产品吸引力 + 购买参与 + 感知风险、网站信息、购后失调）、二因素模型（替代产品吸引力 + 购买参与 + 感知风险 + 网站信息、购后失调）和单因素模型。将本节研究的五因素基准测量模型与这四个竞争模型的拟合指标比较，分析结果如表 6-13 所示。结果显示其他四

个竞争模型的数据拟合度较差，只有本节研究的五因素测量模型的拟合指标
符合评价要求。

表 6 - 13　　　　　　　　　　竞争模型整体拟合度比较

模型	χ^2/df	RMSEA	CFI	TLI	SRMR
五因素模型	3.868	0.074	0.908	0.901	0.055
四因素模型	6.452	0.095	0.846	0.822	0.106
三因素模型	9.646	0.120	0.751	0.717	0.125
二因素模型	11.844	0.134	0.685	0.645	0.140
单因素模型	15.950	0.157	0.562	0.511	0.142

6.3.3.2　描述性统计分析和相关分析

变量的描述性统计和相关分析结果如表 6 - 14 所示。结果显示，购后失
调与替代品吸引力、感知风险显著正相关，与购买参与显著负相关；感知风
险与替代品吸引力显著正相关。这些相关研究结论为后续因果分析研究提供
了初步依据。

6.3.3.3　假设检验

（1）替代产品吸引力的调节效应检验。

将性别、受教育水平、家庭年收入、工作性质和家庭规模五个人口统计
学变量作为控制变量，将网站信息作为自变量，将购后失调作为因变量，将
替代产品吸引力作为调节变量，使用逐层回归方法验证研究假设 H6 - 7 的调
节效应。逐层回归分析结果如表 6 - 15 所示。其中，模型 M6 - 30 是购后失
调对五个控制变量的回归分析模型；模型 M6 - 31 考察购后失调与网站信息、
替代产品吸引力的线性回归关系；模型 M6 - 32 考察购后失调与网站信息、
替代产品吸引力以及交互项（网站信息×替代产品吸引力）的线性回归
关系。

表6-14　　描述性统计及相关分析结果

变　量	均值	标准差	1	2	3	4	5	6	7	8	9
1. 性别	0.30	0.458	1								
2. 受教育水平	3.88	0.994	0.035	1							
3. 家庭年收入	1.93	0.977	-0.025	0.192***	1						
4. 工作性质	4.13	2.404	0.061	-0.358***	-0.115**	1					
5. 家庭规模	2.42	0.756	0.050	-0.200***	0.022	0.218**	1				
6. 网站信息	3.81	0.779	0.063	0.060	-0.042	-0.0013	-0.028	1			
7. 购后失调	2.83	1.068	-0.103*	0.008	0.011	-0.0124	0.057	-0.293***	1		
8. 替代品吸引力	3.44	0.980	0.044	-0.023	0.045	-0.015	0.098*	0.026	0.362***	1	
9. 感知风险	3.12	1.091	0.025	-0.162**	-0.131	0.105**	0.025	0.132**	0.149***	0.241***	1
10. 购买参与	4.27	0.762	-0.024	-0.080*	-0.048	-0.088*	0.006	0.399***	-0.069+	0.184***	0.181***

注：*** $P<0.001$，** $P<0.01$，* $P<0.05$，+ $P<0.1$。

表6-15 替代产品吸引力的调节效应检验结果

变 量	购后失调		
	模型 M6-30	模型 M6-31	模型 M6-32
性别	-0.105*	-0.102*	-0.099**
受教育水平	0.016	0.004	0.005
家庭年收入	0.001	-0.025	-0.019
工作性质	-0.028	-0.024	-0.031
家庭规模	0.072+	0.025	0.024
网站信息		-0.297***	-0.293***
替代品吸引力		0.374***	0.360***
网站信息×替代品吸引力			0.117**
R^2	0.016	0.235	0.248
ΔR^2	0.016	0.219***	0.013**
F	1.914	26.150***	24.572***

注：$+p<0.1$，$*p<0.05$，$**p<0.01$，$***p<0.001$。

将模型 M6-31 与模型 M6-32 进行比较可以发现，相比于模型 M6-31，引入网站信息与替代产品吸引力的交互项后，模型 M6-32 的 ΔR^2 显著，且模型 M6-32 中交互项回归系数（网站信息×替代产品吸引力）为正数且显著（$\beta_{交互}=0.117$、$p=0.001$）。结合网站信息对购后失调的负向影响关系可知，替代产品吸引力对网站信息与购后失调的负向关系起负向调节作用，即替代产品吸引力越低，网站信息对购后失调的负向影响作用越大。

为了进一步验证替代品吸引力的负向调节效应，以其均值的上下各一个标准差作为高低组，针对两组样本进行回归分析和比较。结果显示，在替代品吸引力高的样本组中，网站信息对购后失调的总效应系数为 $\beta_h=-0.261$（$p_h=0.002$）；在替代品吸引力低的样本组中，网站信息对购后失调的总效应系数为 $\beta_l=-0.544$（$p_l=0.002$）；高—低样本组间的效应差异显著（$\Delta\beta=0.282$、$p=0.020$），组间效应差异的 95% 置信区间为（0.086，0.475），由于置信区间不包括零，故替代产品吸引力高、低样本组之间网站信息对购后失调的影响作用存在明显差异。因此,网络购物中替代产品吸引力会对网站信息与购后失调的负向关系起负向调节作用,替代产品吸引力越低,网站信息对购后失调的抑制作用越显著。

综上可知,研究假设 H6-7 得到支持。为了更加直观地展示替代产品吸引力对网站信息与购后失调之间关系的负向调节作用,图 6-3 展示了在替代品吸引力高、低两组水平上,网站信息与购后失调负向关系的大致趋势。由图 6-3 可知,对于替代品吸引力低的网络购物样本而言,购后失调关于网站信息回归直线的斜率更大,即网站信息对购后失调的负向影响作用更加显著。因此,低水平的替代品吸引力有利于强化网站信息与购后失调的负向关系。

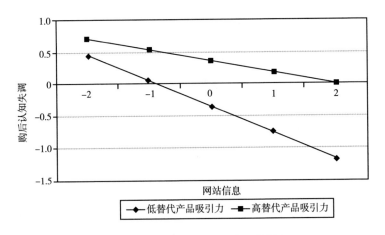

图 6-3 替代产品吸引力的调节效应

(2) 感知风险的调节效应检验。

控制变量、自变量和因变量的设置保持不变,将感知风险作为调节变量引入回归模型,采用相同的方法构建三个线性回归模型 M6-33~模型 M6-35,检验感知风险对网站信息与购后失调影响关系的调节作用(回归分析结果见表 6-16)。模型 M6-33 是购后失调对五个控制变量的回归分析模型;模型 M6-34 考察购后失调与网站信息、感知风险的线性回归关系;模型 M6-35 考察购后失调与网站信息、感知风险以及交互项(网站信息×感知风险)的线性回归关系。

表 6 - 16　　　　　　　　　　感知风险的调节效应检验结果

变　量	购后失调		
	模型 M6 - 33	模型 M6 - 34	模型 M6 - 35
性别	- 0.105 *	- 0.089 *	- 0.094 *
受教育水平	0.016	0.017	0.020
家庭年收入	0.001	0.012	0.015
工作性质	- 0.028	- 0.050	- 0.046
家庭规模	0.072 +	0.062	0.058
网站信息		- 0.312 ***	- 0.306 ***
感知风险		0.201 ***	0.190 ***
网站信息 × 感知风险			0.108 **
R^2	0.016	0.135	0.147
ΔR^2	0.016	0.120 ***	0.012 **
F	1.914	13.338 ***	12.814 ***

注：$+p<0.1$，$*p<0.05$，$**p<0.01$，$***p<0.001$。

将模型 M6 - 34 与模型 M6 - 35 进行比较可以发现，相比于模型 M6 - 34，引入网站信息与感知风险的交互项后，模型 M6 - 35 的 ΔR^2 显著，且模型 M6 - 35 中交互项回归系数（网站信息 × 感知风险）为正数且显著（$\beta_{交互}$ = 0.108、$p=0.005<0.01$）。结合网站信息对购后失调的负向影响关系可知，感知风险对网站信息与购后失调的负向关系起负向调节作用，即顾客感知风险水平越低，网站信息对购后失调的负向影响作用越大。

为了进一步验证和了解感知风险的负向调节效应，以其均值的上下各一个标准差作为高低组，针对两组样本进行回归分析和比较。结果显示，在感知风险高的样本组中，网站信息对购后失调的总效应系数为 $\beta_h = -0.289$（$p_h=0.001$）；在感知风险低的样本组中，网站信息对购后失调的总效应系数为 $\beta_l = -0.551$（$p_l=0.000$）；高—低样本组间的效应差异显著（$\Delta \beta = 0.262$、$p=0.036$），组间效应差异的 95% 置信区间为（0.050，0.453），由于置信区间不包括零，故感知风险高、低样本组之间网站信息对购后失调的影响作用存在明显差异。因此，网络购物中顾客感知风险会对网站信息与购后失调的负向关系起负向调节作用，感知风险越低，网站信息对购后失调的抑制作用越显著。

综合以上分析可知，研究假设 H6 - 8 得到支持。为了更加直观地展示感知风险对网站信息与购后失调之间关系的负向调节作用，图 6 - 4 展示了在感知风险高、低两个水平组上，网站信息与购后失调负向关系的大致趋势。由图 6 - 4 可知，对于感知风险低的网络购物样本而言，购后失调关于网站信息回归直线的斜率更大，即网站信息对购后失调的负向影响作用更加显著。因此，低水平的感知风险有助于强化网站信息与购后失调的负向关系。

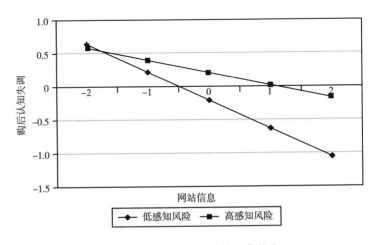

图 6 - 4　替代品吸引力的调节效应

（3）感知风险的中介效应检验。

控制变量、自变量和因变量的设置保持不变，将替代产品吸引力作为调节变量、感知风险作为中介变量引入回归模型，使用逐次回归分析法检验感知风险对替代产品吸引力调节效应的中介作用。共构建了五个回归模型，分别为模型 M6 - 36 ~ 模型 M6 - 40。其中，模型 M6 - 36 是感知风险对控制变量的线性回归模型；模型 M6 - 37 考察感知风险与替代产品吸引力的线性回归关系；模型 M6 - 38 是购后失调对控制变量的线性回归模型；模型 M6 - 39 考察购后失调与网站信息、替代产品吸引力，以及交互项（网站信息×替代产品吸引力）的线性回归关系；模型 M6 - 40 考察购后失调与网站信息、感知风险、替代产品吸引力、交互项 1（网站信息×替代产品吸引力）和交互项 2（网站信息×感知风险）的线性回归关系。逐次线性回归的检验结果如表 6 - 17 所示。

表6-17 引入退货政策考量的逐次回归检验结果

变量	感知风险		购后失调		
	模型 M6-36	模型 M6-37	模型 M6-38	模型 M6-39	模型 M6-40
性别	0.025	0.014	-0.105 *	-0.099 **	-0.104 **
受教育水平	-0.129 **	-0.122 **	0.016	0.005	0.019
家庭年收入	-0.100 *	-0.112 **	0.001	-0.019	-0.006
工作性质	0.047	0.057	-0.028	-0.031	-0.034
家庭规模	-0.009	-0.033	0.072 +	0.024	0.025
网站信息				-0.293 ***	-0.303 ***
感知风险					0.102 **
网站信息×感知风险					0.073 *
替代产品吸引力		0.249 ***		0.360 ***	0.333 ***
网站信息×替代产品吸引力				0.117 **	0.097 **
R^2	0.039	0.100	0.016	0.248	0.264
ΔR^2	0.039 ***	0.061 ***	0.016 +	0.233 ***	0.015 **
F	4.907 ***	11.116 ***	1.914 +	24.572 ***	21.231 ***

注：$+p<0.1$，$*p<0.05$，$**p<0.01$，$***p<0.001$。

模型 M6-37 中，感知风险关于替代产品吸引力的回归系数为正且显著（$\beta=0.249$、$p=0.000$），表明感知风险与替代产品吸引力之间的正向关系显著存在。因此，网络购物中替代产品吸引力将正向影响顾客感知风险，即替代产品吸引力越高，顾客感知风险越高，研究假设 H6-9 得到支持。

综合分析，替代产品吸引力和感知风险都对网站信息与购后失调间负向影响关系具有负向调节作用，且替代品吸引力正向影响顾客感知风险，根据陈晓萍等（2012）的研究结论，可以推知替代产品吸引力会通过感知风险对网站信息与购后失调间负向关系起负向调节作用，即感知风险中介了替代品吸引力的负向调节作用（类型Ⅱ被中介调节效应）。下面采用第2章的验证方法来加以验证，相关回归系数意义同第2章中式（2-9）、式（2-10）和式（2-11）。

综合模型 M6-37、模型 M6-39 和模型 M6-40 可以发现，模型 M6-39 中交互项系数（网站信息×替代产品吸引力）c_3 显著（$c_3=0.117$、$p=0.001$），模型 M6-37 中替代产品吸引力对感知风险的影响系数 a_2 显著

($a_2 = 0.249$、$p = 0.000$），模型 M6 – 40 中交互项系数（网站信息 × 感知风险）b_2 显著（$b_2 = 0.073$、$p = 0.048$）。由于 $a_2 \neq 0$、$b_2 \neq 0$ 且显著，说明感知风险传递了替代产品吸引力对网站信息与购后失调的调节效应。另外，由于模型 M6 – 40 中交互项系数（网站信息 × 替代产品吸引力）c_3' 显著（$c_3' = 0.097$、$p = 0.008$），但是系数值和显著性都降低了，因此，替代产品吸引力对网站信息与购后失调之间关系的调节效应只是部分通过感知风险进行传递，故感知风险对替代产品吸引力的调节作用发挥部分中介作用。另外，使用 Bootstrap 法计算乘积系数 $a_2 b_2$ 的 95% 置信区间为（0.004，0.043），由于置信区间不包括零，故被中介调节效应显著不为零。因此，感知风险部分中介了替代产品吸引力对网站信息与购后失调间负向关系的调节效应得到了统计结果的支持。研究假设 H6 – 10 得到支持。

（4）购买参与的双重调节效应检验。

控制变量、自变量和因变量的设置保持不变，将替代产品吸引力作为调节变量、购买参与作为双重调节变量引入回归模型中，使用逐层线性回归方法构建三个模型。模型 M6 – 41 是购后失调对控制变量的线性回归模型；模型 M6 – 42 考察购后失调与网站信息、替代产品吸引力、购买参与、网站信息与替代产品吸引力交互项、网站信息与购买参与交互项、替代产品吸引力与购买参与交互项的线性回归关系；模型 M6 – 43 在模型 M6 – 42 的基础上进一步加入了网站信息、替代产品吸引力和购买参与三个变量的交互项。双重调节效应检验结果如表 6 – 18 所示。

表 6 – 18　　　　　　　购买参与的再调节效应检验结果

自变量	购后失调		
	模型 M6 – 41	模型 M6 – 42	模型 M6 – 43
性别	– 0.105 *	– 0.099 **	– 0.098 **
受教育水平	0.016	– 0.005	– 0.004
家庭年收入	0.001	– 0.021	– 0.022
工作性质	– 0.028	– 0.036	– 0.034
家庭规模	0.072 +	0.023	0.021
网站信息		– 0.286 ***	– 0.306 ***

续表

自变量	购后失调		
	模型 M6 – 41	模型 M6 – 42	模型 M6 – 43
替代产品吸引力		0. 360 ***	0. 324 ***
购买参与		– 0. 064 *	– 0. 045
网站信息 × 替代品吸引力		0. 171 ***	0. 168 ***
网站信息 × 购买参与		– 0. 101 *	– 0. 047
替代品吸引力 × 购买参与		– 0. 080 +	– 0. 045
网站信息 × 替代品吸引力 × 购买参与			0. 121 **
R^2	0. 016	0. 262	0. 271
ΔR^2	0. 016 +	0. 247 ***	0. 009 **
F	1. 914 +	19. 136 ***	18. 297 ***

注：$+p < 0.1$，$*p < 0.05$，$**p < 0.01$，$***p < 0.001$。

将模型 M6 – 42 与模型 M6 – 43 进行比较可以发现，相比于模型 M6 – 42，在引入交互项（网站信息 × 替代产品吸引力 × 购买参与）后，模型 M6 – 43 的 ΔR^2 显著，三个变量交互项系数为正数且显著（$\beta = 0.121$、$p = 0.009$）。结合模型 M6 – 42 和模型 M6 – 43 中交互项（网站信息 × 替代产品吸引力）的回归系数为正数、网站信息的回归系数为负数可知，购买参与对替代产品吸引力的负向调节效应起正向调节作用，即顾客购买参与度越高，替代产品吸引力对网站信息与购后失调的调节作用越显著。因此，购买参与的双重调节效应显著存在，购买参与能够强化替代产品吸引力对网站信息与购后失调影响关系的调节作用。

为了进一步验证和了解购买参与对替代产品吸引力调节效应的强化作用，以购买参与的均值上下各一个标准差分别作为高、低水平组，针对两组样本进行回归分析和比较。结果显示，对于高度购买参与的样本组，替代产品吸引力对网站信息与购后失调影响关系的调节效应值为 $\beta_h = 0.296$（$p_h = 0.000$），调节效应显著；对于低度购买参与的样本组，替代产品吸引力对网站信息与购后失调影响关系的调节效应值为 $\beta_l = 0.118$（$p_l = 0.067$），调节效应显著性水平较低；高—低样本组间的调节效应差异显著（$\Delta\beta = 0.178$、$p = 0.026$），组间效应差异值的 95% 置信区间为（0.061，0.314），由于置信区间不包括零,故购买参与的高、低样本组之间替代产品吸引力的调节效应存在明显差异。因此,顾客购买参与度对替代产品吸引力调节效应的再调节作用显著,只有当顾客高度参与购买过程时,替代产品吸引力对网站信息与购后失调之间关系的负向调节作用才会显著存在。

图 6-5 展示了在顾客购买参与度高、低两组水平上,替代产品吸引力对网站信息与购后失调之间关系调节作用的大致趋势。由图 6-5 可知,对于顾客高度参与购买过程的样本组,替代产品吸引力对网站信息与购后失调影响关系的调节作用非常明显;对于顾客低度参与购买过程的样本组,替代产品吸引力的调节作用并不明显。因此,顾客购买参与度能够强化替代产品吸引力的调节作用。研究假设 H6-11 得到支持。

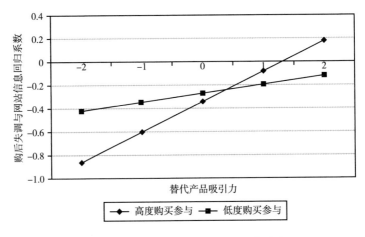

图 6-5 顾客购买参与的双重调节效应

6.3.4 研究结论与讨论

6.3.4.1 研究结论

本节研究重点关注网络购物环境中替代产品吸引力对网站信息与购后失调影响关系的调节效应,探讨了顾客感知风险对这一调节效应的中介作用,以及顾客购买参与度对这一调节效应的再次调节作用。研究发现以下四点。

(1) 替代品吸引力对网站信息与购后失调负向影响关系有负向调节作

用，替代品吸引力越弱，网站信息对购后失调负向影响作用越显著。作为转换障碍的一个重要维度，替代品吸引力意味着顾客更换产品或零售商的吸引力，包含着替代品可得性和竞争力两层含义。作为顾客心理冲突的重要度量因素，认知失调往往与顾客转换行为紧密相连。顾客经历购后失调可能会去搜索信息或寻找其他替代产品或零售商（Gbadamosi，2009），进而更换产品或转换供应商（Zeelenberg & Pieters，1999）。鲍尔斯和杰克（2013）的研究更是验证了转换障碍对购后失调的积极影响作用。与现有研究不同的是，本节研究不再局限于将替代品吸引力看作购后顾客转换行为的条件，而是将其作为购前顾客获取产品知识的信息来源，探讨替代品吸引力通过对顾客预期的影响，对所购产品网站信息作用的调节效应。研究发现，替代产品能够被作为购买产品知识的重要信息替代渠道，当替代产品可得性和竞争力较低时，顾客会更加依赖所购产品的网站信息来形成产品预期，导致网站信息对顾客购后失调的影响更加显著。

（2）感知风险对网站信息与购后失调的负向关系有负向调节作用，顾客感知风险越低，网站信息与购后失调的负向关系越显著。感知风险是消费者对网络交易潜在不确定性和消极结果的看法（Kim，Ferrin& Rao，2008），是顾客对网络购物态度的关键预测。作为两个重要的消费者认知变量，感知风险与认知失调影响关系的研究得到了一些学者的关注。金和福赛斯（2010）、麦金太尔和麦克尼尔（Macneil & Macintyre，2009）等研究表明，顾客购前感知风险会增强其购后失调。格科克等（Gökcek et al.，2019）研究发现，感知风险不仅会正向影响顾客认知失调，还会对顾客决策方式与认知失调之间关系产生调节作用。结合现有相关研究结论，本节研究重点关注感知风险对网络购物中购后失调形成机制的调节作用。消费者网络购物决策很大程度上依赖于购买产品的网站信息，因此，本节研究探讨感知风险对网站信息与认知失调影响关系的调节效应。研究发现，网络购物中当顾客的感知风险越低，网站信息与购后失调的关系越显著，即低水平感知风险能够强化网站信息在顾客网络购物决策中的心理作用。

（3）替代品吸引力正向影响顾客感知风险，替代品吸引力的调节效应部分通过感知风险作用于网站信息与购后失调的影响关系。现有研究发现，替代产品的可得性和竞争力会增强购买决策的难度，进而让顾客产生焦虑、后悔等情感，增强了顾客感知风险（崔和阿卢瓦利亚，2013；范和何，2015）。这样的结论在本节研究中得到了证实，在对替代品吸引力与感知风险关系加以验证的基础上，结合另外两个调节效应，本节研究首次检验了感知风险对替代品吸引力调节效应的中介作用。研究发现，替代品吸引力对网站信息与购后失调影响关系的调节效应会部分通过感知风险发挥作用，即替代产品的吸引力通过增强顾客网络交易的感知风险，使网站信息对购后失调的负向影响作用减弱。相反，当顾客发现替代产品可得性和竞争力较低时，顾客做出购买决策的难度和感知交易风险较低，进而增强了对所购买网站上信息的信任度，致使网站信息对顾客产品预期及后续心理认知失调影响作用增强。

（4）顾客在网络购物过程中的购买参与度会进一步调节替代产品吸引力对网站信息与购后失调关系的调节作用，当顾客高度参与网络购物过程时，替代产品吸引力的调节作用更显著。购买参与是指顾客在购买过程中消耗了多少时间、精力和其他资源，高度购买参与意味着顾客搜索了同类产品的销售信息、认真了解并比较了同类替代产品。因此，购买参与一直被认为是顾客认知替代品吸引力的决定因素之一（苏德和卡图里亚，2004）。将这一研究成果与本节中替代品吸引力的调节作用相结合，本节研究首次提出顾客的购买参与是替代品吸引力影响网站信息与购后失调影响关系的先决条件，只有顾客高度参与购物过程，替代品吸引力的调节效应才会显著。研究发现，顾客购买参与对替代品吸引力的调节效应的再调节作用是显著存在的，替代品吸引力对网站信息与购后失调影响关系的调节作用，依赖于顾客高度参与到购买决策过程中。

6.3.4.2　理论价值与实践启示

本节研究的理论价值在于以下三点。

（1）本节研究首次探讨了替代品吸引力对购后失调形成机理的调节作用。现有研究都是基于将替代品吸引力作为顾客转换意愿或行为的影响因子，探讨替代品吸引力或转换障碍对顾客认知失调或退货意愿的影响，注重于替代品吸引力在购后阶段的心理影响作用。本节研究从产品信息渠道的角度，探讨替代产品和网站信息对产品信息获取的互补作用，从购前预期形成角度探讨替代产品对认知失调形成的调节作用。替代品吸引力调节作用的验证不仅丰富了网络购物消费者退货领域的认知失调理论，更是挖掘了替代产品吸引力除转换障碍子维度外的另一个购前作用角色，为将来其他类似研究提供了一定的理论启示。

（2）本节研究进一步从购前预期形成的角度探讨了感知风险对购后失调形成机理的调节作用，以及对替代品吸引力调节效应的中介作用。网站信息和替代产品作为网络购物顾客获取产品知识的重要信息渠道，感知风险调节作用和中介作用的验证进一步完善了产品知识和信息对顾客认知失调的影响机制。另外，感知风险对购前网站信息作用的调节作用，以及对替代品吸引力调节效应的中介作用，丰富了购前交易情境因素对购后失调影响效应的作用边界。

（3）本节研究验证了购买参与对替代品吸引力调节效应的再调节作用，挖掘了替代品吸引力对顾客认知失调心理的影响条件，研究结论解释了高度参与购买过程对于替代品吸引力认知的必要性。这不仅验证了购买参与是顾客感知替代品吸引力认知的先决条件，更是将该发现应用于探索网络购物顾客购后失调的形成机制。相关研究结论揭示了购买参与作为条件因素，对购前影响因素与购后失调影响关系的调节作用，对后续相关理论研究具有一定的启示作用。

本节研究的实践意义在于以下三点。

（1）替代品吸引力对网站信息与购后失调之间关系的负向调节作用表明，网站信息对购后失调的负向影响作用在替代品吸引力较弱时更为显著，因为替代产品是网站信息的重要信息补充渠道，当替代产品可得性较低、竞争力较弱时，顾客主要依赖网页上的产品信息和评论信息形成产品预期，进而影响购后失调。替代产品与网站信息在产品预期形成中的互补作用对电子零售商的网站建设具有重要的启示作用。替代产品吸引力较低，一方面意味着电子零售商销售产品的专业性较强或全网同类销售量较少时，顾客通过其他渠道获知产品性能和表现的可能性和信息量很少；另一方面意味着电子零售商销售的商品竞争力较强，相比于其他替代产品具有明显优势，其他替代产品的相关信息无法充分展示该销售商的产品优势。当替代产品吸引力较低时，电子零售商必须加强网站信息建设，不仅要通过图片、视频、在线仿真等技术帮助消费者更好地了解和体验产品，还要对网站上顾客评论进行整理分析，帮助消费者更好地利用顾客评论。

（2）感知风险对网站信息与购后失调之间关系的负向调节作用表明，网站信息对购后失调的负向作用在顾客感知风险较低时更为显著，因为网站信息对顾客产品预期形成的作用依赖于顾客对网站信息的信任度，只有当顾客充分信任产品网页上的信息时，这些信息才会显著影响顾客的产品预期和后续认知失调情感。此外，感知风险受替代品吸引力的正向影响，当替代产品可得性和竞争力较高时，顾客购买决策难度加大，导致购买决策不确定性增强，顾客感知风险加大。感知风险的调节作用和对替代品吸引力调节效应的中介作用都意味着，电子零售商必须关注网络销售中顾客感知风险对购后失调的重要影响，有效降低顾客购前感知风险是电子零售商进行网站建设的重要先决条件。因此，各大网络销售平台必须关注在线交易的风险管理，从商家认证、产品质量、品牌真伪、售后服务、资金安全等各方面改善平台管理，降低消费者在平台上购物的感知风险，为电子零售商改善网站信息建设提供全面保障。

（3）顾客购买参与对替代品吸引力调节效应的再次调节作用表明，替代产品吸引力对网站信息与购后失调影响关系的调节作用，会受到顾客购买参与程度的再次调节。如果顾客在预购买阶段没有认真比较销售信息和阅读评论信息，对替代产品相关信息缺乏了解和比较，将导致替代品吸引力作为调节变量的存在基础薄弱。由于顾客购买模式与其性格特征相关，有一定的惯性，网络销售平台和销售企业需要通过大数据挖掘技术，通过分析顾客平时的消费习惯，以及预购买阶段相关浏览行为，了解顾客购前对相关信息的搜寻努力。对于高度购买参与的消费者，替代品吸引力对网站信息与顾客购后失调影响关系的调节作用得以强化，分析全网替代品吸引力对于网站信息建设至关重要；反之，对于低度购买参与的消费者，替代品吸引力对网站信息影响作用的调节效应被削弱甚至消失。

6.4　本章小结

　　本章将零售网站上产品描述信息与在线顾客评论合并构成了新的研究构念——网站信息，基于期望理论和认知失调理论提出网站信息通过购后失调对退货意愿的影响作用，研究发现，高水平的网站信息（详细准确的产品信息和积极的顾客在线评论）对消费者退货行为具有显著的抑制作用。此外，研究表明，购后失调对于解释网站信息对退货意愿的影响作用具有重要意义，揭示了网站信息对退货意义的心理影响机理。通过将顾客特征属性（受教育水平、主观退货意愿和购买参与）和交易情境变量（替代品吸引力）作为调节变量，研究发现，这些变量对网站信息的心理影响作用具有重要的调节效应，进而从顾客特征和交易情境特征两方面探索了网站信息心理影响作用的边界条件。

第7章 网络零售商竞争力对退货意愿的作用机制研究

7.1 引　　言

中国是近十年来全球网络零售市场发展速度最快的国家。相关统计数据表明，2010 年亚太地区网络零售市场的全球占比为 32%，北美地区占比 39%，西欧地区占比 26%，其他地区占比 3%[①]；2017 年亚太地区网络零售市场的全球占比增长至 60%，北美地区占比 21%，西欧地区占比 15%，其他地区占比 4%，七年内亚太地区网络市场在全球的占比增长近 1 倍。2019 年全球网络零售额增长率为 20.7%，亚太地区增长率为 25%，中国增长率为 27.3%；2019 年，网络零售销售额将占全球零售总额的 14% 左右，美国网络零售额占其总零售额的 11% 左右，而中国网络零售市场交易规模约占社会消费品零售总额的 25.8%[②]。从发展速度和社会零售市场地位来看，中国网络零售行业的发展相较于全球而言更为超前。

中国网络零售市场近年来的快速发展和在全球网络零售行业中的地位，意味着中国网络零售业正在步入快速成长期，B2C 网络零售市场的迅速发展是我国网络零售市场进入这一阶段的重要标志。在网络零售市场发展初期，进入壁垒较低，市场竞争激烈，网络零售商主要以价格优势吸引顾客。伴随

[①] 资料来源：电子商务研究中心：《2010～2011 年度全球电子商务研究报告》。

[②] 资料来源：www.eMarket.com，笔者整理。

着网络零售市场快速增长及趋向成熟，网购顾客由关注价格转向关注质量，品牌意识提升，更偏好于从具有完备产品品质的购物平台上和销售商处购买产品。网络销售商的综合实力及替代产品的吸引力成为影响网络销售商竞争力的重要因素，也成为影响顾客退货意愿的重要因素。

网络销售商的综合实力不仅会在购前阶段作为强信号被用于甄别产品质量，还会在购后阶段作用于顾客认知失调情感的缓解，因此，探讨在线销售商的综合实力对购后失调和顾客退货意愿的作用有重要意义。伴随着网络销售市场中竞争者和竞争产品的增多，顾客消费行为趋于理性化，顾客消费决策不仅取决于销售商的综合实力，还依赖销售渠道中其他替代产品的竞争力。购后失调的产生是由于顾客需要从一系列各具优势的产品选项中进行抉择，选择某个产品意味着放弃了其他产品的优点。备选产品选择的难易程度会对顾客购后失调产生不同程度的影响，选择越困难，越容易产生购后失调，且失调程度更高。选择决策难度取决于被选产品的数量、替代产品的竞争力等。因此，替代产品的可得性和竞争力也会成为影响顾客购后失调进而影响退货意愿的重要因素。

本章基于消费者偏好理论，将网络零售商综合实力和替代产品吸引力作为顾客购后行为的影响因子，探讨这两个因素对顾客购后失调和退货意愿的影响机理。在此基础上探讨性别和家庭年收入等人口统计学变量，以及情境规范、退货简便性、过往经历、价格水平等因素对主效应的调节作用，分析网络零售商综合实力和替代产品吸引力影响效应的作用条件。

7.2　网络销售商综合实力对购后失调和退货意愿的影响

调查研究发现，网络购物销售中大多数交易是顾客与网络零售商的首次交易，增大了网络交易的不确定性和风险（Grabner-Krauter & Kaluscha，2008），使消费者信任对于网络销售商至关重要（Grabner-Krauter & Kaluscha，2008），甚至被认为是制约电子商务发展的最重要因素之一（Kim & Tadisina，2007）。与重复购买顾客不同，首次交易的新顾客无法依赖于过往经验形成对销售商的信任（Kim & Tadisina，2007）。由于没有过往交易经验，顾客会基于网络零售商声誉、网站特征和网络购物环境等认知印象形成初始信任（McKnight，Cummings & Chervany，2002）。根据信号理论，网络购物顾客会通过搜索传达零售商信誉的二手强信号（McKnight，Cummings & Chervany，2002），如经营时间、运营渠道和卖家规模等（珍娜帕等，2000），形成对在线零售商的初始信任。

网络销售商所传递的信誉信号会通过影响网络购物顾客的初始信任，进而作用于顾客心理认知和后续退货行为。沃尔什等（2016）将在线零售商声誉作为一种强信号，探讨其对网络购物退货的影响机制。明尼玛等（2016）将在线顾客评价作为信号，探讨其对网络购物退货的影响作用。还有学者将零售商类型、销售品牌、店铺规模等销售商特征作为调节变量，分析其对于顾客退货行为或意愿形成机理的影响（Walsh et al.，2016；帕特和贝尼托，2011；Park & Stoel，2005）。在网络购物环境下，由于相关信息的不透明和不全面，以及交易时间的紧迫性，顾客往往很难获取在线零售商全面准确的相关信誉信息，顾客倾向依据容易收集、简单的相关零售商信息判断网络零售商的实力，并据此形成初始信任。这些信息可能包括网络零售商的信用等级、店铺运营年龄、销售品牌、销售产品丰富度、零售商类型等。现有研究缺乏零售商实力信号对于消费者认知失调和退货行为的影响机制和路径的探索，导致相关理论研究对实践的指导意义受限。

本章研究通过品牌知名度、网络零售商类型和产品丰富度三个指标刻画顾客对网络销售商实力的感知，基于认知失调理论，探索网络销售商实力对顾客购后失调和退货意愿的影响机制。本节研究重点关注以下两个问题：一是网络零售商实力对退货意愿的影响，以及购后失调的中介作用；二是考察性别、家庭年收入两个人口统计变量，以及网络购物情境规范和退货简便性对零售商实力影响作用的调节效应。

7.2.1　理论基础与研究假设

7.2.1.1　网络零售商实力

有学者将网络销售商声誉作为销售商实力的重要信号，探讨其对网络购物销售行为的影响机理（Walsh & Beatty，2007）。良好的销售商声誉代表销售商具有较高的综合实力和隐性质量，能够更加有效地降低消费者的购前感知风险（Lee et al.，2012）和网络购物决策的不确定性（Walsh & Beatty，2007）。如同对低价格产品寄予较低的质量期望一样，从声誉良好的零售商处购买商品往往会提升顾客对交易和产品的预期满意度（Roggeveen，Bharadwaj & Hoyer，2007）。除了通过购前预期影响顾客购买决策外，销售商声誉象征的综合实力还会在购买后阶段起到重要启示作用（森贝斯等，2014），通过强化顾客购买信心进而影响顾客的购后心理和退货决策。良好声誉形成了更高的初始信任从而使得顾客更加信赖网络零售商（Thorelli，Jee & Jong，1989），当出现购后失调消极情感时，顾客更倾向于借助调整预期、积极心理暗示等策略来缓解心理失调（Szajna & Scamell，1993），从而降低顾客的退货需求和意愿。这种购后增强购买产品积极偏好的心理调整策略，是消费者用于避免认知失调的心理防御措施（Kim & Wansink，2012）。因此，网络零售商声誉有助于降低消费者退货意愿（Walsh et al.，2016）。

良好的销售商声誉既可以在交易各方之间充当可靠的纽带，降低交易成本和顾客感知风险，增加消费者信任，也是有效的市场准入壁垒（Walsh & Beatty，2007），因而销售商声誉的感知对于消费者而言至关重要。在网络销售环境中，交易环境的虚拟性导致顾客不能通过亲身体验感知销售产品和销售环境，难以通过实地考察直观地观测销售商的信誉情况。根据信号传递机制，在相关直接信息缺失或难以获取的情况下，网络购物顾客会通过搜集和分析网络购物平台展示的相关信息来评估网络销售商的信誉。沃尔什和比蒂（Walsh & Beatty，2007）从五个维度来诠释销售商声誉：以顾客为导向、良好雇员形象、可靠且经济实力较强、产品和服务质量和社会生态责任。这些维度对于传统实体销售企业而言，顾客可以通过已有知识、当地口碑、购买经历、售前售中体验等方面加以感知。然而，对于网络零售商而言，由于交易随机性、信息有限性以及网络环境虚拟性，导致顾客很难获取这些相关声誉信息。因此，顾客需要借助其他易于获取且能够反映销售商信誉的信息来评估网络零售商声誉。

沃尔什等（2016）实证研究发现，销售商的专业性会影响消费者退货行为，专卖店的产品退货率要高于综合商店。张仙锋（2008）基于信任理论研究发现，销售商的规模会影响网络购物顾客对网络零售商的信任。此外，品牌被认为是顾客信任形成的重要信息来源，随着品牌熟悉度和知名度的提高，消费者对品牌的信心增加，进而降低了交易的感知风险（Park & Stoel，2005）。齐尔克和多贝尔斯坦（Zielke & Dobbelstein，2007）研究指出，商店品牌定位对顾客的首次购买意愿和重复购买意愿都具有重要影响作用。当顾客对产品质量的关注高于价格时，商店品牌对客户忠诚度有显著的积极影响（帕特和贝尼托，2011），具有良好口碑的品牌会降低退货可能性。

阿里巴巴一直以来都是我国网络购物行业的先驱者和主导者，从最早C2C 网络购物模式的兴起，发展到以天猫为代表的 B2C 网络购物模式的大力推进，以及支付宝数据支付技术的开发与运用等，阿里巴巴旗下淘宝网成为我国乃至亚洲的最大网络零售平台。基于淘宝网购物平台上网络零售商的相关信息，结合网络购物消费者访谈和文献研究结论整理，本章研究从品牌类型、网络零售商类型以及产品丰富度三个方面来度量网络销售商实力。网络销售商的产品品牌知名度越高、产品种类越丰富，意味着该网络销售商综合实力越强；另外，企业型销售商实力强于个人型销售商，平台经营销售商实力强于一般企业型销售商。伴随着网络销售商实力的上升，顾客感知的交易风险和不确定性下降，购后预期满意度越高，购后失调水平越低，退货意愿越低。本章研究提出以下假设。

假设 H7 - 1：网络销售商实力对网络购物顾客的退货意愿有负向影响作用。

假设 H7 - 2：网络销售商实力对购后失调有负向影响作用。

假设 H7 - 3：购后失调在网络销售商实力对顾客退货意愿的影响中发挥中介作用。

7.2.1.2 情境规范

麦克奈特、卡明斯和切尔维尼（McKnight，Cummings & Chervany，1998）将情境规范定义为"因为情境正常而相信成功是可能的信念"。这个概念传递了这样一种信念：由于情境是正确和合适有序的，故而预期成功结果是可能的（Lewis & Weigert，1985）。尤萨夫扎伊等（Yousafzai et al.，2005）将对企业的信任分解为结构保证和情境规范两部分，从而将情境规范界定为顾客信任形成的必要要素。穆尼奥斯·莱瓦等（Muñoz-Leiva et al.，2010）研究指出，情境规范是信任的一个重要前因维度，会对顾客信任产生积极影响。苏和汉（Suh & Han，2002）研究发现，情境规范中的感知有用性有助于顾客形成对网上银行的持续信任。余和阿斯加卡尼（Yu & Asgarkhani，2015）通过研究电子银行的消费者信任发现，情境规范是顾客信任电子银行的关键构成因素。温格林和巴格里昂（Wingreen & Bagli-one，2005）研究发现，在消除隐私问题的影响后，情境规范有利于增强顾客对在线书店的信任感知。

国内外学者进一步将情境规范概念引入网络销售领域。麦克奈特、卡明斯和切尔维尼（1998，2002）研究指出，在网络销售环境下，规范感知有利于增强顾客舒适感，进而促进信任信念的形成，并提出了有用性、易用性、需求兼容性等情境规范指标。鄢平等（2014）研究表明，情境规范是网络购物顾客对网络零售商形成信任和不信任的关键前置因素。盖尔特和严（2004）研究表明，网络购物情境因素（易用性、需求吻合度）会影响消费者的网络购物决策。伊斯特里克和洛兹（2011）研究指出，情境规范会通过影响顾客对网络零售商的初始信任，进而影响顾客的购买意愿。

初始信任会作用于顾客购后失调和退货行为等。初始信任能够影响顾客购后认知冲突导致的心理情感变化，能够有效缓解购后失调导致的消极情感（盖尔特和严，2004）。此外，伊斯特里克和洛兹（2011）研究发现，网络购物交易环境下顾客的初始信任会对顾客后续消费行为产生重要影响。周等（2018）以阿里巴巴电子金融为研究对象，发现信任是顾客满意度与持续交易意愿影响关系的重要调节变量。因此，本章研究认为，网络购物的情境规范通过作用于顾客信任对退货意愿的形成机理产生重要调节效应。当情境规范水平较低时，顾客对网络购物形成的初始信任水平较低，导致顾客退货意愿形成机理得以强化；反之，高水平情境规范增强了顾客初始信任水平，从而削弱了顾客退货意愿的形成机理。本章研究提出以下假设。

假设 H7 - 4a：情境规范负向调节网络零售商实力与退货意愿的负向关系，即低水平网络销售情境规范会增强网络零售商实力对退货意愿的影响作用。

假设 H7 - 4b：情境规范负向调节中介效应"网络零售商实力—购后失调—退货意愿"的后半路径，即低水平网络销售情境规范会强化网站信息通过购后失调影响顾客退货意愿的作用机理。

7.2.1.3　退货简便性

由于网络购物环境的虚拟性、缺乏对产品的亲身感知和体验，以及物流和商流的分离，网络购物往往存在颜色尺寸适应性低和产品质量达不到预期等问题，造成网络购物风险远高于传统购物（Mollenkopf et al.，2007）。因此，网络销售商会借助于宽松的退货政策和标准化的退货服务，来降低顾客交易前的感知风险和增加顾客购买意愿。然而，退货政策和退货服务不仅有利于增强顾客的购买意愿，也会刺激顾客交易后的退货行为（伍德，2001）。宽松的退货政策正是通过降低顾客退货难度和提升顾客退货可行性，即提升退货保障来降低顾客购买决策的不确定性，故宽松的退货政策会增加顾客交易后的退货可能性（金和丹尼斯，2006；King，Denis & Wright，2008）。兰兹和约尔特（2013）研究指出，退货政策宽松度对顾客退货意愿有显著的直接正向影响，且在诸多退货影响因素中表现出越来越强的作用。

现有研究表明，销售商可以从三个方面调整其退货政策——退货期限、退货努力和退款比例（Posselt，Gerstner & Radic，2008；Su，2009）。亚纳基拉曼和奥尔多涅斯（Janakiraman & Ordóñez，2012）通过探讨退货期限和退货努力对顾客退货行为的影响作用发现，退货努力会调节退货政策与退货意愿的影响关系。有学者研究发现，顾客对退货政策的熟悉度和满意度，能够强化退货政策与消费者退货行为的影响关系（Daugherty，Myers & Richey，2002）。安德里亚森（Andreassen，2000）从退货服务的角度研究发现，良好的退货服务能够提升顾客的综合质量感知水平，进而提高顾客忠诚度和避免顾客退货行为。兰兹和约尔特（2013）研究指出，宽松的退货交付服务会降低顾客退货难度，进而导致退货率和退货总价值的增加。阿桑和拉曼

（Ahsan & Rahman，2016）采用交互公平、程序公平、结果公平三个维度共计 16 个指标对退货服务加以界定，其中一些指标所诠释的正是退货过程的简单和便捷性。退货简便性越高，退货越简单和便捷，意味着顾客退货所需付出的努力越小，从而促使顾客退货意愿的增强。

基于以上分析，本章研究认为退货简便性对网购顾客退货意愿的形成有重要调节作用，当退货简便程度较高时，顾客退货所需付出的努力较低，进而增强了顾客的退货意愿；反之，当退货简便程度较低时，顾客退货所需付出的努力较高，退货对于网络购物顾客而言繁琐难行，进而弱化了顾客的退货意愿。本章研究提出以下假设。

假设 H7-5a：退货简便性正向调节中介效应"网络零售商实力—购后失调—退货意愿"的后半路径，即网络购物退货简便程度越高，网络零售商实力导致的购后失调对退货意愿的影响作用越显著。

假设 H7-5b：退货简便性正向调节网络零售商实力与退货意愿的负向关系，即网络购物退货简便性较高时，顾客退货行为努力更低，网络零售商实力对顾客退货意愿的负向影响关系得以强化。

7.2.1.4　性别与家庭年收入的调节作用

现有研究表明，不同性别消费者购物时的关注点不同，女性更加关注于花色品种、社交互动和浏览欣赏等，而男性则更加关注于信息获取和便利性寻求等（诺布尔、格里菲斯和阿杰，2006）。与男性消费者相比，女性消费者更倾向于将购物作为一种休闲活动（Dholakia，1999），她们对与零售商的互动更为敏感和感兴趣（Babakus & Yavas，2008），更多表现出冲动购物的特征（Dittmar & Drury，2000；Roberts，1998）。不同性别消费者网购产品类别存在差异性，男性消费者更多购买的是传达独立和活动的工具和休闲用品，而女性消费者倾向于购买外观和自我识别方面的自我认同类商品（Dittmar，Beattie & Friese，1995；Granot，Greene & Brashear，2010）。男性和女性消费者在购买决策动机上也存在差异（诺布尔、格里菲斯和阿杰，2006），女性消费者购买决策更注重服务质量，而男性则更注重产品质量，这种决策差异导致双方在情感失调和行为忠诚方面表现出不同（Babakus & Yavas，2008）。

男性消费者更具有风险喜好特点，他们更愿意承担风险（Areni & Kiecker，1993）。在网络购物环境下，女性比男性消费者更倾向于寻找多种线索来降低交易不确定性，购买决策更加依赖和借鉴多种渠道的信息（Darley & Smith，1995）。鉴于不同性别消费者在购物关注点、决策依据和决策冲动性等方面的差异，本章研究认为，性别会对网络零售商实力的心理认知和退货意愿影响机理产生调节作用。网络零售商实力作为交易风险规避信号作用于顾客对零售商的信任，进而缓解顾客心理消极情感和退货意愿，因此网络零售商实力的影响作用对于女性消费者而言会更为显著。本章研究提出以下假设。

假设 H7-6：性别能够调节中介效应"网络零售商实力—购后失调—退货意愿"的前半路径，只有针对女性顾客，网络零售商实力通过购后失调影响退货意愿的作用显著。

除性别外，家庭年收入也会对消费者的网络使用和网络购物行为产生重要影响（Dholakia & Uusitalo，2002；McGoldrick & Collins，2007）。纽恩斯和塞斯佩德斯（Nunes & Cespedes，2003）研究指出，具有相同统计学特征的消费者往往倾向于选择相似的购物渠道和消费模式。王湘红和王曦（2009）研究表明，相对收入较高消费者的消费倾向受退货政策影响更大。张蓓佳（2017）研究发现，网络退货政策宽松度对高收入水平消费者的影响要高于低收入水平消费者。网络退货政策作用是影响购后失调转变为顾客退货意向的重要条件，家庭年收入对退货政策作用的影响效应，意味着家庭年收入会对购后失调与退货意愿影响关系发挥调节作用。对于高收入消费群体而言，网络退货政策的影响作用更大，购后失调会使得顾客更倾向于退回不满意的产品。

此外，斯宾塞等（Spence et al.，1970）研究指出，不同社会经济群体的风险感知存在差异，具有较高收入的顾客往往感知更低的交易风险。王秀丽和田祯炜（2011）调查发现，针对高风险的网络购物而言，高收入消费者往往表现出更强的网络购买力。经历购后失调后，顾客退货决策会受退货感知风险的影响，具有更强购买能力的高收入顾客感知的风险水平更低，退货意愿更强烈。故本章研究提出以下假设。

假设 H7 - 7：家庭年收入正向调节中介效应"网络零售商实力—购后失调—退货意愿"的后半路径，对于高家庭年收入的消费者，网络零售商实力导致的购后失调对退货意愿的正向影响更显著。

本节的理论研究概念模型如图 7 - 1 所示。

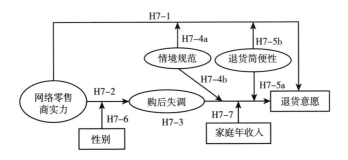

图 7 - 1　本节研究概念模型

7. 2. 2　研究设计

本节研究使用的是与第 5 章研究同一次的调查数据，故有关样本描述在此不再赘述。

7. 2. 2. 1　变量测量

调查问卷包括网络零售商实力、购后失调、退货意愿、情境规范、退货简便性、性别和家庭年收入共计七个结构变量。其中，网络零售商实力、购后失调、情境规范和退货简便性是潜变量，性别、家庭年收入和退货意愿是单因素变量。调查问卷的问题采用李克特 5 点量表测量，1 表示"同意"，5 表示"不同意"。

自变量——网络零售商实力。鉴于网络零售商实力目前没有可用的测量量表，本节研究在沃尔什等（2016）、帕特和贝尼托（2011）相关研究结论的基础上，以在校大学生为调查对象，通过消费者座谈的形式了解网络购物顾客在决策过程中用于评估零售商实力的特征变量，最终确定从品牌、店铺类别和产品丰富度三个方面设计网络零售商实力的度量题项，分别用来度量零售商销售产品的品牌知名度、网络零售商类型，以及店铺销售产品的种类丰富度。

中介变量——购后失调。购后失调的测量设计与第 5 章研究设计相同，采用八个测量题项。

因变量——退货意愿。与第 5 章研究设计相同，参考李（2015）的研究设计，运用五点量表测量受访者一次网络购物经历的退货意愿，1 表示"强烈要求退货"，5 表示"不愿意退货"。

调节变量 1——情境规范。情境规范的测量设计与第 4 章的研究设计相同，基于伊斯特里克和洛兹（2011）的研究，从网络购物优势、需求吻合等方面，共设计了四个题项对网络购物的情境规范加以测量。

调节变量 2——退货简便性。退货简便性用以度量退货过程的简易和便捷性，本节研究基于阿桑和拉曼（2016）的研究设计，从互动便利、解决方案和优质服务三个方面，采用三个题项进行测量，分别为：（1）容易与店铺或平台联系和交流；（2）卖家给出了较为满意的解决方案；（3）针对信用等级提供优质退货服务。

调节变量 3——家庭年收入。依据我国家庭年收入等级划分，将家庭年收入分为四个等级，分别是低家庭年收入（低于 8 万元）、中等家庭年收入（8 万 ~ 15 万元）、较高家庭年收入（15 万 ~ 30 万元）和高家庭年收入（30 万元及以上）。

调节变量 4——性别。调查问卷中，0 表示女性受访者，1 表示男性受访者。

控制变量。本节研究仍然是将性别、家庭年收入、受教育水平、家庭规模和工作性质五个人口统计学变量作为控制变量，探讨性别和家庭年收入的调节作用时，将相应变量从控制变量集中释放。

7.2.2.2　数据分析方法

对反向题反向计分后，本节研究按照以下步骤对数据进行分析处理。首先，使用统计软件 Mplus 对本节研究涉及的四个潜变量进行验证性因子分析，同时检验相关变量的信度和效度，以及测量模型的数据拟合度。其次，对研究变量进行描述性统计分析和相关分析，初步判断变量之间的相关关系。最后，运用逐次回归等分析方法对本节研究涉及的主效应、中介效应和调节效应等研究假设进行检验。

7.2.3　研究结果

7.2.3.1　验证性因子分析

本节研究共涉及网络零售商实力、购后失调、情境规范和退货简便性四个潜变量，对这些潜变量进行验证性因子分析，相关信度和效度系数分析结果如表 7 - 1 所示。结果显示，四个潜变量的克朗巴赫 α 系数都高于 0.70 的建议标准，说明量表具有较高的信度。四个潜变量的组合信度（CR）都高于 0.70，说明测量模型的内在质量理想。所有测量指标在各自变量的因子负荷都高度显著，且大于 0.5，意味着基本适配指标理想，潜变量的内在效度较高。另外，除网络零售商实力的 AVE 稍低于 0.5 外，其他三个变量的 AVE 都高于 0.5，说明结构变量的测量结构具有较高聚合效度。因此，四个潜变量具有良好的信度和效度。

表 7 - 1　　　　　　验证性因素分析信度和效度检验

变量	测量指标	标准化负荷	Cronbach's α	组合信度 CR	AVE
购后失调	感觉不需要	0.548	0.923	0.924	0.607
	心里不舒服	0.779			
	感到失望	0.852			
	感觉决策失误	0.795			
	感到郁闷	0.855			
	感到被欺骗	0.844			
	感觉出了问题	0.811			
	描述不一致	0.698			
退货简便性	联系交流	0.716	0.760	0.773	0.538
	满意方案	0.875			
	优质服务	0.579			

变量	测量指标	标准化负荷	Cronbach's α	组合信度 CR	AVE
情境规范	经常网络购物	0.654	0.789	0.802	0.507
	网络购物优势	0.732			
	需求吻合	0.832			
	简单便捷	0.609			
网络零售商实力	品牌格次	0.645	0.703	0.741	0.489
	卖家类型	0.763			
	产品丰富度	0.685			

利用 Mplus7.4 对测量模型与数据的拟合度进行检验，分析结果如表 7-2 所示。其中，$\chi^2 = 616.594$、$df = 179$（$\chi^2/df = 3.445$，$p = 0.000$），由于统计量 χ^2 与样本量高度相关，其显著性水平在此不作为拒绝理论模型的原因。结果还表明，比较拟合指数 CFI = 0.923、Tucker-Lewis 指数 TLI = 0.910，两个指数都高于 0.9，表明测量模型与数据具有较高的相对拟合度；近似的均方根方差指数 RMSEA = 0.064，其 90% 的置信区间为（0.059，0.070），显著性水平 p = 0.000；标准的均方根残差 SRMR = 0.050；由于 RMSEA 和 SRMR 两个指数都低于临界值 0.08，说明测量模型与样本数据具有良好的绝对拟合度。综上所述，本节研究四个潜变量的测量模型与样本数据拟合度较高，四因素测量模型是可以接受的。

表 7-2 研究模型拟合度检验

χ^2 检验			RMSEA			CFI	TLI	SRMR
值	df	p	值	90% C. I.	p			
616.594	179	0.000	0.064	(0.059，0.070)	0.000	0.923	0.910	0.050

为了进一步检验测量模型与样本数据的拟合情况，本节研究提出了三个竞争测量模型，分别是：三因素模型（网络零售商实力、情境规范 + 退货简便性、购后失调）、二因素模型（网络零售商实力 + 情境规范 + 退货简便性、购后失调）和单因素模型。将本节研究的四因素基准测量模型与其他三个竞争模型的拟合指标进行比较，分析结果如表 7-3 所示。结果显示，其他三个

竞争模型的拟合度较差，只有四因素模型的拟合指标符合统计要求。

表 7 – 3 竞争模型整体拟合度比较

模型	χ^2/df	RMSEA	CFI	TLI	SRMR
四因素模型	3.445	0.064	0.923	0.910	0.050
三因素模型	7.952	0.108	0.773	0.744	0.093
二因素模型	9.693	0.121	0.713	0.680	0.100
单因素模型	14.709	0.152	0.546	0.495	0.142

综合信度和效度分析结果，四变量的测量模型具有较高的信度和效度，符合统计学要求，能够支持进一步的统计学分析。

7.2.3.2 描述性统计分析和相关分析

所有变量的描述性统计和相关分析结果如表 7 – 4 所示。结果显示，网络购物顾客的退货意愿与网络零售商实力、退货简便性和情境规范显著负相关，与购后失调显著正相关；购后失调与性别、网络零售商实力和退货简便性显著负相关，这些为后续研究提供了初步依据。

7.2.3.3 假设检验

（1）主效应和中介效应的检验。

将性别、受教育水平、家庭年收入、工作性质和家庭规模等人口统计学变量作为控制变量，将网络零售商实力作为自变量、购后失调作为中介变量、退货意愿作为因变量，使用层次回归方法验证假设 H7 – 1 ~ 假设 H7 – 3 的主效应和中介效应，分析结果如表 7 – 5 所示。其中，模型 M7 – 1 和模型 M7 – 3 分别是购后失调和退货意愿对控制变量的线性回归模型。参考巴伦和肯尼（1986）的研究观点，验证主效应和中介效应的三个线性回归模型分别为：模型 M7 – 2 考察购后失调与网络零售商实力之间的线性回归关系，模型 M7 – 4 考察退货意愿与网络零售商实力之间的线性回归关系，模型 M7 – 5 考察退货意愿与网络零售商实力、购后失调之间的回归关系。

表 7-4　描述性统计及相关分析结果

变　量	均值	标准差	1	2	3	4	5	6	7	8	9
1. 性别	0.29	0.455	1								
2. 受教育水平	3.88	0.987	0.035	1							
3. 家庭年收入	1.92	0.970	-0.026	0.193***	1						
4. 工作性质	4.13	2.422	0.062	-0.359***	-0.115**	1					
5. 家庭规模	2.42	0.751	0.050	-0.201***	0.023	0.219***	1				
6. 网络零售商实力	3.25	0.952	0.250***	0.063	0.024	-0.025	0.051	1			
7. 退货简便性	3.73	0.953	-0.036	-0.007	0.025	-0.037	-0.024	0.110**	1		
8. 情境规范	3.79	0.795	-0.068+	0.108**	0.106**	-0.152***	-0.092*	-0.025	0.278***	1	
9. 购后失调	2.83	1.070	-0.103*	0.008	0.012	-0.025	0.057	-0.201***	-0.185***	-0.072+	1
10. 退货意愿	3.51	1.192	-0.067+	0.046	0.048	-0.053	-0.001	-0.207***	-0.081*	-0.021	0.397***

注：*** $p < 0.001$，** $p < 0.01$，* $p < 0.05$，+ $p < 0.1$。

表 7 - 5   主效应和中介效应回归检验结果

自变量	购后失调		退货意愿		
	模型 M7 - 1	模型 M7 - 2	模型 M7 - 3	模型 M7 - 4	模型 M7 - 5
性别	0. 104 *	0. 056	0. 065	0. 012	- 0. 009
受教育水平	- 0. 009	- 0. 017	- 0. 036	- 0. 044	- 0. 038
家庭年收入	0. 004	- 0. 002	- 0. 042	- 0. 049	- 0. 048
工作性质	- 0. 032	- 0. 036	- 0. 045	- 0. 050	- 0. 036
家庭规模	- 0. 096 *	- 0. 103 *	- 0. 036	- 0. 043	- 0. 005
网络零售商实力		- 0. 191 ***		- 0. 209 ***	- 0. 139 ***
购后失调					0. 368 ***
R^2	0. 020	0. 054	0. 012	0. 053	0. 181
ΔR^2	0. 020	0. 034 ***	0. 012	0. 041 ***	0. 128 ***
F	2. 387 *	5. 656 ***	1. 476	5. 583 ***	18. 927 ***

注: $+p < 0.1$, $*p < 0.05$, $**p < 0.01$, $***p < 0.001$。

由表 7 - 5 可以看出，模型 M7 - 4 中网络零售商实力对退货意愿的负向影响作用显著存在（$\beta = - 0.209$、$p = 0.000$），因此网络零售商实力将负向影响退货意愿，网络零售商实力越高，顾客网购退货意愿越低，假设 H7 - 1 得到支持。模型 M7 - 2 中网络零售商实力对顾客购后失调负向影响作用显著存在（$\beta = - 0.191$、$p = 0.000$），网络零售商实力越强，顾客购后失调水平越低，假设 H7 - 2 得到支持。

将模型 M7 - 4 与模型 M7 - 5 相比较可以发现，相比于模型 M7 - 4，引入变量购后失调后，模型 M7 - 5 中网络零售商实力对退货意愿影响系数的显著性虽然未变，但是回归系数明显减小（$- 0.209 \rightarrow - 0.139$），故购后失调部分中介网络零售商实力对退货意愿的影响作用，网络零售商实力既直接影响顾客退货意愿，又会通过购后失调间接影响退货意愿。使用偏差校正的百分位 Bootstrap 法计算网络零售商实力→购后失调→退货意愿中介效应的系数置信区间，得到中介效应系数 ab 的 95% 置信区间分别为 [- 0.133, - 0.060]，不包括零，故中介效应显著不为零，网络零售商实力经购后失调传递的中介效应占总效应的比例为 33.63%，假设 H7 - 3 得到支持。

（2）调节效应的检验。

参考温忠麟和叶宝娟（2014a）的研究观点，采用层次回归方法对假设

H7-4 的调节效应进行检验。将自变量和调节变量进行中心化处理后，构建相应线性回归方程模型描述变量之间的关系。

①情境规范的调节效应检验。

共构建了六个线性回归方程检验假设 H7-4a 和假设 H7-4b 的调节效应。其中，模型 M7-6 和模型 M7-8 分别是购后失调和退货意愿对控制变量的线性回归模型；模型 M7-7 考察购后失调与网络零售商实力、情境规范，以及交互项（网络零售商实力×情境规范）之间的线性回归关系；模型 M7-9 考察退货意愿与网络零售商实力、情境规范的线性回归关系；模型 M7-10 考察退货意愿与网络零售商实力、情境规范，以及交互项（网络零售商实力×情境规范）之间的线性回归关系；模型 M7-11 考察退货意愿与网络零售商实力、情境规范、购后失调，以及交互项（网络零售商实力×情境规范、购后失调×情境规范）之间的线性回归关系。情境规范的调节效应相关检验结果如表 7-6 所示。

表 7-6　　　　被调节中介效应检验（调节变量——情境规范）

自变量	购后失调		退货意愿			
	模型 M7-6	模型 M7-7	模型 M7-8	模型 M7-9	模型 M7-10	模型 M7-11
性别	0.104*	0.060	0.065	0.014	0.018	-0.005
受教育水平	-0.009	-0.018	-0.036	-0.044	-0.036	-0.028
家庭年收入	0.004	-0.011	-0.042	-0.053	-0.047	-0.040
工作性质	-0.032	-0.046	-0.045	-0.055	-0.059	-0.037
家庭规模	-0.096*	-0.097*	-0.036	-0.040	-0.044	-0.008
网络零售商实力		-0.193***		-0.210***	-0.202***	-0.130**
情境规范		-0.083*		-0.044	-0.040	-0.003
网络零售商实力×情境规范		-0.009			0.084*	0.091*
购后失调						0.374***
购后失调×情境规范						0.063+
R²	0.020	0.060	0.010	0.054	0.061	0.192
ΔR²	0.020*	0.000	0.010	0.044***	0.007*	0.180***
F	2.387*	4.778***	1.153	4.870***	4.828***	14.133***

注：+p<0.1，*p<0.05，**p<0.01，***p<0.001。

将模型 M7 - 9 和模型 M7 - 10 进行比较可以发现，相比于模型 M7 - 9，引入网络零售商实力与情境规范的交互项后，模型 M7 - 10 的 ΔR^2 显著，交互项系数为正数且显著（$c_3 = 0.084$、$p = 0.037$）。结合网络零售商实力对退货意愿的负向影响作用可知，情境规范对网络零售商实力与退货意愿的负向关系起负向调节作用，网络购物的情境规范水平越低，网络零售商实力对退货意愿的负向影响作用越大。

综合分析模型 M7 - 7、模型 M7 - 10 和模型 M7 - 11，由于模型 M7 - 10 中网络零售商实力与情境规范交互项对退货意愿的影响显著（$c_3 = 0.084$、$p = 0.037$），即未考虑中介效应时，情境规范会正向调节网络零售商实力对退货意愿的总效应；模型 M7 - 7 中网络零售商实力对购后失调影响系数显著（$a_1 = -0.193$、$p = 0.000$），网络零售商实力与情境规范交互项对购后失调的影响不显著（$a_3 = -0.009$、$p = 0.828$）；模型 M7 - 11 中购后失调对退货意愿的影响显著（$b_1 = 0.374$、$p = 0.000$），购后失调与情境规范交互项对退货意愿的影响显著（$b_2 = 0.063$、$p = 0.058$），网络零售商实力与情境规范交互项对退货意愿的影响显著（$c_3' = 0.091$、$p = 0.015$）；由于系数 a_1 和 b_2 显著，根据叶宝娟等（2013）的研究结论，情境规范调节了中介效应（网络零售商实力→购后失调→退货意愿）的后半路径，又由于模型 M7 - 11 中网络零售商实力与情境规范交互项对退货意愿的影响显著（$c_3' = 0.091$、$p = 0.015$），故情境规范调节网络零售商实力与退货意愿的直接效应。使用偏差校正的百分位 Bootstrap 法计算 a_1b_2、a_3b_1 和 a_3b_2 的置信区间，系数乘积 95% 的置信区间分别为：a_1b_2［- 0.044，- 0.002］、a_3b_1［- 0.051，0.035］、a_3b_2［- 0.017，0.005］。只有 a_1b_2 的置信区间不包括零，其他两个系数乘积的置信区间都包括零，进一步验证了情境规范对零售商实力间接效应后半路径的调节作用。

为了再次检验被调节中介效应（爱德华兹和兰伯特，2007），把网络零售商实力对退货意愿的直接效应、间接效应和总效用按照情境规范不同水平分别进行模拟运算和比较，结果如表 7 - 7 所示。高—低情境规范组间的后半路径、直接效应和总效应都表现出显著差异；后半路径间接效应组间差异值 95% 的置信区间为［0.001，0.264］，直接效应组间差异值 95% 的置信区间为［0.107，0.454］，总效应组间差异值 95% 的置信区间为［0.044，0.408］，均不包括零，故情境规范关于网络零售商实力的直接效应、后半路径间接效应和总效用的调节效应显著。因此,情境规范不仅调节网络零售商实力对退货意愿的直接效应,还调节其间接影响作用的后半路径,假设 H7 - 4a 和假设 H7 - 4b 得到支持。

表 7 - 7　　　　　　　　　情境规范调节效应检验结果

组别	前半路径效应 ($X - M$)	后半路径效应 ($M - Y$)	间接效应 ($X - M - Y$)	直接效应	总效应
高情境规范	- 0.214***	0.354***	- 0.076*	- 0.281***	- 0.356***
低情境规范	- 0.243***	0.491***	- 0.119**	- 0.025	- 0.144*
组间差异	0.029	- 0.138+	0.044	- 0.256**	0.212*

注: $+p < 0.1$, $*p < 0.05$, $**p < 0.01$, $***p < 0.001$。

②退货简便性的调节效应检验。

构建八个线性回归方程检验假设 H7 - 5a 和假设 H7 - 5b 的调节效应。其中,模型 M7 - 12 和模型 M7 - 14 分别是购后失调和退货意愿关于控制变量的线性回归模型;模型 M7 - 13 考察购后失调与网络零售商实力、退货简便性,以及交互项(网络零售商实力×退货简便性)的线性回归关系;模型 M7 - 15 考察退货意愿与网络零售商实力、退货简便性的线性回归关系;模型 M7 - 16 考察退货意愿与网络零售商实力、退货简便性,以及交互项(网络零售商实力×退货简便性)的线性回归关系;模型 M7 - 17 考察退货意愿与购后失调、退货简便性的线性回归关系;模型 M7 - 18 考察退货意愿与购后失调、退货简便性,以及交互项(购后失调×退货简便性)的线性回归关系;模型 M7 - 19 考察退货意愿与网络零售商实力、退货简便性、购后失调,以及交互项(网络零售商实力×退货简便性、购后失调×退货简便性)的线性回归关系。退货简便性的调节效应相关检验结果如表 7 - 8 所示。

表 7 - 8　　　　　　被调节中介效应检验(调节变量——退货简便性)

变量	购后失调			退货意愿				
	模型 M7 - 12	模型 M7 - 13	模型 M7 - 14	模型 M7 - 15	模型 M7 - 16	模型 M7 - 17	模型 M7 - 18	模型 M7 - 19
性别	0.106*	0.068+	0.066	0.018	0.022	0.025	0.021	- 0.007
受教育水平	- 0.016	- 0.021	- 0.031	- 0.039	- 0.037	- 0.025	- 0.024	- 0.029

续表

变量	购后失调			退货意愿				
	模型 M7－12	模型 M7－13	模型 M7－14	模型 M7－15	模型 M7－16	模型 M7－17	模型 M7－18	模型 M7－19
家庭年收入	-0.001	-0.008	-0.036	-0.041	-0.041	-0.036	-0.037	-0.040
工作性质	0.028	0.041	0.036	0.046	0.053	0.026	0.022	0.034
家庭规模	-0.071 +	-0.077 +	-0.015	-0.024	-0.026	0.014	0.019	0.008
网络零售商实力		-0.173 ***		-0.200 ***	-0.198 ***			-0.133 **
退货简便性		-0.166 ***		-0.064	-0.074 +	-0.015	-0.004	-0.002
网络零售商实力×退货简便性		-0.013			-0.071 +			0.084 *
购后失调						0.391 ***	0.401 ***	0.379 **
购后失调×退货简便性							0.069 +	0.084 *
R^2	0.016	0.077	0.010	0.054	0.059	0.163	0.167	0.190
ΔR^2	0.016 +	0.062 ***	0.010	0.040 ***	0.005 +	0.153 ***	0.005 +	0.131 ***
F	1.925 +	6.255 ***	1.153	4.870 ***	4.661 ***	16.579 ***	14.964 ***	13.954 ***

注：$+p<0.10$，$*p<0.05$，$**p<0.01$，$***p<0.001$。

将模型 M7－15 和模型 M7－16 进行比较可以发现，相比模型 M7－15，引入交互项（网络零售商实力×退货简便性）后，模型 M7－16 的 ΔR^2 显著，交互项系数为负数且显著（$c_3 = -0.071$、$p = 0.080$），结合网络零售商实力与退货意愿的负向影响关系，退货简便性对网络零售商实力与退货意愿影响关系起正向调节作用，退货简便性越高，网络零售商实力对退货意愿的负向影响作用越显著。

将模型 M7－17 和模型 M7－18 进行比较可以发现，相比模型 M7－17，引入交互项（购后失调×退货简便性）后，模型 M7－18 的 ΔR^2 显著，且模型 M7－18 中交互项系数显著（$\beta = 0.069$、$p = 0.073$），因此退货简便性对购后失调与退货意愿影响关系有调节作用。综合比较分析模型 M7－13、模型 M7－16 和模型 M7－19 可以发现，由于模型 M7－16 中交互项（网络零售商实力×退货简便性）对退货意愿的影响显著，即未考虑中介效应时，退货简便性正向调节网络零售商实力对退货意愿的总效应；模型 M7 – 13 中网络零售商实力对购后失调影响系数显著（a_1 = – 0.173、p = 0.000），交互项（网络零售商实力×退货简便性）对购后失调的影响不显著（a_3 = – 0.013、p = 0.740）；M7 – 19 中购后失调对退货意愿的影响显著（b_1 = 0.379、p = 0.000），交互项（购后失调×退货简便性）对退货意愿的影响显著（b_2 = 0.084、p = 0.030），网络零售商实力与退货简便性交互项对退货意愿的影响显著（c_3' = 0.084、p = 0.028）；由于系数 a_1 和 b_2 显著，根据叶宝娟等（2013）的研究结论，退货简便性调节了中介效应（网络零售商实力→购后失调→退货意愿）的后半路径，又由于模型 M7 – 19 中交互项（网络零售商实力×退货简便性）对退货意愿的影响显著，故退货简便性调节网络零售商实力与退货意愿的直接效应。使用偏差校正的百分位 Bootstrap 法计算 a_1b_2、a_3b_1 和 a_3b_2 的置信区间，系数乘积 95% 的置信区间分别为：a_1b_2 [– 0.037， – 0.003]、a_3b_1 [– 0.036，0.035]、a_3b_2 [– 0.008，0.008]。只有 a_1b_2 的置信区间不包括零，其他两个系数乘积的置信区间都包括零，故退货简便性仅对中介效应（网络零售商实力→购后失调→退货意愿）的后半路径起调节作用。

为了再次检验被调节中介效应，把网络零售商实力对购后失调、购后失调对退货意愿，以及网络零售商实力对退货意愿的总间接效应，按照退货简便性不同水平分别进行模拟运算和比较，结果如表 7 – 9 所示。高、低水平退货简便性组间的后半路径、直接效应和总效应都表现出显著差异；后半路径间接效应组间差异值 95% 的置信区间位为 [0.017，0.298]，直接效应组间差异值 95% 的置信区间位为 [0.026，0.352]，总效应组间差异值 95% 的置信区间位为 [0.008，0.307]，均不包括零，故调节效应显著。

综上分析可知，退货简便性不仅调节网络零售商实力与退货意愿的直接效应，还调节中介效应（网络零售商实力→购后失调→退货意愿）的后半路径，故假设 H7 – 5a 和假设 H7 – 5b 得到支持。

表 7 - 9　　　　　　　　　　退货简便性调节效应检验结果

组别	前半路径效应 ($X-M$)	后半路径效应 ($M-Y$)	间接效应 ($X-M-Y$)	直接效应	总效应
高简便性水平	-0.209**	0.342***	-0.071	-0.256*	-0.328***
低简便性水平	-0.203**	0.507***	-0.103***	-0.064**	-0.167*
组间差异	0.006	0.165+	0.031	0.192*	0.161+

注：$+p<0.1$，$*p<0.05$，$**p<0.01$，$***p<0.001$。

③家庭年收入的调节效应检验。

构建七个线性回归方程检验假设 H7 - 7 的调节效应。其中，模型 M7 - 20 和模型 M7 - 22 分别是购后失调和退货意愿对控制变量的线性回归模型；模型 M7 - 21 考察购后失调与网络零售商实力、家庭年收入及交互项（网络零售商实力 × 家庭年收入）之间的线性回归关系；模型 M7 - 23 考察退货意愿与网络零售商实力、家庭年收入及交互项（网络零售商实力 × 家庭年收入）的线性回归关系；模型 M7 - 24 考察退货意愿与购后失调、家庭年收入的线性回归关系；模型 M7 - 25 考察退货意愿与购后失调、家庭年收入及交互项（购后失调 × 家庭年收入）的线性回归关系；模型 M7 - 26 考察退货意愿与网络零售商实力、家庭年收入、购后失调及交互项（网络零售商实力 × 家庭年收入、购后失调 × 家庭年收入）的线性回归关系。家庭年收入的调节效应相关检验结果如表 7 - 10 所示。

表 7 - 10　　　　　被调节中介效应检验（调节变量——家庭年收入）

变量	购后失调		退货意愿				
	模型 M7 - 20	模型 M7 - 21	模型 M7 - 22	模型 M7 - 23	模型 M7 - 24	模型 M7 - 25	模型 M7 - 26
性别	0.106*	0.059	0.067	0.012	0.024	0.029	-0.005
受教育水平	-0.016	-0.026	-0.038	-0.040	-0.023	-0.020	-0.029
工作性质	0.028	0.033	0.039	0.043	0.024	0.025	0.034
家庭规模	-0.072+	-0.081+	-0.017	-0.026	0.014	0.017	0.006
网络零售商实力		-0.192***		-0.210***			-0.137***
家庭年收入		-0.002		-0.051	-0.046	-0.043	-0.047

续表

变量	购后失调		退货意愿				
	模型 M7-20	模型 M7-21	模型 M7-22	模型 M7-23	模型 M7-24	模型 M7-25	模型 M7-26
网络零售商实力×家庭年收入		-0.015		0.013			0.045
购后失调					0.394***	0.084*	0.366***
购后失调×收入水平						0.069*	0.092*
R^2	0.016	0.051	0.008	0.051	0.163	0.170	0.188
ΔR^2	0.016*	0.035***	0.008	0.043***	0.155***	0.007*	0.137***
F	2.410*	4.554***	1.254	4.592***	19.455***	17.513***	15.368***

注：$+p<0.10$，$*p<0.05$，$***p<0.001$。

由模型 M7-24 和模型 M7-25 可知，引入购后失调与家庭年收入的交互项后，相比模型 M7-24，模型 M7-25 的 ΔR^2 显著，且模型 M7-25 中交互项系数显著（$\beta=0.069$、$p=0.025$），因此家庭年收入水平对购后失调与退货意愿影响关系有调节作用。综合分析模型 M7-21、模型 M7-23 和模型 M7-26，由于模型 M7-23 中网络零售商实力与家庭年收入交互项对退货意愿的影响不显著（$c_3=0.013$、$p=0.742$），即不考虑中介效应时，家庭年收入水平对网络零售商实力与退货意愿之间的总效应没有调节作用；模型 M7-21 中网络零售商实力对购后失调影响系数显著（$a_1=-0.192$、$p=0.000$），网络零售商实力与家庭年收入交互项对购后失调的影响不显著（$a_3=-0.015$、$p=0.705$）；模型 M7-26 中购后失调对退货意愿的影响显著（$b_1=0.366$、$p=0.000$），购后失调与家庭年收入交互项对退货意愿的影响显著（$b_2=0.092$、$p=0.017$），网络零售商实力与家庭年收入交互项对退货意愿的影响不显著（$c_3'=0.045$、$p=0.249$）；由于系数 a_1 和 b_2 显著，根据叶宝娟等（2013）的研究结论，家庭年收入水平调节了中介效应（网络零售商实力→购后失调→退货意愿）的后半路径，又由于模型 M7-26 中网络零售商实力与家庭年收入水平交互项对退货意愿的影响不显著，故家庭年收入水平不调节网络零售商实力与退货意愿的直接效应。使用偏差校正的百分位 Bootstrap 法计算 a_1b_2、a_3b_1 和 a_3b_2 的置信区间，系数乘积 95% 的置信区间分别为：a_1b_2 [-0.047, -0.009]、a_3b_1 [-0.038, 0.027]、a_3b_2 [-0.013, 0.006]。只有 a_1b_2 的置信区间不包括零，其他两个系数乘积的置信区间都包括零，故家庭年收入仅对网络零售商实力中介效应的后半路径起调节作用。

为了再次检验被调节中介效应，把自变量对中介变量、中介变量对因变量，以及自变量对因变量的总间接效应，按照家庭年收入不同水平分别进行模拟运算和比较，结果如表 7 - 11 所示，仅后半路径调节效应差异显著。在高家庭年收入组中，购后失调对网络购物退货意愿的效应值为 $\beta_1 = 0.509$（$p_1 = 0.000$）；在低家庭年收入组中，购后失调对网络购物退货意愿的效应值为 $\beta_2 = 0.308$（$p_1 = 0.000$）；高—低水平家庭年收入组间的效应差异显著（$\Delta\beta = 0.201$、$p_1 = 0.010$），组间效应差异值的 95% 置信区间为 [0.070, 0.328]，不包括零，调节效应显著，家庭年收入水平会正向调节购后失调与网络购物退货意愿的正向关系，家庭年收入水平越高，网站信息与顾客购后失调的负向关系越明显，假设 H7 - 7 得到支持。

表 7 - 11　　　　　　　被家庭年收入调节的中介效应检验结果

组别	前半路径效应 （$X - M$）	后半路径效应 （$M - Y$）	间接效应 （$X - M - Y$）
高家庭年收入	-0.243 ***	0.509 ***	-0.124 ***
低家庭年收入	-0.208 **	0.308 ***	-0.064 *
组间差异	0.035	0.201 *	0.060

注：*$p < 0.05$，**$p < 0.01$，***$p < 0.001$。

④性别的调节效应检验。

性别是离散二分类变量，在此不再使用层次回归分析法检验其调节效应。统计数据按照男性和女性分为两组，将网络零售商实力对退货意愿的效应进行分解、模拟和比较，结果如表 7 - 12 所示，网络零售商实力对退货意愿间接效应的前半路径和总效应的调节作用均显著。

表 7 - 12 　　　　　　　　　　**性别的被调节中介效应检验结果**

组别	前半路径效应 ($X - M$)	后半路径效应 ($M - Y$)	间接效应 ($X - M - Y$)	直接效应	总效应
男性	- 0. 067	0. 364 ***	- 0. 024	- 0. 186 *	- 0. 210 *
女性	- 0. 259 ***	0. 435 ***	- 0. 113 ***	- 0. 154 **	- 0. 267 ***
组间差异	0. 192 *	- 0. 072	0. 088 *	- 0. 031	0. 057

注： $*p < 0.05$， $**p < 0.01$， $***p < 0.001$。

首先，性别对于网络零售商实力对退货意愿总效应的调节作用并不显著，无论是男性样本组还是女性样本组，网络零售商实力都会显著负向影响网络购物顾客的退货意愿。其次，网络零售商实力对退货意愿的影响机理在男性和女性样本组之间存在显著差异。对于男性样本组，网络零售商实力主要通过直接效应影响顾客退货意愿；对于女性样本组，网络零售商实力不仅直接影响退货意愿，还通过购后失调间接影响退货意愿。最后，性别对网络零售商实力影响作用的具体调节效应主要体现在中介效应前半路径和间接效应上。关于中介效应的前半路径，男性样本组中网络零售商实力对购后失调的回归系数为 $\beta_1 = -0.067(p_1 = 0.464)$，女性样本组中回归系数为 $\beta_2 = 0.259(p_2 = 0.000)$，男—女组间效应差异显著（$\Delta\beta = 0.192$、$p = 0.043$），组间效应差异的 95% 置信区间为 [0.007, 0.365]，不包括零，故调节效应显著。关于间接效应，男性样本组中网络零售商实力通过购后失调影响退货意愿的作用系数为 $\beta_1 = -0.024(p_1 = 0.490)$，在女性样本组中的间接作用系数为 $\beta_2 = -0.113(p_2 = 0.000)$，男—女组间效应差异显著（$\Delta\beta = 0.088$、$p = 0.035$），组间效应差异的 95% 置信区间为 [0.011, 0.164]，不包括零，故调节效应显著。因此，假设 H7 - 6 得到支持。

7.2.4　研究结论与讨论

7.2.4.1　研究结论

本节研究重点探讨网络销售商实力对顾客退货意愿的影响机制，探讨了网络购物情境规范、退货简便性、家庭年收入水平和性别等变量，对网络零售商实力对退货意愿作用机理的调节效应。研究表明以下五点。

（1）基于销售产品品牌、店铺类型和产品丰富度三个方面测量的网络零售商实力，对网络购物顾客的退货意愿有显著的负向影响作用，即网络零售商综合实力的提升，能够有效降低顾客购后退货意愿。网络零售商实力对顾客退货意愿的影响不仅通过购后失调发挥间接作用，还通过其他渠道发挥作用，如直接影响或通过途径的间接影响。对于实力水平较低的网络零售商，顾客对其形成的初始信任较低，顾客的购前感知风险更高，导致购后可能感知的满意度越低、心理失调水平越高，进而形成更加强烈的退货意愿。

（2）网络销售的情境规范水平会调节网络零售商实力对退货意愿的影响关系和作用机理。一方面，情境规范负向调节网络零售商实力与退货意愿之间的负向关系，情境规范水平越低，网络零售商实力与退货意愿之间的负向关系越强；另一方面，情境规范负向调节购后失调与退货意愿之间的正向关系，低水平情境规范会增强购后失调与退货意愿之间的正向关系。当网络购物情境规范水平较低时，顾客在网络购物中感知到的交易风险较高，顾客更加依赖网络零售商实力来调节购后失调，导致网络零售商实力对退货意愿的间接作用被强化。因此，在低水平情境规范的网络购物交易中，顾客更加依赖于退货行为来缓解网络零售商实力导致的认知失调的消极影响。

（3）网络购物的退货简便性会调节网络零售商实力对退货意愿的影响关系和作用机理。一方面，退货简便性正向调节网络零售商实力与退货意愿之间的负向关系，退货简便程度越高，网络零售商实力与退货意愿之间的负向关系越强；另一方面，退货简便性正向调节网络零售商通过购后失调对退货意愿影响作用的后半路径，退货简便程度越高，网络零售商实力导致的购后失调对顾客退货意愿的增强作用越显著。当网络购物退货的简便程度较高时，意味着网络购物退货对于顾客而言简单便捷，简化了购后失调向退货转换的难度，进而增强了顾客对网络购物的信任度和接受度，使得网络零售商实力与退货意愿之间关系得以强化，也增大了购后失调向退货意愿的转换概率。

（4）家庭年收入水平会调节网络零售商实力对退货意愿的间接影响作用。对于高家庭年收入水平顾客而言，网络零售商实力导致的购后失调对退货意愿的正向影响作用更显著。高家庭年收入水平意味着顾客的社会经济地位较高，维权意识和交易主导权更高，更偏好于将购后失调进行外向归因，采取自我认知调节策略缓解认知失调的动机较低，更趋向于通过退货行为来消除购后失调的消极作用。

（5）性别会调节网络零售商实力对退货意愿的间接影响作用。网络零售商实力对购后失调的影响作用，以及通过购后失调影响退货意愿的作用仅对女性顾客是显著的，对男性顾客群体不显著。与传统线下销售模式相比，网络购物中交易不确定性和感知风险更高，女性顾客更多表现出风险规避特征，会通过寻找如品牌、产品丰富度、卖家类型等体现网络零售商实力的强信号来降低交易风险和不确定性，网络零售商实力对女性顾客消费行为的影响作用更明显，导致网络零售商实力对女性顾客购后失调和退货意愿的影响作用更为显著。

7.2.4.2　理论价值与管理启示

本节研究的理论价值在于以下四点。

（1）本节研究在相关文献梳理的基础上，结合信号传递理论，从销售品牌、店铺类型、产品丰富度三方面提出网络零售商实力这一概念，弥补了现有研究中大多基于在线顾客评价和销售商信誉两个概念探讨网络销售环境中信号传递作用的局限，为后续学者更好地研究网络零售商实力的影响作用提供一定的理论借鉴。

（2）本节研究从形成网络购物顾客初始信任的角度，分析网络零售商实力对消费者网购退货行为的作用机制。少数现有研究大多将销售品牌或卖家类型等变量作为调节变量，探讨其作为其他影响作用的边界条件。本节研究基于认知失调理论将购后失调作为中介变量，探讨了网络零售商实力作为自变量对顾客退货意愿的直接和间接作用。研究结论揭示，除了通过作用购后失调影响退货意愿外，网络零售商实力还会通过其他渠道影响退货意愿，这为后续学者进一步探讨网络零售商特征对消费者退货行为的影响机理提供了一定的研究启示。

（3）本节研究将情境规范和退货简便性作为调节变量引入结构模型，探讨其对网络零售商实力间接效应的影响作用，体现了网络交易情境的特征变量对交易信号变量作用机理的调节效应，研究结论表明，网络交易情境是界定交易信号影响作用的重要调节变量，不仅丰富了网络零售消费者退货行为的影响研究，还从边界条件的角度充实了信号理论在网络零售中的应用研究，相关研究结论对后续探讨信号理论对网络购物消费行为的解释提供了一定的理论启示。

（4）本节研究将人口统计学变量的性别和家庭年收入水平作为调节变量，探讨其对网络零售商实力影响作用的调节效应，从消费者特征角度探讨网络零售商实力对顾客购后认知和退货行为的影响差异。虽然已有研究曾经探讨过性别等人口统计学变量的作用机制，但大多探讨其对退货行为影响关系的调节作用，忽视了其对消费者退货行为作用机理的调节效应。本节研究结论表明，人口统计学特征不仅会影响信号变量与退货行为的作用关系，更会对信号变量的作用机理产生重要影响，揭示了不同人口统计学特征的顾客群体在信号处理模式方面的差异，对后续研究深入探讨不同顾客群体的退货行为形成机理差异提供了一定的理论启示。

本节研究的管理启示在于以下三点。

（1）网络购物对于消费者意味着交易不确定性和风险，顾客的信任对于提升消费者购买意愿和减少退货行为尤为重要。对于虚拟的远程购物模式，顾客会基于可以获取的信息形成购前初始信任，除了在线评价、信誉外，能够彰显网络销售商实力的其他信息（如品牌知名度、产品丰富度等），也有助于增强顾客对电商企业的感知信任。顾客感知零售商综合实力越高，对本次网络购物形成的初始信任越高，初始信任不仅会促进后续的购买行为，还会通过调节购后消极情感而抑制退货意向的形成。因此，网络销售平台应积极开发一些能够凸显企业实力的信号机制，如企业入驻年龄、品牌知名度、同类企业排名等，网络销售商也要善于利用这些信息，将自己的真实实力传递给广大网络顾客。

（2）情境规范和退货简便性的调节作用表明，网络购物情境规范性和退货服务简便性会对网络购物顾客的消费行为产生重要影响。网络购物情境越规范、退货服务越简便，顾客感知的交易风险越低，对网络购物交易的信任度越高，即便出现购后情感失调，顾客也会通过心理调节策略来削弱这种消极情感的影响（斯威尼、豪斯克内希特和索塔，2000），从而导致购后退货意愿下降。因此，网络零售环境下的情境规范和退货服务不仅能够促进顾客购买行为，还会增加顾客对网络购物平台和零售商的信任程度，提升顾客忠诚度，减少网购消费者退货行为，这对于网络购物平台和企业而言意义重大。

（3）性别和家庭年收入水平的调节作用表明，不同特征顾客群体的退货行为发生动机和影响机理存在差异。网络零售商实力对退货行为的影响作用对于男性顾客并不显著，因而对于男性消费者经常购买的产品，销售品牌、产品丰富度等信誉信息对顾客退货意愿影响作用较小，网络零售平台和零售商应该将更多注意力放在产品质量等信息的传递上。相反，网络零售商实力对退货意愿的影响作用对于女性顾客群体是显著的，因而对于女性顾客经常购买的产品，必须重视诸如销售品牌、产品丰富度等信誉信息的传递。对于高家庭年收入的高端消费者而言，当出现购后失调时，很容易产生强烈的退货意愿，因此网络购物平台应该善于运用大数据挖掘技术对销售痕迹加以分析，对于高风险的消费者设计合适的退货服务策略以降低退货损失。

7.3 替代产品吸引力对购后失调和退货意愿的影响

网络销售中退货问题的日益凸现，使学者们开始关注于探讨消费者退货动机和退货行为的影响因素。抛开由于消费者不诚实意图所导致的"连环退货"问题，对产品的不满意或与期望不符仍然是网络购物中消费者退货的关键原因。如果消费者没有获得他们期望的商品，且其他替代产品的吸引力较大时，他们就会选择退回已购买产品并转换零售商（Giovanis & Tsoukatos，2016）。因此，对于大多数消费者而言，替代产品吸引力是影响其退货意愿的重要因素。然而，鲜有研究从心理机制出发，探讨替代产品对顾客购后失调和退货意愿的影响。

替代产品具有吸引力意味着改变购买决策是容易和有吸引力的，因此替代产品吸引力被界定为转换障碍的一个维度（鲍尔斯和杰克，2013）。现有研究表明，转换障碍对消费者更换产品或服务提供商具有积极作用，学者们围绕转换障碍与消费者行为意愿之间的正向关系进行了探讨，但大多数研究针对服务类消费，探讨转换障碍对消费者更换服务提供商行为意愿的作用（Pick & Eisend，2014；Matzler et al.，2015），还有学者尝试从关系营销角度探讨转换障碍与顾客忠诚的相互关系（Kim，Jeong & Hwang，2015；Maria et al.，2010；Giovanis，Athanasopoulou & Tsoukatos，2016），也有少数学者将这种关系引入了实物类产品领域（Tesfom，Birch & Culver，2016）。现有研究大多探讨转换障碍与转移意愿或顾客忠诚之间的影响关系，转移意愿和顾客忠诚往往与顾客退货意愿有一定概念相关性。鲍尔斯和杰克（2013）首次将转换障碍作为影响因素，研究发现转换障碍对消费者退货行为具有积极影响作用。因此，作为转换障碍的一个子维度，替代产品吸引力对顾客退货行为具有相似的积极促进作用。

网络购物环境中替代品吸引力对顾客退货意愿的作用机理与传统销售环境不尽相同。一方面，相比于传统购物中消费者产品搜索成本较高，网络购物中消费者能够轻易地将多种同类产品在购前进行比较和分析，因而网络购物消费者在购前对替代产品吸引力具有较为准确的预判。另一方面，与服务相比，产品的属性标准化程度更高，替代产品的相关信息也能够帮助顾客更好地了解产品知识，由于网络销售渠道具有产品搜索成本低、产品信息开放等特征，导致替代产品吸引力的影响作用在网络零售情境下更明显。因此，网购消费者通过购前同类产品的搜索和比较，对替代产品的可得性和吸引力形成预判，替代产品的吸引力会影响顾客的产品预期和交易感知风险，进而影响后续的退货意愿。本节研究尝试以替代产品吸引力为研究视角，引入购后失调和感知风险作为中介变量、过往经历和价格水平作为调节变量，系统探究替代品吸引力对网络购物顾客退货意愿的影响机理。

7.3.1　理论基础与研究假设

7.3.1.1　替代品吸引力

替代品吸引力（availability and attractiveness of alternatives，AAA）用以刻画替代产品的可得性和吸引力，是指消费者感知替代产品的可获取性及其与购买产品相比的优点（Tesfom & Birch，2011）。对替代品的可得性和优势感知会影响消费者的转换行为意愿（Jones，Mothersbaugh & Beatty，2000；Colgate & Lang，2001），当没有替代品或者不相信替代品会表现得更优秀时，顾客会保持与现在产品和提供商的关系（Tesfom & Birch，2011；Valenzuela，2010）。作为转换交易对象的必要因素和动力，替代品吸引力会对顾客退货决策产生重要影响（Solvang，2007），进而成为影响顾客退回产品行为的一个关键条件（Tsai et al.，2006）。伴随着网络购物退货政策的宽松化、退货过程的便捷化，以及网络销售竞争的白炽化，网络购物顾客退货继而转换产品和提供商所需付出的努力和成本越来越低，找到合适的替代品、准确比较和分析其性价比，成为消费者退货行为的一个重要原因。网络销售中替代品越丰富、替代品性价比越高，消费者产生反悔当前购买决策并希望转换购买替代产品的可能性越大，从而增强了顾客的退货意愿。因此，本节研究提出以下假设。

假设 H7 - 8：替代品吸引力对顾客网络购物的退货意愿有正向影响作用。

在网络购物环境下，顾客购前通过产品搜索在不同品牌和提供商之间进行比较，在无理由退货政策的保障下，顾客很容易在不同零售商和产品之间进行转换（Bhattacherjee，Limayem & Cheung，2012）。认知失调理论表明，顾客通过比较不同产品做出购买决定时，被拒绝产品的可能优点，以及所选择产品的可能缺陷带来心理不适，当选择产品表现与预期不完全一致就会形成认知失调情感（费斯廷格，1957）。吉塔山等（Kitayama et al.，2013）研究指出，购后失调的产生与替代产品是相关的，购买决策时未被选择的替代品会形成反事实，这些反事实会强化顾客购后的心理不和谐情感（Walchli & Landman，2003）。坦福德和蒙哥马利（Tanford & Montgomery，2014）也指出，网络购物顾客交易前收集的各类替代产品信息，可能会导致交易后的认知冲突。刘等（Liu et al.，2016）研究发现，替代产品吸引力会负面影响消费者对选择产品的质量和性能感知，进而影响对选择产品表现的满意度。沙里菲和埃斯菲达尼（Sharifi & Esfidani，2014）研究指出，当消费者必须比较不同的竞争产品做出购买决策时，这种决策模式会导致购后失调的消极情感。替代产品可得性和吸引力较高时，替代产品的积极信息会影响消费者对所选产品的预期，增大交易后认知冲突和消极情感产生的可能性（Yi & La, 2004）。

因此，当存在多种竞争性购买渠道和具有吸引力替代产品时，消费者需要基于众多优秀的替代渠道和替代产品进行抉择，导致顾客对购买产品的期望偏高，或是交易后在替代产品吸引力的陪衬下对购买产品性能感知水平偏低，购前期望认知与购后感知认知的不一致导致了购买后认知失调。据此本节研究提出以下假设。

假设 H7-9：替代品吸引力对顾客购后失调有正向影响作用。

消费者行为研究发现，认知失调导致的消极情绪会引发消费者后悔，进而产生退货倾向（蒂罗斯和米塔尔，2000），认知失调被学者认为是产品退货行为的一个关键心理动机（Gbadamosi，2009；李，2015）。消费者经历认知失调时伴随着焦虑、不确定和后悔等消极情绪，消费者希望通过一定策略行为来减少心理不适感（费斯廷格，1957），若购买决策可逆，撤销购买决策就成为消费者消除或减少认知失调的重要选择（Davis，Hargerty & Gerstner，1998）。当消费者认为替代产品可得性和吸引力较高时，购前与购后认知冲突产生认知失调情感的概率增大，进而产生退回产品并重新购买替代产品的动机（沙里菲和埃斯菲达尼，2014）。伴随着日益宽松的网络购物退货环境，退货行为执行难度降低，由替代产品吸引力所引发的购后失调情感更加依赖于退货行为来缓解。

综上分析可知，交易前消费者对替代产品可得性和吸引力的预判，会反向作用于消费者对购买产品的购前预期和购后感知，导致购买前后认知冲突进而形成焦虑、不确定和后悔等消极情绪，转化为购后失调。为了缓解认知失调导致的心理不适感，宽松的网络零售退货环境会激发消费者的退货意愿，故本节研究提出以下假设。

假设 H7-10：购后失调会中介替代产品吸引力对顾客网络购物退货意愿的正向影响作用。

7.3.1.2 感知风险

与线下销售相比，网络零售渠道具有典型的无形性和虚拟性（Lee &

Tan，2003），由于消费者不能实际体验和检查所购买的产品，顾客会担心交易结果与预期不一致，导致网络购物中顾客感知风险更高（Simonian et al.，2012）。感知风险是指消费者对交易存在潜在不确定负面结果的信念（Kim，Ferrin & Rao，2008）。高风险特征使得消费者在进行网络购物交易时，往往更喜欢在多渠道、多平台、多品牌和多产品之间进行比较与选择（Chiou，Wu & Chou，2012）。伴随着购买前获取的替代产品信息的增多，以及替代产品吸引力的增加，消费者的决策难度增大，导致对最终交易感知的风险更高（Keaveney，Huber & Herrmann，2007）。另外，销售渠道中替代产品可得性和吸引力越高，消费者对产品的性能知识，特别是性能缺点掌握也更为全面，从而增大了购前对交易风险的感知（鲍尔斯和杰克，2013）。

因此，当消费者有多种购买途径，或者掌握了较多具有吸引力的替代产品信息时，会增加购买决策的难度，增大对本次交易的感知风险。据此本节研究提出以下假设。

假设 H7 - 11：替代品吸引力对消费者感知风险有正向影响作用。

相关研究表明，网络购物交易中感知风险对消费者的网络购物行为有负面影响（Park，Cho & Rao，2015）。购前感知风险的增高，使得顾客产品预期的不确定性随之上升，增大了购后失调的消极情感（Langdon & Dennee-Sommers，2010）。网络购物消费者购前感知风险会对其购物行为产生消极影响，并增大购买交易后消极心理情感的形成可能性（Yan et al.，2015）。当消费者交易时感知风险较高时，交易后倾向于积极搜集相关负面信息以印证自己最初的判断，导致非常容易产生焦虑、不确定和后悔等消极情感（Rui et al.，2016）。因此，本节研究提出以下假设。

假设 H7 - 12：感知风险对购后失调有正向影响作用。

综上分析可知，伴随着购前替代品可得性和吸引力的增大，消费者掌握的产品知识和产品备选范围不断增加，提升了消费者对产品的预期，导致顾客对购物的风险感知水平上升。伴随着购前产品预期和感知风险水平的上升，购后消费者产生焦虑、不确定和后悔等情感的可能性增加，导致购后失调增大。本节研究提出以下假设。

假设 H7 - 13：感知风险在替代品吸引力对购后失调的正向影响中发挥中介作用。

福施特等（Foscht et al.，2013）进一步探讨了消费者的初始感知风险（购物之前）与其后续退货行为（产品交付和检验后）之间的紧密关系，研究表明，如果消费者的感知风险被有效地最小化，其后续退货意愿将显著下降。伴随着消费者购前感知风险的提升，消费者产品预期的不确定性增大，进而增大购后失调和退货动机（Seibt，2016）。综合以上分析可知，当消费者有多种替代购买途径或者掌握了较多具有吸引力的替代产品信息时，他们购前感知风险和产品预期不确定性会增大，导致顾客购后失调和后续退货意愿增高，因此感知风险和购后失调在替代品吸引力与退货意愿之间发挥链式中介作用，即替代产品吸引力通过感知风险和购后失调两个中介变量对退货意愿发挥间接效应（李光明，2016）。据此本节研究提出以下假设。

假设 H7 - 14：感知风险和购后失调在替代品吸引力与退货意愿关系中发挥链式中介作用。

7.3.1.3　过往经历和产品价格

消费者以往的网络购物经历会影响其对交易风险的感知。塔玛瑞瑟尔文和拉贾（Thamaraiselvan & Raja，2008）研究指出，消费者对新品牌和新产品了解的知识较少，导致其交易时的风险感知水平较高。莫伊塞斯库和贝蒂亚（2013）研究发现，丰富的品牌知识可以有效地降低顾客网络购物时的感知风险水平。摩根 - 托马斯和韦卢索（Morgan-Thomas & Veloutsou，2013）研究指出，由于消费者可以更加准确地确定熟悉品牌的产品期望，通过网络渠道购买熟悉品牌的产品时顾客感知风险更低。内波穆切诺等（2014）研究指出，消费者对产品知识和品牌的熟悉程度，会影响其对交易风险的感知。彼得森和库马尔（Petersen & Kumar，2015）研究表明，满意的购物和退货经历有利于降低消费者的网络购物感知风险。因此，消费者过往经历满意度的增加，能够有效地降低网络购物的风险感知水平，降低顾客对于替代产品信息的依赖程度，即积极的过往交易经历会降低消费者对替代产品的关注，从而使替代品吸引力通过感知风险影响购后失调的中介效应受限。本节研究提出以下假设。

假设 H7-15：过往经历会负向调节替代品吸引力通过感知风险影响购后失调的中介效应。

产品价格会影响消费者对待交易风险的看法，顾客感知风险与产品价格水平正相关（Grewal, Gotlieb & Marmorstein, 1994）。网络零售环境下由于替代产品的搜索和比较具有低成本和便捷的特征，消费者能够通过产品搜索轻易获得产品销售价格，产品价格水平对感知风险有重要影响作用（Kang & Jung, 2015）。贝内克等（Beneke, 2013）研究指出，产品相对价格会通过影响消费者对该产品的质量感知水平，影响消费者的感知风险。当产品定价低于替代产品平均水平时，往往意味着更高的交易风险（Tsang, Lai & Law, 2010）。莫伊塞斯库和贝蒂亚（2013）研究结果表明，网络购物服务商较低的定价策略会给顾客带来更高的风险感知。伴随着交易感知风险的提升，顾客会更加关注于替代产品的相关信息。因此，当消费者购买产品的相对价格水平较低时（与替代产品相比较），网络购物感知风险上升，顾客对替代产品的关注度增大，从而使替代品吸引力通过感知风险作用认知失调的中介效应得以强化。本节研究提出以下假设。

假设 H7-16：价格水平负向调节替代产品吸引力通过感知风险影响购后失调的中介效应。

本节研究的理论概念模型如图 7-2 所示。

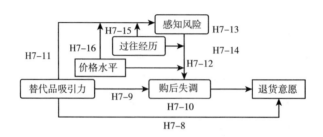

图 7-2 本节研究概念模型

7.3.2　研究设计

本节研究使用的是与第 5 章研究同一次的调查数据，故有关样本描述在此不再赘述。

7.3.2.1　变量测量

本节研究包括替代品吸引力、感知风险、购后失调、退货意愿、过往经历和价格水平共计 6 个变量，其中退货意愿和价格水平是单因素变量，替代品吸引力、感知风险、购后失调和过往经历是 4 个潜变量。问卷采用李克特五点量表测量，1 表示"不同意"，5 表示"同意"。

自变量——替代品吸引力。与第 6 章的研究设计相同，采用三个题项测量替代品吸引力。

中介变量——购后失调和感知风险。与前文研究设计相同，采用八个题项测量购后失调，采用三个题项测量感知风险。

调节变量——过往经历和价格水平。价格水平依据康和荣格（Kang & Jung，2015）有关产品价格的研究设计，将价格水平界定为处于同类产品中的价格档次，分为五个档次，1 为低水平，5 为高水平。过往经历依据彼得森和库马尔（2015）的研究设计，从购物经历和退货经历两方面来设计测量题项，采用李克特 5 点量表测量，1 表示"不满意"，5 表示"满意"。

因变量——退货意愿。与前文研究设计相同，运用五点李克特量表测量受访者的退货意愿。

控制变量。将性别、受教育水平、家庭年收入、家庭规模和工作性质五个变量作为控制变量。

7.3.2.2　数据分析方法

本节研究对数据进行如下分析处理：首先，使用统计软件 Mplus 7.4 对本节研究涉及的潜变量进行验证性因子分析，检验变量的信度和效度，测量模型的数据拟合度。其次，对相关变量进行描述性统计分析和相关分析。最后，根据第 2 章介绍的相关方法，对中介效应、被调节中介效应，以及链式中介效应等研究假设进行检验。

7.3.3 研究结果

7.3.3.1 验证性因子分析

本节研究共涉及 6 个变量，其中退货意愿和价格水平是单因素变量，替代产品吸引力、感知风险、购后失调和过往经历是 4 个潜变量，故验证性因子分析主要针对这 4 个潜变量进行分析。相关信度和效度系数分析结果如表 7-13 所示。4 个潜变量的克朗巴赫 α 系数都高于 0.70 的建议标准，组合信度（CR）都高于 0.75，说明测量量表的内在质量理想，具有较高的信度。所有测量指标在各自变量上的因子负荷都显著，且大于 0.5，表示测量指标的基本适配指标理想。另外，4 个潜变量的 AVE 均高于 0.5，测量指标被维度变量解释的变异量百分比较大，说明调查数据具有较高的聚合效度。因此，本节研究中的 4 个潜变量具有良好的信度和效度。

表 7-13 信度和效度检验结果

变量	测量指标	标准化负荷	Cronbach's α	组合信度 CR	AVE
购后失调	感觉不需要	0.540	0.922	0.921	0.598
	心里不舒服	0.761			
	感到失望	0.843			
	感觉决策失误	0.800			
	感到郁闷	0.853			
	感到被欺骗	0.835			
	感觉出了问题	0.795			
	描述不一致	0.712			
风险感知	担心产品质量	0.585	0.793	0.817	0.531
	担心发错货	0.773			
	担心及时发货	0.808			
	担心货损货差	0.730			

续表

变量	测量指标	标准化负荷	Cronbach's α	组合信度 CR	AVE
替代产品吸引力	替代渠道	0.621	0.738	0.754	0.508
	替代品可得	0.738			
	替代品性价比	0.770			
过往经历	购物满意度	0.650	0.716	0.778	0.639
	退货满意度	0.755			

利用 Mplus7.4 进行理论模型的数据拟合分析，结果如表 7 - 14 所示：$\chi^2 = 428.632$、df = 111（$\chi^2/df = 3.861$，$p = 0.000$），虽然卡方检验显著，但是由于 χ^2/df 低于 5，故该四因素测量模型从统计上可以接受；测量模型的两个拟合指标 CFI = 0.937、TLI = 0.923，均高于 0.9，表明测量模型与样本数据匹配良好；RMSEA = 0.068，其 90% 的置信区间为（0.061，0.074），均值和置信区间上下限均在（0.05 ~ 0.08）范围内，显著水平 $p = 0.000$（RMSEA ≤ 0.05），故测量模型与样本数据匹配性很好；另外，SRMR = 0.052，小于 0.08，同样表明样本数据与测量模型拟合良好。综上所述，包含四个潜变量的测量模型与数据拟合度高，四因素测量模型是可以接受的。

表 7 - 14　　　　　　　　　　研究模型拟合度检验

χ^2 检验			RMSEA			CFI	TLI	SRMR
值	df	P	值	90% C. I.	P			
428.632	111	0.000	0.068	(0.061, 0.074)	0.000	0.937	0.923	0.052

以四因素模型（理论模型）为基准，另外构建了三个竞争模型，分别是：三因素模型（风险感知 + 过往经历、替代产品吸引力、购后失调）、二因素模型（风险感知 + 过往经历 + 替代产品吸引力、购后失调）和单因素模型。四个模型的整体拟合度相关值如表 7 - 15 所示。结果表明，四因素模型的所有拟合指标都符合评价要求，且与其他三个竞争性测量模型相比，四因素模型与样本数据的拟合度最高。

表 7 - 15   基准模型与竞争模型拟合度比较

模型	χ^2/df	RMSEA	CFI	TLI	SRMR
四因素模型	3.861	0.068	0.937	0.923	0.052
三因素模型	5.560	0.085	0.897	0.877	0.079
二因素模型	8.445	0.109	0.828	0.799	0.110
单因素模型	13.409	0.141	0.711	0.664	0.112

7.3.3.2 描述性统计分析和相关分析

对本节研究涉及的所有变量作描述性分析和相关分析，分析结果如表 7 - 16 所示。结果表明，退货意愿与替代品吸引力显著负相关，与购后失调显著正相关；购后失调与替代品吸引力、过往经历显著负相关，与感知风险显著正相关；感知风险与替代品吸引力显著正相关，与过往经历和价格水平显著负相关。这些为后续研究提供了初步依据。

7.3.3.3 假设检验

（1）直接效应与中介效应检验。

将性别、受教育水平、家庭年收入、工作性质和家庭规模作为控制变量，将替代品吸引力作为自变量（x）、购后失调和感知风险作为中介变量（m_1、m_2）、退货意愿作为因变量（y）。使用巴伦和肯尼（1986）提出的依次检验，结合偏差校正的百分位 Bootstrap 检验法，对感知风险和购后失调的简单中介效应加以验证。其中，模型 M7 - 27、模型 M7 - 30 和模型 M7 - 34 分别表示退货意愿、购后失调和感知风险对控制变量的线性回归模型；模型 M7 - 28 考察退货意愿与替代产品吸引力之间的线性回归关系；模型 M7 - 29 考察退货意愿与替代产品吸引力、购后失调之间的线性回归关系；模型 M7 - 31 考察购后失调与替代产品吸引力之间的线性回归关系；模型 M7 - 32 考察购后失调与感知风险之间的线性回归关系；模型 M7 - 33 考察购后失调与替代产品吸引力、感知风险之间的线性回归关系；模型 M7 - 35 考察感知风险与替代产品吸引力之间的线性回归关系。分析结果如表 7 - 17 所示。

表7-16　　描述性统计及相关分析结果

变　量	均值	标准差	1	2	3	4	5	6	7	8	9
1. 性别	0.30	0.457	1								
2. 受教育水平	3.88	0.994	0.035	1							
3. 家庭年收入	1.90	0.901	-0.028	0.208***	1						
4. 工作性质	4.14	2.404	0.061	-0.364***	-0.120**	1					
5. 家庭规模	2.41	0.753	0.040	-0.210***	0.008	0.217***	1				
6. 替代产品吸引力	2.564	0.980	-0.045	0.015	-0.040	0.013	-0.090*	1			
7. 退货意愿	2.49	1.191	0.060	-0.039	0.046	-0.045	-0.004	-0.138**	1		
8. 风险感知	2.723	0.969	0.036	0.175***	-0.141*	0.103*	0.042	0.261***	0.036	1	
9. 购后失调	3.168	1.068	0.096*	0.011	0.032	-0.023	0.046	-0.284***	0.418***	0.204***	1
10. 过往经历	2.115	0.645	0.005	-0.123**	0.162***	-0.181**	-0.132***	0.049	-0.067	-0.094*	-0.246***
11. 价格水平	3.02	0.678	0.099*	-0.030	0.077+	-0.037	-0.019	-0.043	0.031	-0.141***	-0.022

注：*** $P<0.001$，** $P<0.01$，* $P<0.05$，+ $P<0.1$。

表 7 - 17　逐步回归依次检验结果

自变量	退货意愿 y				购后失调 m₁			感知风险 m₂	
	模型 M7-27	模型 M7-28	模型 M7-29	模型 M7-30	模型 M7-31	模型 M7-32	模型 M7-33	模型 M7-34	模型 M7-35
性别	-0.066	-0.072	-0.024	-0.106*	-0.122**	-0.105*	-0.123**	0.021	0.009
受教育水平	0.031	0.035	0.025	0.016	0.027	0.023	0.043	-0.138**	-0.130**
家庭年收入	0.036	0.030	0.036	0.001	-0.015	0.011	-0.001	-0.107**	-0.119**
工作性质	-0.036	-0.030	-0.026	-0.028	-0.011	-0.030	-0.017	0.036	0.048
家庭规模	0.015	0.001	-0.013	0.071	0.036	0.057	0.038	0.007	-0.020
替代产品吸引力		0.140**	0.004		0.365***		0.333***		0.265***
购后失调 m₁			0.395***						
感知风险 m₂						0.223***	0.123**		
R²	0.01	0.029	0.163	0.016	0.147	0.161	0.175	0.043	0.112
ΔR²	0.01	0.019**	0.133***	0.016+	0.131***	0.013**	0.028***	0.043***	0.069***
F	1.153	2.976**	16.553***	1.925+	17.233***	16.339***	19.562	5.373***	12.609***

注：+ $p < 0.1$，* $p < 0.05$，** $p < 0.01$，*** $p < 0.001$。

　　由模型 M7 - 28 可知，顾客退货意愿关于替代产品吸引力的线性回归系数显著不为零（$\beta = 0.140$、$p < 0.01$），表明替代产品吸引力对网络购物顾客退货意愿具有正向影响作用，网络购物时替代产品的可得性和吸引力越大，顾客退货意愿越大，假设 H7 - 8 得到支持。由模型 M7 - 31 可知，购后失调关于替代产品吸引力的线性回归系数显著不为零（$\beta = 0.365$、$p < 0.001$），表明替代产品吸引力对购后失调具有正向影响作用，网络购物时替代产品可得性和吸引力越大，顾客购后失调水平越大，假设 H7 - 9 得到支持。与模型 M7 - 28 相比，模型 M7 - 29 中引入购后失调后，替代产品吸引力对顾客退货意愿的影响作用变得不再显著（$\beta = 0.004$、$p = 0.235$），购后失调对退货意愿的影响作用显著（$\beta = 0.395$、$p < 0.001$），因而替代产品吸引力对顾客退货意愿的影响完全通过购后失调发挥作用，即购后失调在替代产品吸引力与退货意愿之间发挥完全中介作用。使用偏差校正的百分位 Bootstrap 法计算中介效应"替代产品吸引力→购后失调→退货意愿"的置信区间，求得其 95% 置信区间为 [0.178, 0.097]，不包括零，表明中介效应显著不为零，假设 H7 - 10 得到支持。

　　由模型 M7 - 35 可知，替代产品吸引力对顾客网络购物感知风险的线性回归系数显著不为零（$\beta = 0.265$、$p < 0.001$），表明替代产品吸引力对网络购物顾客的感知风险具有正向影响作用，网络购物时替代产品的可得性和吸引力越大，顾客感知的交易风险越高，假设 H7 - 11 得到支持。由模型 M7 - 32 可知，顾客感知风险对购后失调具有正向影响作用（$\beta = 0.223$、$p < 0.001$），网络购物中顾客感知风险越大，购后失调水平越高，假设 H7 - 12 得到支持。由模型 M7 - 33 可知，在模型 M7 - 31 的基础上引入变量感知风险后，替代品吸引力对购后失调的作用仍然显著，但作用系数降低（$\beta = 0.333$、$p < 0.001$），且感知风险对购后失调的影响作用显著（$\beta = 0.123$、$p < 0.01$），因此替代产品吸引力对购后失调的作用只有部分会通过感知风险发挥作用，即感知风险在替代品吸引力与购后失调之间发挥部分中介作用。使用偏差校正的百分位 Bootstrap 法计算中介效应"替代产品吸引力→感知风险→购后失调"的作用系数置信区间，得到中介效应系数乘积的 95% 置信区间为 [0.057, 0.015]，不包括零，表明中介效应显著不为零，替代产品吸

引力经感知风险影响购后失调的中介效应占总效应的比例为 8.93%，假设 H7 - 13 得到部分支持。

（2）链式中介效应检验。

巴伦和肯尼（1986）的逐步回归法一般只用于做简单中介效应的检验，对于多个变量的复杂中介检验，可以参考泰勒等（Taylor et al.，2008）提出的多步中介检验方法，辅之以偏差校正的非参数百分位 Bootstrap 检验。建立了三个线性回归方程：（1）$m_2 = a_0 + a_1 x$；（2）$m_1 = b_0 + b_1 x + b_2 m_2$；（3）$y = c_0 + c_1 x + c_2 m_2 + c_3 m_1$，相关系数和具体方法的介绍详见第 2 章，分析结果如表 7 - 18 所示。结果表明，替代产品吸引力对感知风险的回归系数、替代产品吸引力和感知风险对购后失调的回归系数及购后失调对退货意愿的回归系数全部显著。

表 7 - 18 依次回归检验结果

因变量	自变量	系数估计值	S. E.	P
退货意愿	替代产品吸引力	0.062	0.036	0.085
	购后失调	0.445	0.036	0.000
	感知风险	-0.043	0.036	0.250
购后失调	替代产品吸引力	0.255	0.044	0.000
	感知风险	0.158	0.044	0.000
感知风险	替代产品吸引力	0.181	0.046	0.000

进一步分解替代产品吸引力与退货意愿的间接效应，结果如表 7 - 19 所示。结果表明，替代产品吸引力对顾客退货意愿的总间接效应显著，效应值为 0.141（$p < 0.001$）；替代产品吸引力通过购后失调对退货意愿的间接效应显著，$x—m_1—y$ 的中介效应值为 0.135（$p < 0.001$）；替代产品吸引力通过感知风险对退货意愿的间接效应不显著，$x—m_2—y$ 的中介效应值为 -0.009（$p = 0.277$）；替代产品吸引力通过感知风险和购后失调对退货意愿的链式中介效应显著，$x—m_2—m_1—y$ 效应值为 0.015（$p < 0.01$）。使用偏差校正的百分位 Bootstrap 法计算链式中介效应"替代品吸引力→感知风险→购后失调→退货意愿"的效应系数置信区间，得到其 95% 置信区间为 [0.028，0.007]，不包括零，表明链式中介效应显著不为零。将替代品吸引力影响退货意愿的两

个显著间接效应进行比较，发现链式中介效应值（x—m_2—m_1—y）与简单中介效应值（x—m_1—y）有显著差异，差异值为 0.12（$p < 0.001$），其 95% 置信区间为 [0.165, 0.079]。假设 H7 – 14 得到支持。

表 7 – 19   间接效应分析结果

效应路径	间接效应	x—m_1—y	x—m_2—y	x—m_2—m_1—y
估计值	0.141 ***	0.135 ***	− 0.009	0.015 **
P 值	0.000	0.000	0.284	0.009
95% 置信区间	(0.188, 0.104)	(0.178, 0.097)	(− 0.025, 0.003)	(0.028, 0.007)

注：$** p < 0.01$，$*** p < 0.001$。

（3）被调节中介效应的检验。

将过往经历和价格水平分别作为调节变量（w_1 和 w_2），使用温忠麟和叶宝娟（2014a）提出的层次回归方法（见式（7 – 1）、式（7 – 2）和式（7 – 3））验证它们对中介效应的调节作用，分析结果如表 7 – 20 所示。模型 M7 – 36、模型 M7 – 39 分别表示感知风险和购后失调对控制变量的线性回归模型；模型 M7 – 37 考察感知风险与替代产品吸引力、过往经历及交互项（替代产品吸引力×过往经历）的线性回归关系；模型 M7 – 38 考察感知风险与替代产品吸引力、价格水平及交互项（替代产品吸引力×价格水平）的线性回归关系；模型 M7 – 40 考察购后失调与替代产品吸引力、过往经历及交互项（替代产品吸引力×过往经历）的线性回归关系；模型 M7 – 41 考察购后失调与替代产品吸引力、价格水平及交互项（替代产品吸引力×价格水平）的线性回归关系；模型 M7 – 42 考察购后失调与替代产品吸引力、过往经历、感知风险、交互项（替代产品吸引力×过往经历、感知风险×过往经历）的线性回归关系；模型 M7 – 43 考察购后失调与替代产品吸引力、价格水平、感知风险、交互项（替代产品吸引力×价格水平、感知风险×价格水平）的线性回归关系。

$$Y = c_0 + c_1 X + c_2 W + c_3 XW + e_1 \qquad (7 – 1)$$

$$M = a_0 + a_1 X + a_2 W + a_3 XW + e_2 \qquad (7 – 2)$$

$$Y = c_0' + c_1' X + c_2' W + c_3' XW + b_1 M + b_2 MW + e_3 \qquad (7 – 3)$$

表 7 - 20　　　　　　　　　　　被调节中介效应检验结果

自变量	感知风险			购后失调				
	模型 M7 - 36	模型 M7 - 37	模型 M7 - 38	模型 M7 - 39	模型 M7 - 40	模型 M7 - 41	模型 M7 - 42	模型 M7 - 43
性别	-0.021	-0.010	-0.005	0.106*	0.118**	0.116**	0.127**	0.117**
受教育水平	0.138**	0.129**	0.120**	-0.016	-0.030	-0.027	-0.049	-0.038
家庭年收入	0.107**	0.117**	0.120**	-0.001	-0.018	0.010	-0.035	0.000
工作性质	-0.036	-0.046	-0.049	0.028	0.044	0.015	0.043	0.019
家庭规模	-0.007	0.022	0.021	-0.071+	-0.014	-0.033	-0.010	-0.025
替代产品吸引力 x		0.261***	0.257***		0.353***	0.368***	0.367***	0.355***
过往经历 w_1		-0.120*			-0.223***		-0.343***	
替代产品吸引力×过往经历 xw_1		0.095			0.005		0.061	
价格水平 w_2			-0.035			-0.059		-0.114***
替代产品及吸引力×价格水平 xw_2			-0.147*			-0.050		0.002
感知风险 m							0.091*	0.126**
感知风险×过往经历 mw_1							-0.169***	
感知风险×价格水平 mw_2								-0.170*
R^2	0.043	0.119	0.120	0.016	0.194	0.153	0.217	0.174
ΔR^2	0.043*	0.076***	0.077**	0.016+	0.178***	0.137***	0.201***	0.158***
F	5.373*	10.125***	10.158***	1.925+	17.914***	13.482***	16.465***	12.534***

注：$+p<0.1$，$*p<0.05$，$**p<0.01$，$***p<0.001$。

由模型 M7 - 40 可以发现，交互项（替代产品吸引力×过往经历）对购后失调的回归系数不显著，表明替代品吸引力与过往经历的交互项对购后失调的影响作用不显著，过往经历对替代品吸引力与购后失调的影响关系没有调节作用。同理，由模型 M7 - 41 可知，价格水平对替代品吸引力与购后失调之间的影响关系也没有调节作用。由模型 M7 - 37 可知，替代品吸引力对感知风险的回归系数显著（$a_1 = 0.261$、$p < 0.001$），替代品吸引力与过往经历交互项（xw_1）对感知风险的回归系数不显著（$a_3 = 0.095$、$p = 0.167$）。由模型 M7 - 42 可知，感知风险对购后失调的回归系数显著（$b_1 = 0.091$、$p = 0.047$），感知风险与过往经历交互项（mw_1）对购后失调的回归系数显著（$b_2 = -0.169$、$p = 0.009$）。由于式（7 - 2）和式（7 - 3）中系数 a_1 和 b_2 显著，根据叶宝娟等（2013）的研究结论，过往经历调节了中介效应（替代品吸引力→感知风险→购后失调）的后半路径。使用偏差校正的百分位 Boot-strap 法计算 a_1b_2、a_3b_1 和 a_3b_2 的置信区间，95% 的置信区间分别为：a_1b_2 [-0.076， -0.017]、a_3b_1 [-0.002， 0.034] 和 a_3b_2 [-0.049， 0.002]。只有 a_1b_2 的置信区间不包括零，其他两个系数乘积的置信区间都包括零，结合交互项系数为负数，表明过往经历只会负向调节替代品吸引力对购后失调间接影响效应的后半路径。

将替代品吸引力对感知风险、感知风险对购后失调的效应，按照过往经历不同水平分别进行模拟运算和比较，结果如表 7 - 21 所示。结果显示，过往经历对间接效应"替代品吸引力—感知风险—购后失调"有显著调节作用，过往经历低满意度的顾客样本组中替代品吸引力对购后失调的间接影响作用显著，过往经历高满意度的顾客样本组中替代品吸引力对购后失调的间接影响作用不显著。对于间接效应的作用路径而言，过往经历高—低水平组间仅后半路径表现出显著差异（$\Delta\beta = 0.202$、$p_1 = 0.019$），过往经历低满意水平的顾客样本组中感知风险对购后失调的影响显著（$\beta_1 = 0.239$、$p_1 = 0.000$），过往经历高满意水平的顾客样本组中感知风险对购后失调的影响不显著（$\beta_2 = 0.036$、$p_2 = 0.584$），因此高满意水平的过往经历能够有效弱化感知风险对购后失调的影响作用。假设 H7 - 15 得到部分支持。

表 7 -21　　　　　　　被调节的中介效应检验结果

组别	前半路径效应 (X - M)	后半路径效应 (M - Y)	间接效应 (X - M - Y)
低过往满意	- 0.217 ***	0.239 ***	- 0.052 +
高过往满意	- 0.284 ***	0.036	- 0.010
高—低组间差异	- 0.067	- 0.202 *	0.042 +

注：$+p < 0.1$，$*p < 0.05$，$***p < 0.001$。

由模型 M7 - 38 可知，替代品吸引力对感知风险的影响显著（$a_1 = 0.257$、$p = 0.000$），替代品吸引力与价格水平交互项对感知风险的回归系数显著（$a_3 = -0.147$、$p = 0.012$）；由模型 M7 - 43 可知，感知风险对购后失调的回归系数显著（$b_1 = 0.126$、$p = 0.006$），感知风险与价格水平交互项对购后失调的回归系数显著（$b_2 = -0.170$、$p = 0.014$）。由于系数 a_1、a_3、b_1 和 b_2 都显著，根据叶宝娟等（2013）的研究结论，价格水平同时调节了中介效应（替代产品吸引力→感知风险→购后失调）的前、后半路径。使用偏差校正的百分位 Bootstrap 法计算 a_1b_2、a_3b_1 和 a_3b_2 的 95% 置信区间，分别为：a_1b_2 [-0.083，-0.018]、a_3b_1 [-0.041，-0.005] 和 a_3b_2 [0.007，0.061]，三个效应系数乘积的置信区间都不包括零，因此价格水平对中介效应前、后半路径的调节作用显著不为零。

把替代品吸引力对感知风险、感知风险对购后失调的作用，按照产品在同类产品中的不同价格水平分别进行模拟运算和比较，结果如表 7 - 22 所示。

表 7 - 22　　　　　　　　　　被调节的中介效应检验结果

组别	前半路径效应 （$X - M$）	后半路径效应 （$M - Y$）	间接效应 （$X - M - Y$）
低价格水平	0.276 ***	0.282 ***	-0.078 **
高价格水平	0.079	0.061	-0.005
高—低组间差异	-0.197 *	-0.220 *	0.073 *

注：$*p < 0.05$，$**p < 0.01$，$***p < 0.001$。

结果显示，价格水平高—低组间的前、后半路径都表现出显著差异（$\Delta\beta_1 = -0.197$、$p_1 = 0.031$；$\Delta\beta_2 = -0.220$、$p_2 = 0.018$）。对于价格水平较低的产品，替代品吸引力对感知风险的作用显著（$\beta_1 = 0.276$、$p_1 = 0.000$），感知风险对购后失调的作用显著（$\beta_2 = 0.282$、$p_2 = 0.000$）；对于价格水平较高的产品，替代品吸引力对感知风险的作用及感知风险对购后失调的作用都不显著。由于替代品吸引力对感知风险的影响作用及感知风险对购后失调影响作用在价格水平高、低组间存在显著差异，因而产品价格水平会对替代产品吸引力—感知风险—购后失调的前后半路径都起负向调节作用。假设 H7 - 16 得到支持。

7.3.4　研究结论与讨论

7.3.4.1　研究结论

本节研究旨在探讨网络销售中替代品吸引力对顾客购后退货意愿的影响机制，重点关注感知风险和购后失调在替代品吸引力与退货意愿之间的中介作用，以及过往经历和价格水平对中介效应"替代品吸引力—感知风险—购后失调"的调节作用。研究发现以下四点。

（1）消费者网络购物中对替代品吸引力的感知会对其购后失调和退货意愿产生显著正向影响作用；替代品吸引力对顾客退货意愿的影响会完全通过购后失调发挥作用，购后失调在替代品吸引力与退货意愿之间充当完全中介的角色。当网络购物消费者在预购买阶段掌握了较多具有吸引力的替代产品信息时，替代产品在整个交易阶段对消费者的吸引力较大。消费者购买决策需要比较和权衡众多替代产品，替代产品的高吸引力会增大消费者对购买产品表现的预期，并影响购后对产品的绩效感知，购前期望和购后感知的不协调催生消费者购后失调，以及缓解购后失调消极影响的退货行为。

（2）网络购物环境中替代品吸引力会对消费者感知风险产生显著的正向影响作用，感知风险会对消费者购后失调产生显著的正向作用，替代品吸引力对购后失调的影响会部分通过感知风险发挥作用，即感知风险在替代品吸引力与购后失调之间充当部分中介的角色。当顾客掌握了丰富的高水平吸引力替代产品信息时，网购决策难度增大，从而增强了交易的感知风险；高水平感知风险增大了购买产品的预期不确定性，导致购后失调水平增高。

（3）网络购物感知风险和购后失调在替代品吸引力与顾客退货意愿之间发挥链式中介作用，即替代品吸引力对顾客退货意愿的影响，会通过感知风险和购后失调进行传递。通过 Bootstrap 方法对比分析了购后失调作为中介变量的简单中介效应、与感知风险和购后失调同时作为中介变量的链式中介作用，结果显示链式中介效应与简单中介效应存在显著差异，且简单中介效应值远远高于链式中介效应值。因此，替代品吸引力对网络购物消费者退货意愿的作用主要通过购后失调发挥作用，也有部分效应同时通过感知风险和购后失调两个变量发挥作用。

（4）消费者购物经历中对网络购物和退货的满意情况，以及所购买产品在同类产品中的价格水平会对中介效应"替代产品吸引力—感知风险—购后失调"发挥调节作用，满意的过往经历会弱化感知风险对购后失调的正向影响作用，价格水平会弱化中介效应"替代品吸引力→感知风险→购后失调"的整条路径。当消费者对以往网络购物和退货经历满意度较低时，感知风险与购后失调间的影响关系更显著，意味着对于先前经历过购物或退货不满意的顾客，交易中感知风险会大大增大其购后失调；反之，当顾客购物和退货经历的满意度较高时，交易感知风险对购后失调的影响作用很弱甚至不显著。当所购买产品在同类产品中价格水平偏低时，网络购物消费者会更加关注替代产品相关信息的收集，从而强化了替代品吸引力对交易感知风险的影响作用；同时，交易感知风险对购后失调的影响作用也被强化。

7.3.4.2　理论价值与管理启示

本节研究的理论价值在于以下三点。

（1）本节研究重点探讨了替代品吸引力对网购消费者退货意愿的间接影响机制，验证了购后失调在替代产品吸引力与退货意愿之间的完全中介作用。现有文献中有关替代品吸引力对消费行为影响的研究，大多数探讨其作为转换障碍的子维度对转换行为的直接影响效应，侧重于其对消费者转换行为的影响，缺乏探讨其心理作用机制，本节研究结合认知失调理论探讨了替代产品对退货行为的心理作用机理，丰富了替代品吸引力对退货行为作用的理论研究。

（2）本节研究基于消费者心理角度，将感知风险引入替代品吸引力对退货意愿的影响路径中，探讨感知风险和购后失调两个心理变量同时作为中介变量的链式中介效应。现有研究成果虽然验证了购后失调作为退货行为的重要前置因子，但是鲜有涉及感知风险对退货行为的心理影响作用。本节研究对于链式中介效应的验证，通过引入购前和购后认知变量完善了替代品吸引力对退货行为的影响机理，还为探讨消费者退货行为心理影响机理的未来研究提供了一定的理论启示。

（3）本节研究探讨了顾客过往经历和产品价格水平对"替代品吸引力—感知风险—购后失调"中介效应的调节作用，揭示了不满意过往经历和低水平产品价格对替代品吸引力间接效应的强化作用，进一步充实了替代品吸引力对购后失调的作用机制，为后续探讨过往经历和价格水平对消费者退货行为的相关研究提供了理论借鉴。

本节研究的管理启示在于以下三点。

（1）替代产品吸引力对购后失调和退货意愿的促进作用表明，当网络销售环境中高水平吸引力替代品越多，网络购物消费者购后失调和退货意愿越高。替代品吸引力对退货意愿的促进作用会完全通过购后失调发挥，因而购后失调是替代品吸引力影响顾客退货意愿的关键制约环节，在分析替代产品竞争环境和减少消费者退货工作中发挥重要作用。对于替代产品多且吸引力强的网络零售环境和产品，网络购物平台和电商企业必须正视消费者的购后失调，积极通过一些措施消除购后失调的消极影响，如借助在线交流平台向消费者传递相关产品性能解释和使用信息，利用网络技术手段不断丰富产品评价信息、为消费者提供畅通的售后咨询和服务渠道等，通过良好的售后和合理的经济补偿化解购后失调消极情感，抑制可能导致的消费者退货行为。

（2）替代品吸引力对感知风险和购后失调的促进作用表明，当同类替代产品的可得性和吸引力较高时，消费者网购决策难度和形成的产品预期更高，进而增加了消费者对所购买产品的感知风险，导致产生购后失调情感的可能性增大。另外，感知风险对替代品吸引力与购后失调关系的部分中介作用表明，替代产品吸引力对购后失调的促进作用会部分通过感知风险发挥作用，故感知风险是替代产品吸引力作用于购后失调的中间环节。研究结论揭示，网络零售平台和电商企业可以通过采取各种措施，来预防和弱化网购顾客购后失调，如构建合适渠道促进消费者与电商企业或其他顾客的购前交流，通过给予及时、准确的答复消除顾客购前各类焦虑等。

（3）过往经历和价格水平对中介效应"替代产品吸引力—感知风险—购后失调"的调节作用表明，不满意的网络购物和退货经历、低水平的产品价格是替代品吸引力间接效应的必要条件，因此消费者过去一段时间内在网络购物平台上的购物和退货经历，以及同类产品的综合销售价格水平对于网络零售服务具有重要参考意义。当顾客以往经历的满意度较低时，购前感知风险对购后失调的影响作用更显著，这意味着以往购物经历的满意度能够有效阻止顾客感知风险向购后失调转化，因此通过提高网络零售的销售和退货服务，对于网络购物平台和电商企业消除顾客购后消极情感具有重要意义。当购买产品的价格水平较低时，替代品吸引力通过感知风险影响购后失调的间接效应更显著，而对于高价格水平产品，替代品吸引力通过感知风险影响购后失调的影响不显著。因此，对于价格水平低于同类产品均价的电商企业，完善售前服务降低消费者交易感知风险，对于缓解顾客购后失调具有重要意义。

7.4　本章小结

本章首先采用产品品牌知名度、网络零售商类型以及产品丰富度三个指标度量顾客对网络销售商实力的感知，基于认知失调理论探讨网络销售商实力对顾客退货意愿的影响机理；同时将顾客属性变量（性别和家庭年收入）、交易情境变量（情境规范和退货简便性）作为调节变量，探讨这两类变量对零售商实力影响作用的调节效应。此外，结合感知风险和认知失调理论，探讨替代品吸引力作为预购买阶段产品预期的形成依据，对顾客退货意愿的间接影响机制；并将顾客以往经历和产品价格水平作为调节变量，探讨这两个变量对替代品吸引力影响作用的调节效应。

第8章 基于顾客退货风险分析的退货策略设计研究

网络购物顾客的退货风险取决于两个方面：一是顾客主观退货风险，这类风险因消费者个体差异而不同；二是顾客客观退货风险，这类风险受产品属性和交易情境等因素影响。为了全面地了解网络销售中顾客的退货风险，需要将主观退货风险和客观退货风险加以综合衡量。本章研究首先构建了包含三个维度10个指标的主观退货风险指标体系；其次，从网络购物情境和产品属性的角度构建客观退货风险指标体系；最后，基于综合评价分别确定顾客主观退货风险的等级和网络交易客观退货风险的等级，形成主观—客观退货风险矩阵，并针对不同退货风险类型设计差异化的退货策略。

8.1 主观退货风险分析

第4章网购消费者主观退货风险的研究表明，顾客主观退货风险与其网络消费方式密切相关；不同类型退货风险的消费者在退货频率、购物和退货满意度上存在显著差异。另外，现有研究发现，顾客属性特征（如时尚特性、产品熟悉度和购买参与度）与顾客频繁退货行为密切相关。因此，本节研究拟从网络消费方式、消费满意度、个体属性特征三个方面构建消费者主观退货风险评定体系，对消费者主观退货风险进行分析和评估。

8.1.1　主观退货风险评价指标的确定

主观退货风险（subjective return risk，SRR）是由消费者的心理意识确定的风险，与消费者的主观特征密切相关。下面从消费者网络消费方式、消费满意度和个体属性特征三个方面确定主观退货风险的评价指标。

（1）网络消费方式。

第 4 章研究发现，网购顾客主观退货意愿及其各维度与网购顾客消费方式密切相关，包括退货运费险购买频率、网络购物频率、网络购物平台访问习惯和退货行为频繁度。

退货运费险购买频率，可以通过度量过去较长一段时间内（如 2 年），所有提供退货运费险购买的交易中，顾客购买运费险交易次数的比例。第 4 章主观退货意愿与消费方式的相关分析表明，伴随着网购中顾客购买退货运费险频率的增加，顾客感知的退货难度降低，对待无理由退货的态度更加积极，顾客主观退货风险更大。

网络购物频率，可以通过度量过去一段时间内（如 1 年）顾客的网购次数来衡量。随着网络购物频率的增大，周围亲友对顾客退货的理解和支持度越高，顾客感知的退货难度越低，其退货行为感受到的社会压力越低，导致主观退货风险越大。

顾客的网络购物平台访问习惯主要包括两种：一是经常去淘宝等网购平台浏览；二是只在有需求的时候才有针对性地去搜索访问。经常浏览网络购物平台的顾客，对无理由退货持赞同态度的比例较低，对退货行为的感知控制水平更高，实施无理由退货时感受到的社会压力较低，主观退货风险较高。

退货行为频繁度，可以通过度量过去一段时间内顾客退货次数占交易次数的比例来衡量。第 4 章潜剖面分析结论发现，高退货风险顾客组在退货行为频繁度上与正常退货风险顾客组和不敏感顾客组存在明显差异，高退货风险组顾客的退货行为频繁程度最高。

（2）消费满意度。

第 4 章潜剖面分析将网购顾客主观退货风险分为三个类型，并采用 BCH

方法检验不同类型退货风险顾客组在退货满意度和购物满意度上的差异。研究发现，正常退货风险顾客组的购物和退货满意度与其他两种类型的顾客组存在显著差异，高退货风险顾客组的购物和退货满意度较低。因此，为了识别高退货风险的顾客，可以关注那些能够体现顾客满意度的购物指标，比如顾客好评比例、在线评论平均分、投诉次数和频率等。伴随着顾客好评比例和在线评论平均分的降低，以及纠纷和投诉频率的增加，顾客主观退货风险增大。

（3）个体属性特征。

顾客的时尚特性与其频繁退货行为密切相关（康和约翰逊，2009）。高时尚性顾客往往具有冒险精神，购买新产品的意愿非常高（罗杰斯，2003）。然而，由于缺乏必要的经验借鉴，购买新产品往往具有高度不确定性，导致退货风险增大。另外，猎奇猎新的时尚型消费者购物行为更为频繁，对于网络销售环节、退货政策、退货流程等退货知识更为熟悉，退货对他们而言难度和消耗的精力更低，故退货行为频繁程度更高。因此，可以借助顾客对新产品的接受程度来衡量顾客时尚性，伴随着顾客时尚性的增高，其主观退货风险增大。

现有研究表明，产品熟悉度会影响顾客购前的产品预期，进而影响其后续消费行为。洪和帕夫洛（2014）研究指出，产品熟悉度会影响顾客对产品属性期望的不确定性，当产品属性不符合他们的购买前偏好时，顾客就会退回产品。阿里尼和基克（Areni & Kiecker，1993）认为，顾客依据对产品属性的了解形成产品预期，如果预期和所接收产品之间存在严重不匹配，消费者可能会产生退货行为。产品熟悉度用以刻画顾客在交易前对某类产品的功能、使用等知识的熟悉程度。因此，根据顾客以往购买同类产品的经历来判断顾客对该类产品的熟悉程度，顾客产品熟悉度的越高，其主观退货风险越小。

购买参与用以刻画消费者在购买决策过程中的努力程度。顾客高度参与到购物决策中意味着认真搜索和了解相关产品的信息和顾客评论，导致形成的初期认知往往更加稳定和准确（Chang & Tseng，2014）。反之，顾客低水平的购买参与往往伴随着冲动购物，导致购后出现认知冲突和失调的概率增大（Vonkeman，Verhagen，& Van Dolen，2017），从而增加顾客退货的可能性。因此，可以根据顾客购买前搜索和浏览同类产品的情况来判断顾客的购买参与度，顾客购买参与度越高，其主观退货风险越小。

综上所述，网络购物顾客主观退货风险的评价指标汇总如表 8 - 1 所示。

表 8 - 1 顾客主观退货风险评价指标

一级指标	二级指标	一级指标	二级指标
网络消费方式	运费险购买频率	消费满意度	顾客好评比例
	网络购物频率		综合在线评价分
	网购平台访问习惯		投诉频率
	退货行为频繁度	个体属性特征	顾客时尚性
			产品熟悉度
			购买参与度

8.1.2 基于 Cov-AHP 的主观退货风险指标权重的确定

用于指标权重确定的方法有很多，如德尔菲法、专家打分法和层次分析法（AHP）等，但这些方法受专家的经验知识和主观判断的影响较大，不同的专家对同一个指标重要程度的评价也会有较大的区别，因此具有较强的主观性，为了减少主观判断误差对分析结果的影响，本节研究采用 Cov-AHP 对上述指标进行赋权。Cov-AHP 法采用定性定量相结合的方法，根据协方差的大小来衡量指标之间的相对重要性，是对传统层次分析法的一种改进。其主要思想为：通过专家打分，得到同一层次指标之间相对重要性的初始打分矩阵，并计算协方差矩阵，进而变换成判断矩阵，最后通过层次分析法计算综合判断矩阵的特征值和特征向量，从而得到各指标的权重（李鲁洁等，2019）。与传统层次分析法相比，Cov-AHP 法综合了不同专家对系统要素相对重要性做出的主观判断，有效地克服了专家的个人偏好，有利于提高计算结果的准确性（谢忠秋，2015）。基本步骤如下所述。

步骤一：邀请了 6 位专家对各层次指标的相对重要性进行打分，这些专家都是长期从事退货管理和退货行为研究、消费者行为研究的高校学者、教授，并拥有丰富的网络购物和退货经验（调查问卷详见附录 5）。接受访问的专家采用 1~9 标度法对指标间的相对重要性进行打分，以准则层为例，第一位专家的打分矩阵如表 8-2 所示。为确保数据的有效性，排除存在逻辑错误的数据，分别对每个专家的打分矩阵进行一致性检验，得到 $CR_1 = 0.0565$，$CR_2 = 0.0158$，$CR_3 = 0.0334$，$CR_4 = 0.0334$，$CR_5 = 0.0565$，$CR_6 = 0.0565$，均小于 0.1，表明 6 位专家的打分矩阵都有效。

表 8-2　　　　　　　　　　　　专家 1 打分矩阵

指标	网络消费方式	消费满意度	个体属性特征
网络消费方式	1	5	1/3
消费满意度	1/5	1	1/7
个体属性特征	3	7	1

步骤二：对协方差进行变换和计算，用各列协方差 a_{ij} 除以该列对角线上的协方差数值 a_{jj}（黄桂林和魏修路，2019），得到相对协方差矩阵 B，相对协方差矩阵对角线上的元素为 1。

应用式（8-1）将相对协方差矩阵变为判断矩阵，使其满足判断矩阵的特征，并利用式（8-2）将 6 个专家的判断矩阵进行综合，得到综合判断矩阵。其中，θ_n 表示第 n 个专家的权重，b_{ijn} 为第 n 个专家判断矩阵，如表 8-3 所示。

$$c_{ij} = \frac{a_{ij}}{\sqrt{b_{ij}b_{ji}}}; c_{ji} = \frac{1}{c_{ij}} \qquad (8-1)$$

$$\log d_{ij} = \sum (\theta_n \times \log c_{ijn}) \qquad (8-2)$$

表 8-3　　　　　　　　　　　　专家 1 协方差矩阵

指标	网络消费方式	消费满意度	个体属性特征
网络消费方式	6.3704	1.2063	7.5556
消费满意度	1.2063	0.2297	1.4095
个体属性特征	7.5556	1.4095	9.3333

下面以第一位专家打分矩阵为例，计算相应协方差矩阵和判断矩阵。

应用 Excel 中相关函数计算求得专家 1 的协方差矩阵（见表 8 - 3），基于式（8 - 1）求得专家 1 的判断矩阵（见表 8 - 4）。

表 8 - 4   专家 1 判断矩阵

指标	网络消费方式	消费满意度	个体属性特征
网络消费方式	1	5. 2667	0. 8262
消费满意度	0. 1899	1	0. 1569
个体属性特征	1. 2104	6. 3749	1

同理，依次计算出另外 5 位专家的判断矩阵，并应用式（8 - 2）将其进行综合，得到准则层的综合判断矩阵，如表 8 - 5 所示。

表 8 - 5   准则层综合判断矩阵

指标	网络消费方式	消费满意度	个体属性特征
网络消费方式	1	1. 184550978	0. 523855
消费满意度	0. 844202	1	0. 442239
个体属性特征	1. 908927	2. 261220961	1

得到综合判断矩阵后，应用层次分析法计算准则层各指标的权重为：

$$\omega_i = \{0. 2665, 0. 2249, 0. 5086\}$$

一致性检验结果显示 $CR = 0 < 0.1$，可知该矩阵通过了一致性检验，说明准则层的权重值有效。因此，网络消费方式、消费满意度和个体属性特征三个一级指标的权重分别为 0. 2665、0. 2249 和 0. 5086。

同理，计算其他二级指标的权重，并进行层次总排序，结果如表 8 - 6 所示。

表 8 - 6   顾客主观退货风险指标权重

一级指标	权重	二级指标	权重	综合权重
网络消费方式	0. 2665	运费险购买频率	0. 2953	0. 0787
		网络购物频率	0. 2093	0. 0558
		网购平台访问习惯	0. 0662	0. 0176
		退货行为频繁度	0. 4292	0. 1144

续表

一级指标	权重	二级指标	权重	综合权重
消费满意度	0.2249	顾客好评比例	0.2984	0.0671
		综合在线评价分	0.1490	0.0335
		投诉频率	0.5526	0.1243
个体属性特征	0.5086	顾客时尚性	0.3168	0.1612
		产品熟悉度	0.4071	0.2070
		购买参与度	0.2761	0.1404

由表8-6可知，一级指标中个体属性特征的权重最大，达到了0.5086，然后依次是网络消费方式和消费满意度。说明顾客本身对产品的熟悉度、时尚的敏感性和购物时所付出的努力程度等个体属性特征对于其主观退货意愿的影响最大，是评估消费者主观退货风险的关键性指标。网络消费方式和消费满意度的权重次之，二者的权重值相差较小，对网购消费者主观退货意愿的影响差异较小。

计算每个二级指标的综合权重，结合帕累托法则对其进行分析，将这些指标分为两个等级：（1）关键性指标，包括产品熟悉度、顾客时尚性、购买参与度、投诉频率和退货行为频繁度，指标数量占总指标数的50%，累计综合权重为74.74%。（2）一般性指标，包括运费险购买频率、顾客好评比率、网络购物频率、综合在线评价分和网购平台访问习惯，指标数量占总指标数的50%，累计综合权重为25.26%。

8.1.3　网络购物顾客主观退货风险的评估

在确定了顾客主观退货风险的评价指标体系后，可以设计相应的评价方法针对网络购物中的顾客进行退货风险评价。网络购物顾客主观风险的评估工作可以从以下三个步骤展开。

步骤一：建立主观退货风险评判对象集和风险评判因素集。鉴于主观退货风险评价指标需要一定的消费数据，将网络购物平台上消费资历2年及以上的顾客作为评判对象集。建议评判顾客对象集每半年更新一次，以便于及

时对有足够数据的顾客进行主观风险评估。同时，将 8.1.1 节中形成的主观
退货风险指标体系作为风险评判因素集。

步骤二：建立风险评语集（高风险、中风险、低风险）。采集评判对象
集中所有顾客的相关数据，通过计算和比较所有顾客的相关指标数据，依据
风险评语集确定每个顾客对应的风险评判矩阵。

步骤三：确定评判对象集中每个顾客的主观退货风险级别。针对风险评
判矩阵进行相应运算，判断每个顾客二级风险评价指标的风险等级；进一步
基于二级指标权重和相关综合函数运算，计算顾客关于每个一级风险评价指
标的风险级别；依据一级指标权重和相关运算，确定每个顾客的主观退货风
险等级。

8.2 客观退货风险分析

第 3 章基于模糊集 DEMATEL 方法识别网络购物顾客退货行为的关键因
素，研究发现，网络购物情境因素包括网站信息、销售商综合实力、替代品
吸引力、情境规范和退货简便性，是影响消费者退货行为的关键因素。另外，
现有研究从产品不同特征的角度，发现产品类别也会影响顾客的退货行为。
因此，本节将从网站信息、销售商综合实力、替代品吸引力、情境规范、退
货简便性和产品类别六个方面来分析网络购物的客观退货风险。

8.2.1 客观退货风险一级评估指标的确定

（1）网站信息。

网站信息包括网页上的产品信息和在线顾客评论，采用网页产品描述信
息的准确和翔实程度、在线顾客评价得分、在线顾客好评比率三个指标进行
衡量。作为顾客交易前评估产品表现的重要依据，网站信息会对顾客的购买
和退货行为产生影响。贝奇瓦蒂和西格尔（2005）研究发现，顾客购后消极
的产品评价往往是由于购前不能从销售商网站上获取足够的产品知识信息，

进而影响其退货概率。沃尔什和莫林（Walsh & Moehring, 2017）研究指出，消费者获取产品信息的渠道受到的限制越大，其退货的可能性就越大。网络销售商可以采用两种方式通过网站向消费者提供产品信息：一是采用图像交互和视频技术等向消费者提供更详细准确的信息；二是通过在线顾客评论帮助顾客了解其他顾客的使用感受。现有研究表明，这两类网站信息都与消费者退货行为密切相关。第 6 章研究引入购后失调作为中介变量后发现，网站信息质量水平对网购顾客退货意愿具有负向影响作用。因此，网络零售中网站信息质量水平的提高，会降低网购交易客观风险。

（2）销售商综合实力。

第 7 章从品牌知名度、网络零售商类型以及产品丰富度三个方面来度量网络销售商的综合实力。产品品牌知名度越高、销售产品种类越丰富，意味着该网络销售商综合实力越强；企业型销售商实力强于个人型销售商，平台经营销售商实力强于一般企业型销售商。网络销售商综合实力在购后能够通过强化顾客购买信心缓解顾客购后消极情感（森贝斯等，2014）。较高综合实力的网络销售商使得顾客更加信赖（Thorelli, Jee & Jong, 1989），当出现购后失调消极情感时，顾客更倾向于借助调整预期、积极心理暗示等策略来缓解心理失调（Szajna & Scamell, 1993），从而降低了顾客的退货需求和意愿。因此，伴随着网络销售商综合实力的上升，网购零售中客观退货风险越低。

（3）替代品吸引力。

替代品吸引力是指消费者感知替代产品的可获取性及其与购买产品相比的性价比（Tesfom & Birch, 2011），用以刻画替代产品的可得性和吸引力，本节研究采用其他渠道可得、其他销售商可得和产品性价比三个指标进行衡量。替代品吸引力对顾客购后失调有积极影响（沙里菲和埃斯菲达尼，2014；Liu et al., 2016），伴随着替代品可得性和性价比的提高，顾客购后感知的认知冲突越强烈。替代品的可得性和性价比也会影响消费者的转换行为意愿（Jones, Mothersbaugh & Beatty, 2000），当没有替代品可供选择或者替代品性价比较低时，具有真实需求的顾客会保留已购买产品（Tesfom & Birch, 2011）。因此，作为影响顾客购后失调和转换行为的重要因素，替代品吸引力会对顾客退货决策产生重要影响（Solvang，2007），替代品吸引力越大，网购交易客观退货风险越大。

（4）情境规范。

由于网络购物的远程交易和虚拟交易特性，导致网络购物交易的情境规范成为顾客形成初始信任的一个重要前因。本节研究从网络购物优势、需求吻合等方面，采用网络购物比例、综合优势、需求吻合和简单便捷四个指标衡量情境规范。网络交易情境规范程度越高，顾客对网络交易的初始信任水平会越高（Eastlick & Lotz，2011），高水平初始信任能够缓解顾客购后失调的心理情感变化（盖尔特和严，2004）。伊斯特里克和洛兹（2011）进一步指出，网络购物交易环境下顾客的初始信任会对其后续消费行为产生重要影响。因此，网络交易中规范化的购物情境使顾客形成较高的初始信任，缓解购后产生的认知失调情绪，降低网购交易客观退货风险。

（5）退货简便性。

退货简便性是指顾客在网络购物中实施退货的简单和便利性，用以刻画顾客退货过程的难度或需要付出的努力。本节研究从互动便利、解决方案和优质服务三个方面衡量退货简便性。兰兹和约尔特（2013）研究发现，伴随着退货服务中退货难度的降低，产品的退货率和退货总价值会增加。阿桑和拉曼（2016）将退货过程的简单和便捷性的相关指标用于衡量销售商的退货服务质量，并指出顾客退货所需付出的努力越小，顾客退货意愿越强。因此，退货简便性程度越高，网购交易的客观退货风险越大。

（6）产品类型。

学者们根据是否需要通过体验来准确评估产品表现绩效，将网络零售产品分为搜索型和体验型两种类型。对于搜索型产品，顾客可以借助搜索的产品信息较为准确地评估产品表现，如电脑、U盘等；而对于体验型产品，顾客则需要购买或使用后才能较为准确地评价产品表现，如时装等。洪和帕夫洛（2014）指出，体验型产品的匹配不确定性更高，导致其顾客退货率要高于搜索型产品。因此，相比于搜索型产品，体验型产品网购交易的客观退货风险更高。

8.2.2　基于多元分析法的指标权重体系设计

8.2.2.1　一级指标权重的设计

利用实证研究部分获得有效调查问卷数据，将上述六个指标变量对顾客退货意愿进行多元回归分析，多元回归方程的 R^2 为 0.143。分析结果如表 8 - 7 所示。

表 8 - 7　　　　　　　　　　　多元回归分析结果

自变量	网站信息	销售商实力	情境规范	退货简便性	替代品吸引力	产品类型
标准化系数	- 0.281	- 0.151	- 0.028	0.057	0.138	0.121
显著性	0.000	0.000	0.502	0.206	0.000	0.001

注：因变量为顾客退货意愿。

由表 8 - 7 多元回归分析结论可以看出，网络购物情境规范和退货简便性对顾客退货意愿的影响作用并不显著，这与我国网络销售环境的发展和完善密切相关。近十年来，我国网络销售市场的地位不断攀升，国家和相关监管部门出台各类政策和法规规范网络销售市场；各大网络销售平台、物流企业等相关企业组织，借助现代信息技术和大数据处理，不断完善标准化网络交易流程、改善网络购物服务体验；消费者从十年前初试网络购物，至今接纳其成为自身生活的重要组成部分，是推动网络销售市场发展和完善的直接动力。在政府、企业和消费者三方合力作用下，我国网络销售市场规范化和标准化程度不断提高，导致不同网络销售平台的情境规范和退货简便性并没有太多差异，进而削弱了其对网购顾客退货意愿的影响作用。

删除情境规范和退货简便性两个变量的影响后，我们可以得到顾客退货意愿关于网站信息、销售商实力、替代品吸引力和产品类型的多元回归方程，如式（8 - 3）所示，其中，X_1 是网站信息、X_2 是销售商实力、X_3 是替代品吸引力、X_4 是产品类型。

$$Y = - 0.281 X_1 - 0.151 X_2 + 0.138 X_3 + 0.121 X_4 \qquad (8 - 3)$$

多元回归方程中，标准化系数可以衡量影响指标对顾客退货意愿的贡献程度，可以作为确定相应指标权重的依据。由于多元回归模型的标准化系统绝对值之和不等于 1，而同一组指标权重之和等于 1，需要进行归一化处理：

$$w_i = \beta_i / \sum_i \beta_i \qquad (8-4)$$

其中，w_i 是指标 X_i 的权重，四个指标的权重之和等于 1。结合式（8-3）和式（8-4），可以求得网站信息、销售商实力、替代品吸引力和产品类型四个指标的权重分别为 0.407、0.218、0.200 和 0.175。

8.2.2.2   二级指标权重的设计

针对所有二级指标，对数据进行因子分析和主成分分析。分析结果如表 8-8 和表 8-9 所示。从 9 个二级指标中成功地提炼出三个公因子，分别是：网站信息主要包含指标 WI1 ~ WI3、销售商实力主要包含指标 SS1 ~ SS3，以及替代品吸引力主要包含指标 AA1 ~ AA3，因子分析结论支持了三个一级指标及其二级指标的确定。对主成分中因子载荷的各一级指标下具有显著水平的二级指标系数得分进行归一化处理，求得网站信息的二级指标权重分别为 0.353、0.359 和 0.288，销售商实力的二级指标权重分别为 0.319、0.346 和 0.335，替代品吸引力的二级指标权重分别为 0.307、0.356 和 0.337。

表 8-8   主成分列表

因子	初始特征值			旋转提取方差和		
	特征值	方差百分比	累计百分比	特征值	方差百分比	累计百分比
1	2.332	25.916	25.916	2.034	22.600	22.600
2	1.869	20.768	46.684	1.828	20.312	42.912
3	1.476	16.403	63.086	1.816	20.174	63.086
4	0.698	7.761	70.847			
5	0.675	7.505	78.352			
6	0.634	7.039	85.392			
7	0.549	6.104	91.496			
8	0.468	5.203	96.698			
9	0.297	3.302	100.000			

表8-9   因子载荷矩阵

指标	主成分		
	1	2	3
WI1	0.863	0.057	0.052
WI2	0.877	0.108	0.069
WI3	0.704	-0.126	0.141
SS1	0.118	0.009	0.731
SS2	0.044	-0.135	0.794
SS3	0.086	0.082	0.769
AA1	0.015	0.706	0.130
AA2	0.031	0.819	-0.092
AA3	-0.020	0.776	-0.081

　　为了更好地识别网购交易中的客观退货风险，基于一级和二级指标权重，计算出所有具体指标的综合权重，并根据权重大小，将所有指标分为A类和B类，A类指标对于识别客观退货风险最为关键，B类是识别客观退货风险的一般性指标。网络购物交易的客观风险评价指标体系如表8-10所示。

表8-10   客观退货风险指标体系

一级指标及权重	二级指标及权重	综合权重	指标类型
网站信息 （0.407）	产品信息质量水平（0.353）	0.144	A
	顾客在线评价得分（0.359）	0.146	A
	顾客在线好评比例（0.288）	0.117	A
销售商实力 （0.218）	品牌知名度（0.319）	0.070	B
	零售商类型（0.346）	0.076	B
	产品丰富度（0.335）	0.073	B
替代品吸引力 （0.200）	其他渠道可得性（0.307）	0.061	B
	其他销售商可得性（0.356）	0.071	B
	替代品性价比（0.337）	0.067	B
产品类型（0.175）		0.175	A

8.2.3　网络购物交易客观退货风险的评估

网购交易客观退货风险的评估工作与顾客主观退货风险评估相似。鉴于客观退货风险评价需要从不同方面展开，根据客观退货风险评价指标及其权重，分别对网站信息、销售商实力、替代品吸引力和产品类型等不同方面进行风险评价后再综合计算整体客观退货风险，具体工作包括以下四点。

（1）网站信息风险评估。

采用同类产品网页比较、顾客打分等多种途径对网页上产品信息的准确性和全面性进行分析评价，依据帕累托分类思想，将销售同种类型产品的网页产品信息评分进行排序，排序在后30%的为高风险，排序在前30%的为低风险，居中的为中风险。另外，将在线顾客评论得分和好评比例进行同样排序，按照相同思想确定相应的高风险、中风险和低风险。依据二级指标权重进行相关运算，确定网络销售网站信息的综合风险等级。

（2）销售商实力风险评估。

通过对销售品牌的知名度和档次及销售产品品种和花色的丰富程度进行评估，结合网络销售商类型和等级的分析，分别从销售产品品牌知名度、销售商类型和产品丰富度三个方面评估退货风险，并依据二级指标权重进行相关运算，确定网络销售商实力的综合风险等级。

（3）替代品吸引力风险评估。

通过对不同网络销售渠道及相同网络销售平台上同类产品的销售情况和价格的比较，从竞争产品的其他渠道可得性、其他销售商可得性和性价比三个方面评估退货风险，并依据二级指标权重进行相关运算，确定替代品吸引力方面的综合风险等级。

（4）产品类型风险评估。

依据产品类型和同类产品的平均退货率，将高退货率的体验型产品界定为高风险，将低退货率的搜索型产品界定为低风险，其他的界定为中风险。

将四个一级指标的风险评估值，依据相应指标权重进行运算，确定交易的客观风险等级。

8.3   网络购物退货策略研究综述

退货问题一直受到国内外学者的广泛关注，退货策略是消费者退货研究中热点问题之一。相关研究表明，宽松的退货政策不仅能够通过降低消费者感知风险来刺激消费者的需求，还会促进消费者退货行为。通过相关文献的梳理，目前退货策略相关研究主要集中在退货策略的选择、退货运费策略和退货策略宽松度三个方面。

8.3.1   退货策略的选择

针对退货策略选择的研究，主要包含两个方面。一是研究销售商是否提供退货政策。杨慧等（2019）探讨了退货产品净残值大小和零售商竞争情况对销售商退货政策选择的影响，研究发现，当退货产品净残值为正时，零售商能够通过提供退货策略增大收益，但是市场竞争会削弱退货策略的获利效果。刘健等（2020）指出，如果顾客退货概率较小，零售商应开通顾客退货服务。反之，则应取消退货服务。当顾客退货概率较大时，零售商开通退货服务时需要与制造商达成相关退货协议，通过转移退货损失来增大利润。张福利等（2017）研究指出，当再处理成本较低时，接受退货是零售商的最优退货策略；当再处理成本较高时，不接受退货是零售商的最优退货策略。周振红和黄深泽（2019）探讨顾客产品估值对预售和退货策略的影响，指出当顾客的商品估值较低或不确定性较大时，不建议零售商进行预售；当顾客的商品估值较高或不确定性较低时，建议零售商选择提供退货服务的预售策略。

二是研究不同情形下销售商采取何种退货政策。赵菊等（2019）研究发现，顾客产品匹配率对零售商选择全渠道退货策略具有促进作用，顾客产品匹配率的增加会降低零售商的退货风险，导致全渠道退货策略优势更明显，当匹配率高于某个临界值时，全渠道退货策略是占优的。杨道箭和张秀杰（2020）研究发现，网络销售中，购买低价值类商品的顾客选择实体店退货（return to store，RTS）的意愿更高。对比退款保证和无忧退货两个退货政策，若两种政策的消费者行为影响相同，无忧退货政策更具有成本优势；伴随着产品质量水平的提升，销售商应该提高产品退货麻烦的设置（Hsiao & Chen，2014）。严和裴（Yan & Pei，2018）研究指出，在 O2O 销售市场中，销售商采用差异化的退货策略是有利的。姜宏等（2012）研究发现，无条件退货策略更适合于顾客偏好风险、产品在顾客心中的价值波动或产品需求波动较大的情况。

8.3.2 退货运费策略

针对退货运费策略的研究，主要包含两个方面。一是退货运费策略的选择。赵骞等（2019）针对退货运费险之类的退货担保服务政策，研究指出，当机会主义消费者比例较小时，销售商应该提供退货担保服务，反之则不提供退货担保服务。赵晓敏和胡淑慧（2019）指出，当商品的无缺陷退货比例较低时，宜采用消费者承担退货运费策略，反之宜采用商家承担退货运费策略。但是如果退货政策对需求的促进作用不足以抵消退货的负面影响，在线零售商的最佳退货策略是让消费者来承担退货运费。申成霖和张新鑫（2011）研究指出，退货运费承担策略与商品特征有关，对于图书音像这类标准化商品，宜采取消费者承担运费策略来规避盲目或恶意退货行为的发生；而对于服装类商品，宜采用商家承担运费策略。

二是差异化退货运费策略的制定。张梅梅和胡宏伟（2013）研究指出，退货运费险应该实行差别定价：对高退货率的消费者，保险公司需要制定较高的保费标准；退货运费险的保费标准尽量少与店铺平均退货率挂钩，减缓在线零售商对运费险的排斥情绪。赵骞等（2019）同样支持商家提供差异化的退货担保服务，针对机会主义消费者，应该提高退货担保服务的定价；而针对普通消费者，则提供适当定价的退货担保服务。

8.3.3 退货政策宽松度

针对退货政策宽松度，主要包含三个方面。一是从退货障碍的角度诠释退货政策宽松度。单汨源等（2016）认为，在线零售商可以通过控制退货麻烦成本来控制消费者机会主义行为的发生，比如更加严格的退货期限、退货要求和退货手续等。退货费用和退货期限增加了消费者的麻烦成本（hassle cost），故适当的退货费用和退回期限能够有效地减少消费者退货行为（Shulman，Coughlan & Savaskman，2010）。

二是研究不同因素对退货政策宽松度设计的影响。穆克霍帕德耶和塞托普特罗（Mukhopadhyay & Setoputro，2004）指出，如果顾客对退货不敏感，在线零售商适合提供宽松的退货政策。单汨源等（2016）借助退货次数占退货运费险购买次数的比例来识别消费者潜在退货风险，指出零售商宜采用赠送退货运费险的策略来应对高水平退货风险消费者。单汨源等（2015）认为，零售商可以针对不同价值商品设计差异化退货策略，低价商品宜采取宽松退款策略，高价商品则应提高分担退货费用比例。

三是从退货价格角度探讨退货策略宽松度。任鸿美和吴清烈（2014）指出，零售商退货价格策略的制定应关注消费者对竞争者价格的敏感程度。当消费者的敏感较高时，可以提高退货价格；反之则要控制退货价格。姜宏等（2012）研究发现，顾客的惰性（顾客维持原状意愿的特性）会增大销售商的最优退货价格，边际惰性效用贡献率越大，最优退货价格就越高。林等（Lin et al.，2020）研究发现，当消费者异质性及高价值消费者比例很高时，销售商会增大最优退货价格。销售商退货政策的设计需要考虑顾客对销售产品的熟悉度和产品退货努力水平，当产品退货需要更多努力时，鲜为人知的销售商比知名竞争对手从慷慨的退货政策中收益更多，只有当产品退货努力低时，知名销售商才能够从慷慨的退货政策中收益（Jeng，2017）。

8.4 基于退货风险的网络购物退货策略设计

8.4.1 基于主观退货风险的退货策略设计

通过整理现有研究文献可知，退货运费险策略是网络零售商用来应对消费者机会主义退货行为的关键措施。基于现有研究结论，网络零售商可以依据顾客主观退货风险评估，采取两阶段的差异化退货运费险策略。

阶段一，依据店铺和网络购物平台上购买同类商品的机会主义消费者比例高低，决策是否提供退货运费险服务。根据店铺和网络平台上同类商品消费顾客的主观退货风险评估，确定机会主义消费者比例高低，如果机会主义消费者占比高，不适宜提供退货运费险服务；反之，可以为网络购物顾客提供退货运费险服务。

阶段二，如果网络零售商为消费者提供退货运费险服务，依据顾客的主观退货风险高低确定退货运费险的定价策略。当顾客的主观退货风险高时，应设计较高的运费险价格，并由网购消费者承担运费险购买费用；当顾客主观退货风险中等时，应设计较低的运费险价格，由消费者自行购买和支付运费险金；当顾客主观退货风险低于正常水平时，可以选择赠送运费险的策略，进而刺激这类优质顾客的消费需求。

此外，网络购物平台要对网购顾客的消费行为和个体属性等特征数据进行分析，基于顾客主观退货风险的评估，对网购顾客进行风险等级划分。对于高风险等级的顾客，网络购物平台应该通过降低退款比例、设置退货障碍、增加退货努力等措施，执行严格的退货政策；对于普通风险等级的顾客，采取正常退货政策即可；对于低风险等级顾客，当出现购后不满意时，通过增强售后服务、积极补偿等服务补救措施，缓解顾客购后消极情绪，提高顾客满意度和降低退货意愿。

8.4.2　基于客观退货风险的退货策略设计

网络交易客观退货风险主要源于交易情境和产品特征两个方面，不少研究文献从不同方面探讨各类因素对退货政策的影响作用。基于文献分析和整理，本节研究从退货策略选择、退货运费策略和退货政策宽松度三个方面汇总相关退货策略设计的研究结论。

伴随着全渠道营销时代的到来，网络购物退货策略也开始由单纯的线上同渠道退货转变为线上线下全渠道退货，线上购物线下退货策略近年来引起

了很多学者的关注。现有研究表明，零售商可以针对不同属性的产品采取差
异化退货策略。伴随着产品价值的下降，网络渠道退货损失相对较大，顾客
退货意愿降低，导致传统无理由退货政策吸引力下降。因此，对于价值较低
的产品，可以通过提供全渠道退货策略刺激顾客需求。另外，伴随着网站信
息质量水平的上升，顾客通过网站信息能够更好地事前评估购买产品，增大
了产品匹配度，从而降低零售商的退货风险，采用全渠道退货策略不仅不会
造成退货率的大幅度上升，还能有效地刺激消费者需求。

伴随《消费者权益保护法》的修订，七日无理由退货成为网络销售必须执
行的退货政策，网络零售商的退货运费策略开始得到广泛关注。现有研究指出，
退货运费策略与商品特性紧密相关。当商品的无理由退货比例较低时，导致客
观退货风险较低，网络零售商可以采用让消费者自行购买运费险的退货策略，
降低费用支出的同时避免顾客的机会主义退货行为；反之，当商品的无理由退
货比例高时，客观退货风险较高，网络零售商可以采用赠送运费险的方式。例
如，对于像图书音像这类标准产品，产品的退货大多是由于产品质量等原因造
成的，无理由退货比例很低，应采取消费者自己购买运费险和承担运费的退货
策略；而对于服装类产品，这类产品退货大多源于顾客购后不满意，导致无缺
陷退货比例很高，网络零售商承担运费险的购买费用，能够有效地打消顾客购
后顾虑，通过宽松的退货政策有效地刺激消费者潜在需求。

尽管网络市场的发展使得网络销售流程标准化程度不断增加，但是不同
网络购物平台、不同销售商在退货期限、退货要求和退货手续上仍然存在一
定差异，执行不同宽松度的退货政策。现有研究表明，产品价值、退货障碍
和企业知名度都会对退货宽松度产生影响。对于低价值商品，适合采用宽松
的退货政策，宽松政策带来的需求促进作用会超过其对退货量的消极作用。
当退货努力水平较高时，知名度低的销售商采取宽松退货政策是有利的；反
之，高知名度销售商采取宽松的退货政策更有利。

8.4.3　退货风险—退货策略匹配设计

将网络购物顾客的主观退货风险（高—中—低，H - M - L）作为纵坐

标，网络购物交易的客观退货风险（高—中—低，h－m－l）作为横坐标，依据网购顾客主观退货风险和网购交易客观退货风险的等级评估，可以将网络交易退货风险划分为 3×3 的退货风险评估矩阵。综合基于主观退货风险和客观退货风险的策略分析结论，将退货风险评估矩阵分成五个风险区域（见图 8－1）。

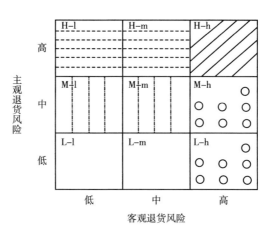

图 8－1　网络购物退货风险评估矩阵

H－h 风险区：这个区域内网购交易客观退货风险和主观退货风险都很高。一方面，由于客观退货风险很高，网络销售商和网络购物平台应提供严格的退货政策，通过退货时间、退货要求等方面提高顾客的退货努力；另外，不适合采用全渠道退货策略，仅接受网络渠道的产品退货；严格的退货政策和同渠道退货策略能够有效地降低退货数量。另一方面，由于这些顾客属于高退货风险类型，对这类顾客可以限制退货运费险策略的使用，可以选择不提供退货运费险服务，或者提供顾客自行购买的高定价退货运费险服务，尽可能避免这些高退货风险顾客的机会主义退货行为。

H－l 和 H－m 风险区：这个区域内网购交易的客观退货风险较低、主观退货风险高。一方面，由于客观退货风险较低，网络销售商和网络购物平台可以采用慷慨的退货政策，减少顾客退货时的障碍成本；还可以采用全渠道退货策略，让顾客可以将网络购买的产品通过实体店铺退货；宽松的退货政策和全渠道退货策略的采用，能够有效地刺激消费者的潜在产品需求。另一方面，尽量不为这个区域内顾客提供退货运费险服务，或提高顾客自行购买运费险的定价，降低机会主义退货行为的发生概率。

L–l 和 L–m 风险区：这个区域内网购交易的客观退货风险较低、主观退货风险低。一方面，采用慷慨的退货政策，结合全渠道退货策略，降低网络购物的退货努力。另一方面，由于这些顾客属于低风险类型，机会主义退货行为较少，网络零售商可以为这类顾客赠送退货运费险。由于该区域内主观和客观退货风险都很低，宽松的、全渠道的退货政策，以及零售商赠送退货运费险策略并不会引起无理由退货量的明显增加，但对顾客需求却具有很好的促进作用。

M–h 和 L–h 风险区：这个区域内网购交易的客观退货风险高、主观退货风险低。一方面，由于客观退货风险高，网络零售商和网络购物平台可以采用严格的退货政策，不适合采用全渠道退货策略，仅接受网络渠道的产品退货，借助严格的退货策略控制消费者退货行为的发生。另一方面，由于顾客的主观退货风险较低，因此这个区域的退货大多是由于产品或交易情境因素导致的，网络零售商应该采用赠送退货运费险的策略，在缓解严格的退货策略给顾客需求带来的消极影响外，也可以通过降低退货费用来提高顾客的退货满意度。

M–l 和 M–m 风险区：这个区域内网购交易的客观退货风险较低、主观退货风险居中。一方面，可以通过采用慷慨的退货政策，结合全渠道退货策略，刺激顾客的产品需求。另一方面，由于顾客的主观退货风险居中，网络零售商应该给这个区域的顾客提供退货运费险服务，采用消费者自行购买且保费定价较低的退货运费险策略。

8.5　本章小结

本章从网络消费方式、消费满意度、个体属性特征三个维度确定了 10 个网购顾客主观风险评估指标，并基于 Cov-AHP 分析和确定了指标权重；从网站信息、网络销售商实力、替代品吸引力等 6 个方面提出网购交易客观退货风险的影响因素，提出了包含 10 个指标的客观退货风险的四维度指标体系，基于多元分析法确定了指标权重。另外，基于退货策略研究文献的整理和分析，从退货策略选择、退货运费策略和退货政策宽松度三个方面提炼相关研究结论。基于主观和客观两个维度构建退货风险评估矩阵，并提出与不同风险区域匹配的退货策略，实现基于退货风险评估的退货策略匹配设计。

第9章 研究结论与对策建议

9.1 消费者退货行为的研究结论

9.1.1 消费者退货行为关键前因及其影响机理研究

基于文献研究和梳理，从消费者个体特征、产品特征、电商企业特征和网络交易环境四个方面提炼了16个消费者退货行为影响因素，结合专家打分和基于模糊集 DEMATEL 分析方法，通过分析网络购物消费者退货行为影响因素之间的相互关系识别关键因素。研究发现，网站信息是与其他因素关联密切的原因因素，是整个影响体系中关键性前端因素；销售商综合实力、替代品竞争力、情境规范和退货简便性与其他因素关联紧密，且影响度和被影响度都较高，是整个影响体系中关键性的中间节点因素；感知风险和购后失调的影响度低、被影响度高，对其他因素的影响效应起关键性传递作用，是影响体系中的关键性末端因素，更是影响消费者退货行为的关键性心理变量。因此，购后失调和感知风险是解释不同因素对消费者退货行为心理影响机理的重要中介变量。

消费者行为的研究离不开心理机制的推演，为了更好地探讨不同因素对退货行为的影响机理，基于认知失调理论探讨购后失调对顾客退货意愿的重要影响作用，并结合信任理论分析界定网络交易情境规范和顾客产品熟悉度对购后失调影响作用的调节效应。研究发现以下四点结论。

（1）网络购物中购后失调对顾客退货意愿有正向影响作用，购后失调会增大顾客的退货意愿，是网络购物顾客退货行为的重要前置心理诱因。虽然消费者退货原因各异，但是购后失调会在退货行为的心理演变中发挥重要作用。无论是网站信息质量低下、网络零售商实力较弱，还是替代品吸引力较大，抑或发货或送货问题，都会给顾客购后带来产品和情感的不适感，进而导致不满意、不舒服、懊悔等消极情绪。作为撤销或修改购买决策的最直接措施，产品退货是顾客缓解购后失调消极情感的有效策略。

（2）网络交易的情境规范会负向调节购后失调与退货意愿的正向关系，即低水平情境规范度能够强化购后失调与消费者退货意愿之间的正向关系。但是，情境规范对购后失调与退货意愿正向关系的负向调节效应，完全通过顾客对退货政策的考量发挥作用，其直接的调节作用并不显著。结合情境规范与退货政策考量之间的正相关关系，顾客退货政策考量对情境规范调节效应的完全中介，意味着高水平的网络购物情境规范需要通过转化为顾客积极的退货政策考量来弱化购后失调与顾客退货意愿的关系。

（3）顾客时尚性会对情境规范的调节作用发挥二次调节效应，只有当顾客时尚水平较高时，情境规范对认知失调与退货意愿关系的负向调节作用才显著存在。消费者时尚性对情境规范调节效应的二次调节作用表明，顾客时尚水平是情境规范调节效应发挥的重要先决条件，当顾客时尚水平较低时，网络购物更多表现为跟风式消费，顾客感知的风险较低，情境规范对顾客信任的影响作用被大大削弱，进而导致其对购后失调与退货意愿间关系的调节作用弱化。

（4）产品熟悉度会影响顾客购前预期的形成，进而二次调节情境规范对认知失调与退货意愿间关系的调节作用。当顾客对所要购买产品熟悉度较高时，顾客更多依据自身知识形成更加准确的购前预期，规范的交易情境会在购后有效地发挥缓解购后失调情感的作用，进而强化了情境规范的调节作用；当顾客对所要购买产品不熟悉时，网络购物情境成为顾客形成购前预期的重要依据，进而削弱了其在购后继续发挥缓解购后失调情感的作用，致使其调节作用不显著。

9.1.2　主观退货意愿度量及退货风险分类研究

9.1.2.1　主观退货意愿度量及消费行为相关分析

基于计划行为理论，从态度、主观规范和感知控制三个维度探索消费者主观退货意愿的影响因素，并借助因子分析构建了包含无理由退货态度、社会压力、亲友支持和感知控制四个维度，计 11 个指标的网络购物顾客主观退货风险的度量指标体系。研究发现以下三点。

（1）退货行为感知控制是影响顾客网络购物主观退货意愿的关键维度，反映了消费者对网络退货行为的控制能力。消费者退货感知控制与其消费经历密切相关，丰富的网络购物经验和知识能够有效地降低顾客对退货难度的感知；消费者退货感知控制还与网络购物平台和网络零售商各类退货策略密切相关，"无理由退货"政策、退货运费险策略、极速退款政策等都能够有效降低顾客退货行为的障碍成本和心理顾虑，进而增强顾客退货行为的感知控制。

（2）主观规范是影响消费者行为意愿的关键维度，社会压力和亲友支持两个子维度对顾客主观退货意愿的影响机制并非完全一致的。社会压力主要体现消费者对社会道德规范的关注和自律；亲友支持则体现消费者对亲友情感的关注和迎合。亲友支持会直接影响顾客主观退货意愿，属于外因；社会压力需要通过顾客的社会道德认同间接作用于退货意愿，实现了外因内化。但是，社会压力和亲友支持都属于主观规范范畴，与之关联的消费行为高度一致，都与消费者购买退货运费险频率、网络购物频率及网络购物平台浏览偏好等显著相关。

（3）顾客的无理由退货态度也是影响主观退货意愿的重要维度，包含情感和行为两层含义。情感层面是指顾客对无理由退货所持有的赞同或排斥观点，行为层面是指顾客是否会利用无理由退货来帮助自己获得满意的产品。网络购物顾客无理由退货态度维度的差异主要体现在情感层面，与其退货运费险购买频率、网络购买的商品种数及浏览网络购物平台偏好等消费行为密切相关。

9.1.2.2 主观退货风险异质性研究

为了更好地识别网购顾客主观退货风险类型，本书研究基于"以个体为中心"分析视角，采用潜剖面方法分析消费者主观退货风险异质性问题，依据主观退货意愿不同维度的均衡组合将网购顾客主观退货风险分为三类，并剖析不同退货风险顾客群在个体特征、退货行为和消费满意度三个方面表现出的差异。研究表明以下三点。

（1）以消费者个体为中心，主观退货风险存在明显的分组特征，各项统计分析指标支持了三分类模型。社会规范是影响主观退货风险不同类型的关键性指标，根据被试对相关测量题项的反应模式特征，挖掘出网络购物中顾客主观退货风险各维度的最佳组合模式，将三类主观退货风险分别命名为"不敏感风险顾客组""正常风险顾客组""高风险顾客组"。

（2）不同主观退货风险顾客群在顾客时尚性、受教育水平和家庭年收入三个方面表现出显著差异。与大多数网络消费者（正常风险组）相比较，高退货风险顾客组具有时尚性低、受教育水平偏低（其中高中和中专的比例明显偏高）和家庭年收入极端化（8 万元以下和 50 万元及以上的比例偏高）等特征。

（3）高风险顾客组在退货行为频繁度上与其他两组存在明显差别，不敏感组和正常风险组在退货行为上没有显著差异。对于以往购物满意度和退货满意度，正常风险顾客组满意度最高，且与其他两组顾客存在显著差异，但不敏感组和高风险组在购物满意度和退货满意度上并没有显著差异。

9.1.3 网站信息对购后失调和消费者退货意愿的影响研究

网络零售商销售网站上展示的产品信息和顾客评论，是顾客了解和评价产品并形成产品预期的重要信息组成。第 3 章关键影响因素识别研究也表明，网站信息是影响消费者退货行为的关键前端因素，第 5 章研究验证了购后失调作为网购顾客退货行为的关键前因作用。因此，通过引入购后失调，第 6

章借助实证研究方法探讨了在线零售商网站信息质量对顾客退货意愿的心理影响机制。研究发现以下四点。

（1）在线零售商的网站信息对顾客退货意愿有显著负向影响，且影响作用会部分通过购后失调传递，即在线零售商网站信息质量的改善，能够有效地抑制顾客购后失调消极情感的产生，进而削弱网购顾客退货意愿。作为网购顾客获取产品知识和信息的重要信息来源，低质量的网站信息包括产品描述信息不够详细、产品评分和好评率较低等，这些消极的产品信息促使顾客形成了消极的购前认知，增加了顾客购后失调。另外，作为顾客经历购后失调后调节消极情感的重要信息来源，低质量的网站信息不仅难以缓解购后失调的消极影响，甚至会加剧顾客认知失调水平，导致网购顾客产生强烈的退货意愿。

（2）顾客的受教育水平会正向调节网站信息对退货意愿的间接影响，但对网站信息与退货意愿之间影响关系没有显著调节效应。受教育水平对网站信息间接影响效应前半路径的调节作用意味着，伴随着网购顾客受教育水平的提升，顾客对网站信息的利用能力和认知能力提高，从而强化了网站信息对顾客购前和购后认知的影响作用。受教育水平对中介效应的后半路径调节作用意味着，伴随着网购顾客受教育水平的提升，更容易掌握和利用退货政策和退货流程为自己挑选适宜的产品，通过取消交易来缓解购后失调消极情感的诉求更高，导致购后失调与退货意愿之间关系被强化。

（3）替代品吸引力对网站信息与购后失调之间影响关系有负向调节作用，替代品吸引力越弱，网站信息与购后失调的负向关系越显著。替代产品可以作为消费者获取同类产品知识和信息的重要补充渠道，与网站信息对购后失调具有交互作用，当替代产品可得性和竞争力较低时，顾客会更加依赖于在线零售商的网站信息来形成产品预期，网站信息对购后失调的影响作用被强化。

（4）感知风险和替代品吸引力对网站信息与购后失调间负向影响关系有负向调节作用，顾客感知风险和替代品吸引力越低，网站信息与购后失调的负向关系越显著；替代品吸引力正向影响顾客感知风险，感知风险对替代品吸引力的调节效应具有中介作用。伴随着替代产品可得性和吸引力的下降，顾客网购决策难度降低，导致顾客感知风险下降，对在线销售网站信息的信任度增大，从而强化了网站信息对购后失调的影响。另外，顾客的购买参与会二次调节替代品吸引力对网站信息与购后失调影响关系的调节作用，顾客的高度参与会强化替代产品吸引力的调节作用。

9.1.4　网络零售商实力和替代品吸引力的影响研究

第7章基于产品品牌知名度、网络零售商类型以及产品丰富度三个指标刻画顾客对网络零售商实力的感知，借助认知失调理论，探讨网络零售商实力和替代品吸引力对顾客购后失调和退货意愿的影响机制。研究发现以下六点。

（1）网络零售商实力对顾客退货意愿有显著的负向影响作用，伴随着网络零售商综合实力的提升，顾客退货意愿不断下降。当网络零售商实力较低时，顾客对网络零售商形成的初始信任低下，在交易中感知的交易风险较高，顾客购后出现认知冲突的可能性增大，导致购后失调和退货意愿更高。

（2）网络销售的情境规范和退货简便性会调节网络零售商实力与退货意愿的影响关系。情境规范负向调节网络零售商实力与退货意愿之间的负向关系，情境规范水平越低，网络零售商实力对退货意愿的负向影响作用越大；情境规范还负向调节购后失调与退货意愿之间的正向关系，情境规范水平越低，购后失调与退货意愿之间的正向关系越强。退货简便性正向调节网络零售商实力与退货意愿之间的负向关系，退货简便性越高，网络零售商实力对退货意愿的影响作用越大；退货简便性正向调节零售商实力通过购后失调对退货意愿间接效应的后半路径，退货简便性越高，网络零售商实力导致的购后失调更容易提高顾客退货意愿。

（3）消费者个体特征（家庭年收入 + 性别）会调节网络零售商实力对退货意愿的影响效应。家庭年收入会正向调节中介效应"网络零售商实力—购后失调—退货意愿"的后半路径，高家庭年收入顾客的社会经济地位较高，维权意识和交易主导权更高，购后失调产生后退货意愿更加强烈。性别会调节中介效应"网络零售商实力—购后失调—退货意愿"的前半路径，网络零售商实力对顾客购后失调的影响作用只对于女性顾客是显著的，对男性顾客并不显著。

（4）替代品吸引力对顾客购后失调和退货意愿有正向影响作用，替代品吸引力对网购消费者退货意愿的影响完全通过购后失调发挥作用，即购后失调在替代品吸引力与退货意愿之间充当完全中介的角色。较高的替代品可得性和吸引力会增大顾客对产品的购前预期，使得购前认知和购后认知不协调性增加，进而激发顾客购后失调消极情绪和退货意愿。

（5）替代品吸引力对购后失调的影响会部分通过感知风险发挥作用，感知风险和购后失调在替代品吸引力与产品退货意愿之间共同发挥链式中介作用。因此，替代品吸引力对顾客退货意愿的心理作用机理包含简单中介效应和链式中介两部分，其中简单中介效应解释了主要作用机理，链式中介解释了次要作用机理。

（6）消费者购物经历和产品价格水平对替代品吸引力的影响作用具有调节效应。过往经历满意度会弱化感知风险与购后失调之间的正向关系，如果顾客以往购物和退货经历满意度较低，感知风险对购后失调的影响作用会被强化；如果顾客先前购物和退货经历满意度很高，感知风险对购后失调的影响作用很弱甚至不显著。另外，价格水平会弱化中介效应"替代品吸引力→感知风险→购后失调"。当购买产品相对于同类产品价格水平偏低时，顾客感知风险更高，交易感知风险对购后失调的影响作用也被强化。伴随着购买产品在同类产品中价格水平的下降，网购顾客会更加关注于替代产品信息的收集，使得替代品吸引力对感知风险和购后失调的影响作用被强化。

9.2　研究贡献

9.2.1　学术价值

本书研究基于消费者退货行为关键影响因素的识别研究，结合计划行为理论技术探讨网购顾客主观退货意愿的度量指标体系，并借助潜在剖面技术以"顾客个体"为中心分析主观退货风险类型，探讨网购顾客主观退货风险的异质性问题；为了进一步探讨消费者退货行为的心理机理，基于认知失调理论，探讨网站信息、网络零售商实力和替代品吸引力对消费者退货行为的心理影响机理。本书研究首次从主观退货风险的角度分析网购顾客的个体和消费行为差异，并引入认知失调理论系统解释网络零售情境因素对消费者退货行为的影响，进而从主观退货风险与客观退货风险两个方面系统揭示消费者退货行为影响机制。本书研究对于丰富认知失调理论在退货行为领域的应用研究，充实消费者退货行为影响研究具有一定的理论意义。

（1）基于消费者个体差异，首次提出了顾客主观退货意愿这一构念，用以度量由于顾客个体差异导致的主观退货风险，并基于计划行为理论，从态度、亲友支持、社会压力和感知控制四个维度设计顾客主观退货意愿度量体系。进一步基于潜剖面技术分析四个维度不同组合探讨顾客群体类别之间差异，进而确定网购顾客主观退货风险类别。通过相关分析和回归分析技术探讨不同主观退货风险顾客在消费行为、个体特征和交易满意度等方面的差异。顾客主观退货风险的研究为探讨"连环退货族"等不道德退货行为提供了新的研究视角，为未来相关研究提供了一定的理论启示。

（2）首次基于模糊集 DEMATEL 分析方法，分析消费者退货行为不同影响因素之间的作用关系，确定了购后失调的关键前因地位，不仅验证了相关文献研究结论，更为深入探讨网站信息、销售商实力、替代品吸引力等因素的影响机理提供了理论启发。现有研究（李，2015；鲍尔斯和杰克，2015，2013）虽然发现购后失调对解释消费者退货行为具有重要作用，但是缺乏对其作用边界的探讨，本书研究发现网购交易情境规范、网购顾客时尚性和产品熟悉度会调节购后失调与退货意愿的影响关系，这为未来更深入探讨购后失调在消费者退货行为影响机制中的作用机理提供了重要研究启示。

（3）提出网站信息的概念来表示网络零售商网站上产品描述和在线顾客评论的信息质量，首次尝试借助认知失调理论探讨网站信息质量对消费者退货行为的影响机理。尽管现有研究指出网站信息和购后失调都对消费者退货具有显著影响作用，但是并没有深入剖析网站信息的作用机理。本书研究从消费者认知的角度，通过引入购后失调和感知风险两个关键性认知变量，系

统分析了网站信息对消费者退货意愿的影响机理。本书研究结论不仅充实了
网站信息对消费者退货行为的影响机理，也丰富了认知失调理论在消费者退
货行为领域的应用研究。

（4）首次基于产品品牌知名度、店铺类型和产品丰富度三个方面界定顾
客感知的网络零售商实力，基于认知失调理论探讨网络零售商实力对消费者
退货意愿的影响机理，并引入情境规范和退货简便性两个情境变量，以及家
庭年收入和性别两个顾客统计学变量探讨网络零售商实力对消费者退货意愿
影响作用的边界条件，较为全面地勾勒出网络零售商实力的作用机理，为后
续相关研究提供理论借鉴。另外，通过引入感知风险和购后失调两个消费者
认知变量，解释了替代品吸引力对消费者退货意愿的影响机理。已有研究大
多将替代品吸引力作为转换障碍的一个维度，探讨其对消费者转换行为的影
响作用，但是替代品可得性和吸引力会在购前阶段影响顾客的产品预期、交
易感知风险，进而影响顾客购后认知和退货行为，这为未来替代品吸引力的
相关研究提供了一个新的研究视角。

（5）首次尝试将实证研究结论与解析量化研究结论结合，从主观退货风
险和客观退货风险两个维度界定网络购物交易的退货风险，并基于退货风险
类型设计差异化退货策略。研究从网络消费方式、消费满意度和个体属性特
征三个维度，结合 Cov-AHP 方法确定指标权重进行主观退货风险评估。另
外，基于多元回归分析和因子分析确定包含 4 个维度的客观风险评估指标体
系。最后，依据现有研究结论和退货风险矩阵风险特征，提出适宜的差异化
退货策略。通过结合实证研究与量化研究的结论，更好地融合两种研究方法
的优势，不仅是多种方法融合的很好应用，相关研究结论还可以为后续退货
策略的相关量化研究和实证研究提供理论启示。

9.2.2 实践贡献

本书研究将有助于电商企业借助网络大数据平台对消费者历史行为和购
买行为进行分析，进而窥探消费者的主观和客观退货意愿，对于电商企业更
好地了解消费者的退货需求、为消费者打造量身定制的退货策略、提高其服

务水平具有重要的现实意义。

（1）网络购物顾客主观退货风险的界定和度量，以及消费者主观退货风险类型和特征分析，对于我国构建网络零售市场消费者诚信体系具有重要的借鉴意义，也是规范我国网络零售市场健康发展的关键。近年来，伴随着网络零售市场的迅速发展，网络购物纠纷和投诉数量急剧增加，具有一定社会影响力的退货纠纷案例更是层出不穷，成为制约我国网络市场规范发展的瓶颈。欧美地区很多网络销售企业和平台，会构建一套消费者诚信评估体系，采用黑名单、关闭账号等措施对失信顾客进行惩罚。作为社会诚信体系的重要组成部分，消费者诚信体系的建设工作不仅是推动我国网络销售市场健康发展的需要，更是我国和谐社会建设的必要保障，是我国网络零售市场高质量发展中亟待解决的重要问题。本书研究通过相关分析、回归分析等技术，识别高退货风险消费者的消费行为和个体属性特征，为网络零售市场消费者诚信体系建设提供理论依据。

（2）通过研究网站信息对购后失调和退货意愿的影响作用，不仅完善了网站信息对消费者退货行为的作用机理，更为网络零售商完善销售网站建设提供了理论依据。研究表明，在线零售商能够从其高质量的网站信息中受益，高质量的产品描述信息和积极的在线顾客评论，不仅有助于顾客对产品进行准确评估和增大销售量，还有助于缓解顾客购后失调消极影响和降低退货意愿。因此，对于在线零售商来说，通过采用面向产品的 Web 技术来丰富产品描述信息，对于降低消费者退货行为和退货成本具有重要意义。另外，在线零售商应认识到积极的在线客户评论对于降低购后失调的意义，激励顾客通过照片、视频和文字说明分享他们的经验和意见。

（3）替代品可得性和吸引力对于消费者购后失调和退货意愿具有显著影响作用，是在线零售商选择退货策略的重要依据。现有研究指出，替代品吸引力会以转换障碍的形式影响消费者转换行为，进而影响顾客退货行为（鲍尔斯和杰克，2013）。本书研究进一步发现了替代品吸引力对消费者退货行为的另外两种影响作用。一是对网站信息影响作用的调节作用，当在线零售市场充满具有吸引力的替代产品时，网站信息对购后失调的缓解作用会受限。这种情况下，在线零售商应更多地关注其他因素的改善（如改进包装、及时交付和友好售后互动）来缓解购后失调；反之，如果缺乏具有吸引力的替代品，高质量网站信息系统建设对于在线零售商改进退货管理工作至关重要。二是对购后失调的正向促进作用，伴随着网络销售中高吸引力替代品的增多，网络购物消费者购后失调和退货意愿更高。这种情况下，网络购物平台和电商企业必须正视消费者购后失调，采取积极措施消除由替代品吸引力导致的消极情绪，如借助在线交流平台向消费者传递相关产品性能解释和使用信息，为消费者提供畅通的售后咨询和服务渠道等，通过良好的售后和合理的经济补偿化解认知失调情感，进而抑制可能导致的退货行为。

（4）基于主观退货风险和客观退货风险两个维度形成退货风险判断矩阵，确定网络交易的退货风险类型，结合退货策略的适用性制定针对每种类型退货风险的退货策略，为网络零售商退货策略的精准化、差异化设计提供理论借鉴。基于网络市场中大数据分析，基于网络购物顾客消费方式、消费满意度、个体属性特征三个方面评估顾客主观退货风险，基于网站信息、零售商实力、替代品吸引力和产品类型四个方面评估网购交易客观退货风险，从主观和客观两个维度界定网络购物的退货风险类型，从退货策略选择、退货运费策略和退货政策宽松度三个方面有针对性地设计差异化退货策略，相关研究结论对于电商退货策略设计具有实践指导意义。

9.3　研究局限和未来研究建议

虽然本书研究较为系统地探讨了消费者主观退货风险、消费者退货意愿的影响因素及机理，相关研究结论对理论研究和网络销售实践有一定的启示作用，但是仍然存在以下五点不足之处。

（1）本书研究非常关键的不足之一在于信度方面。研究中主体调查问卷采用的是让顾客基于一次印象深刻的退货经历进行自行汇报的方式，并且所有变量的度量都是源于顾客的同一次调查，这就导致研究可能存在共同方法偏差的问题（Podsakoff et al.，2012）。未来的研究可以考虑引入零售商导向量表，以及通过实验方法分阶段采集顾客消费体验数据，通过从多个渠道采集数据、获取分阶段数据等方法降低共同方法偏差、增强整体研究设计的信度和效度。

（2）顾客主观退货意愿度量体系中，无理由退货态度维度测量量表的信度和效度虽然可以接受，但并未达到理想状态，未来的研究需要对这一维度进行修正和检验。另外，本书研究只是将顾客主观退货意愿四个公因子变量与一些网络消费行为做了简单的相关分析，而不同主观退货风险的顾客群在网络消费行为上是否存在显著差异，这些差异与相关分析的结论是否一致，这些都需要未来后续研究进行深入探讨。

（3）退货行为关键影响因素识别研究结论表明，情境规范和退货简便性是影响消费者退货行为的关键性中间因素，但是后续研究中只是探讨了情境规范和退货简便性对其他因素影响作用的调节效应，并没有去探讨其对退货意愿的直接影响作用。另外，研究结论还表明，除了购后失调，感知风险也是影响消费者退货行为的关键性结果因素，后续的研究框架主要是基于认知失调理论探讨购后失调在传递其他因素影响作用中的效应，虽然在替代品吸引力影响作用的探讨中融入了感知风险，并发现感知风险和购后失调对替代品吸引力的作用起到了链式中介的作用，但是整个研究对感知风险的关注度不足。未来的研究可以进一步探讨感知风险和购后失调两个认知变量对消费者退货行为心理影响机理的解释，并关注情境规范和退货简便性两个变量对消费者退货行为的直接影响作用。

（4）现有研究从数量、方差和效价等多方面度量在线顾客评论，本书研究只是从效价的方面考虑了顾客评论分和好评率，忽略了评论数量和方差方面的差异，导致对在线顾客评论的影响机理研究不够全面。另外，在线顾客评论会通过产品预期及不确定性影响顾客的感知风险（杜学美等，2016），本书研究只是探讨了购后失调对网站信息作用的传递效应，却忽略了感知风险在网站信息影响路径中的作用，使得网站信息只有 36.17% 的总效应得到解释。因此，在未来的研究中，可以考虑评论数量、评论方差两个在线顾客评论维度，同时引入感知风险作为中介变量来系统揭示在线顾客评论对顾客退货行为的心理作用机理。

（5）研究表明，顾客购买参与度能够强化替代产品吸引力的调节作用，顾客低水平购买参与度使替代品吸引力的调节效应显著降低甚至消失。然而，购买参与不仅影响顾客对替代品相关信息的获取，还会影响顾客对零售商网站信息的获取和分析，进而影响网站信息对购后失调和退货意愿的影响作用。顾客购买参与的差异会影响其掌握的产品知识和产品预期的准确性，进而影响顾客购后失调和退货意愿。因此，后续研究需要进一步探讨购买参与对购后失调的直接作用及其对网站信息影响作用的调节效应。

9.4　本章小结

　　本章首先从消费者退货行为关键前因及影响机理、主观退货意愿度量和退货风险分类，以及网站信息、网络零售商实力和替代品吸引力对退货意愿影响机理等方面梳理和汇总了相关研究结论。其次，基于研究结论，从学术价值和实践贡献两个方面提炼了本书研究的研究价值。最后，结合本书研究存在的研究不足分析未来研究的方向和问题。

附录1 评价顾客退货意愿量表的调查问卷

尊敬的专家:

您好! 下面有一些用于测量网络顾客退货意愿的题项,这份问卷目的在于了解您对于这些测量题项的评价,请您从题项选择、测量内容、问题易懂性、术语准确性四个方面进行评价。对于您的参与和配合,我们表示由衷的感谢,并祝您工作愉快!

题项选择:主要用于评价题项选择的必要性。测量内容:主要用于评价题项内容的准确性。

问题易懂性:主要用于评价题项的简单易懂性。术语准确性:用于评价题项专业术语表述准确性。

采用五个等级来表示必要性、准确性等。1——很低、2——较低、3——一般、4——较高、5——很高。

第一部分 退货意愿的"态度"维度

分别从认知、情感和行为三个方面对顾客退货态度加以测量。

以下是"认知——对退货的理解与看法",请您打分。		题项选择					测量内容					问题易懂性					术语准确性				
1	我认为退货能够降低消费者的不愉悦感。	1	2	3	4	5	1	2	3	4	5	1	2	3	4	5	1	2	3	4	5
2	我认为退货能够减少消费者的经济损失。	1	2	3	4	5	1	2	3	4	5	1	2	3	4	5	1	2	3	4	5
3	我认为退货能够更好地维护消费者权益。	1	2	3	4	5	1	2	3	4	5	1	2	3	4	5	1	2	3	4	5
4	如果产品价值相对较低,我认为不值得退货。	1	2	3	4	5	1	2	3	4	5	1	2	3	4	5	1	2	3	4	5

续表

以下是"情感——对退货的喜恶与偏好",请您打分。	题项选择					测量内容					问题易懂性					术语准确性				
1	我有时会为退货感到内疚或不安。	1	2	3	4	5	1	2	3	4	5	1	2	3	4	5	1	2	3	4	5
2	我反感别人无端退货。	1	2	3	4	5	1	2	3	4	5	1	2	3	4	5	1	2	3	4	5
3	如果卖家能够给予适当经济补偿,我不喜欢退货。	1	2	3	4	5	1	2	3	4	5	1	2	3	4	5	1	2	3	4	5
4	我赞成使用无理由退货来规避网络购物中的风险。	1	2	3	4	5	1	2	3	4	5	1	2	3	4	5	1	2	3	4	5

以下是"行为——退货习惯和行为",请您打分。	题项选择					测量内容					问题易懂性					术语准确性				
1	我会借助"无理由退货"挑选较满意的产品。	1	2	3	4	5	1	2	3	4	5	1	2	3	4	5	1	2	3	4	5
2	退货经常是我不得已的选择。	1	2	3	4	5	1	2	3	4	5	1	2	3	4	5	1	2	3	4	5
3	对于不小心损坏的产品,我一般会选择退货。	1	2	3	4	5	1	2	3	4	5	1	2	3	4	5	1	2	3	4	5
4	即使商家没有明显过错,我也会选择退货。	1	2	3	4	5	1	2	3	4	5	1	2	3	4	5	1	2	3	4	5

第二部分　退货意愿的"主观规范"维度

分别从大社会规范、周边社会压力两个方面加以测量。

以下是"整个社会规范对退货行为产生的压力",请打分。	题项选择					测量内容					问题易懂性					术语准确性				
1	出于社会诚信考虑,不应该随意退货。	1	2	3	4	5	1	2	3	4	5	1	2	3	4	5	1	2	3	4	5
2	随意退货不太符合社会道德准则。	1	2	3	4	5	1	2	3	4	5	1	2	3	4	5	1	2	3	4	5
3	退货可能会在网络购物平台上留下不良信用记录。	1	2	3	4	5	1	2	3	4	5	1	2	3	4	5	1	2	3	4	5

续表

以下是"周围环境对退货行为产生的压力",请您打分。	题项选择					测量内容					问题易懂性					术语准确性				
1	朋友们会指责网络购物中的各种故意退货行为。	1	2	3	4	5	1	2	3	4	5	1	2	3	4	5	1	2	3	4	5
2	朋友和同事理解和支持我的网络购物退货行为。	1	2	3	4	5	1	2	3	4	5	1	2	3	4	5	1	2	3	4	5
3	家人理解和支持我的网络购物退货行为。	1	2	3	4	5	1	2	3	4	5	1	2	3	4	5	1	2	3	4	5
4	家人和朋友会劝说我退掉不满意的网络购物产品。	1	2	3	4	5	1	2	3	4	5	1	2	3	4	5	1	2	3	4	5

第三部分　退货意愿的"退货行为感知控制"维度

分别从自身经验与能力、退货政策与环境两个方面加以测量。

以下是"自身经验与能力对退货的控制",请您打分。	题项选择					测量内容					问题易懂性					术语准确性				
1	我有丰富的网络购物退货经验。	1	2	3	4	5	1	2	3	4	5	1	2	3	4	5	1	2	3	4	5
2	我很熟悉网络购物退货的规则和流程	1	2	3	4	5	1	2	3	4	5	1	2	3	4	5	1	2	3	4	5
3	对我而言,网络购物退货很简单。	1	2	3	4	5	1	2	3	4	5	1	2	3	4	5	1	2	3	4	5
4	我善于与卖家就退货问题进行沟通。	1	2	3	4	5	1	2	3	4	5	1	2	3	4	5	1	2	3	4	5
5	我有充裕的时间处理网络购物退货。	1	2	3	4	5	1	2	3	4	5	1	2	3	4	5	1	2	3	4	5
以下是"退货政策与环境复杂对退货的控制",请打分。	题项选择					测量内容					问题易懂性					术语准确性				
1	我经常购物的网络平台提供非常便利的退货服务。	1	2	3	4	5	1	2	3	4	5	1	2	3	4	5	1	2	3	4	5
2	我经常购物的网络平台提供"退货运费险"之类的措施,帮助顾客降低退货损失。	1	2	3	4	5	1	2	3	4	5	1	2	3	4	5	1	2	3	4	5
3	网络购物环境复杂,产品真假、质量经常得不到保障。	1	2	3	4	5	1	2	3	4	5	1	2	3	4	5	1	2	3	4	5

附录 2　顾客网络购物退货意愿调查问卷

尊敬的女士/先生：

　　您好！这是一份供学术研究使用的调查问卷，目的在于了解您对网络购物退货的看法和体验。问卷以匿名方式进行调查，问卷内容仅供学术研究使用，绝不公开，请您将自己的真实想法提供给我们。对于您的参与和配合，我们表示由衷的感谢，并祝您工作愉快！

第一部分　网络购物退货的个人态度

	以下是关于您个人对网络购物退货态度的相关描述，请在您认同的分值处打"√"。	同意	比较同意	无意见	比较不同意	不同意
1	我认为退货能够减少消费者的经济损失。	1	2	3	4	5
2	如果产品价值相对较低，我认为不值得退货。	1	2	3	4	5
3	我反感别人无端退货。	1	2	3	4	5
4	我赞成使用"无理由退货"来规避网络购物中的风险。	1	2	3	4	5
5	我会借助"无理由退货"挑选较满意的产品。	1	2	3	4	5
6	对于不小心损坏的产品，我一般会选择退货。	1	2	3	4	5

第二部分　网络购物退货的社会压力

	以下是关于整个社会和周边社会对您网络购物退货压力的相关描述，请在您认同的分值处打"√"。	同意	比较同意	无意见	比较不同意	不同意
1	出于社会诚信考虑，不应该随意退货。	1	2	3	4	5
2	随意退货不太符合社会道德准则。	1	2	3	4	5

	以下是关于整个社会和周边社会对您网络购物退货压力的相关描述，请在您认同的分值处打"√"。	同意	比较同意	无意见	比较不同意	不同意
3	退货可能会在网络购物平台上留下不良信用记录。	1	2	3	4	5
4	朋友和同事理解和支持我的网络购物退货行为。	1	2	3	4	5
5	家人理解和支持我的网络购物退货行为。	1	2	3	4	5

第三部分　网络购物退货的感知控制

	以下是关于来自您自身和环境的网络购物退货感知控制的相关描述，请在您认同的分值处打"√"。	同意	比较同意	无意见	比较不同意	不同意
1	我有丰富的网络购物退货经验。	1	2	3	4	5
2	我很熟悉网络购物退货的规则和流程。	1	2	3	4	5
3	对我而言，网络购物退货很简单。	1	2	3	4	5
4	我善于与卖家就退货问题进行沟通。	1	2	3	4	5
5	我有充裕的时间处理网络购物退货。	1	2	3	4	5
6	我经常购物的网络平台提供非常便利的退货服务。	1	2	3	4	5
7	我经常购物的网络平台提供"退货运费险"之类的措施，帮助顾客降低退货损失。	1	2	3	4	5

第四部分　网络购物习惯调查

请您在____处填写相关信息，以及在认同的选项"□"处打"√"。

在过去一年里，您在网络平台上的购物次数约为____次，共消费金额约____元，退货次数约为____次，涉及金额约____元。

1. 购买退货运费险的频率：

□偶尔购买　　　□不经常购买　　　□一般　　　□比较频繁购买
□经常购买

2. 单次网络购物挑选时间的平均跨度：

□0~1 小时　　　□1~2 小时　　　□2~4 小时　　　□4~8 小时

□一天甚至更长

3. 网络购物挑选产品习惯：

□浏览 1~2 家即购买　　　　　　　　□认真货比三家才会购买

4. 网络购物挑选产品的价格准则：

□挑选价格偏低的卖家　　　　　　　　□挑选中等价位的卖家

□挑选价格偏高的卖家

5. 网络购物时对于产品评价的浏览：

□每次都浏览　　　　□经常浏览　　　　□不经常浏览或偶尔浏览

6. 淘宝网络购物对店家的选择比例：

□只选天猫（100% 天猫）

□首选天猫，不常考虑 C 店（80%~99% 天猫）

□更偏好天猫（60%~80% 天猫）

□没有特别偏好（40%~60% 天猫）

□以 C 店为主（小于 40% 天猫）

7. 您的网络购物频率为：

□约 1~4 天网络购物一次　　　　　　□约 5~10 天网络购物一次

□约 11~20 天网络购物一次　　　　　□约 21~30 天网络购物一次

□长于一个月才网络购物一次

8. 您对网络购物平台的访问习惯为：

□喜欢时常去淘宝等网络购物平台看看

□只有需要买东西时才会有针对性去选择搜索

9. 请选择您曾经网络购物过以下哪些产品：

□服装　　　　　□鞋袜等服饰配件　□母婴　　　　　□家居

□家电　　　　　□数码　　　　　　□美妆　　　　　□美食

□箱包　　　　　□珠宝　　　　　　□花鸟宠物　　　□药品

□日杂日化　　　□图书　　　　　　□其他

第五部分　基本资料调查

这部分主要是为了统计分类的需要，请您在认同的选项"□"处打"√"。

1. 性别：
□男　　　　　　　　　　　□女

2. 年龄：
□20 岁及以下　　□21～27 岁　　□28～34 岁　　□35～40 岁
□41～47 岁　　　□48～55 岁　　□56 岁及以上

3. 教育程度：
□初中及以下　　□高中或中专　　□大专　　　　□本科
□研究生及以上

4. 月均收入：
□2000 元及以下　　　　　　□2001～4000 元
□4001～6000 元　　　　　　□6001～10000 元
□10000 元以上

附录3 顾客网络购物行为调查问卷

尊敬的女士/先生:

您好!这是一份供学术研究(课题编号:15CGL075)使用的调查问卷,希望能够了解您网络购物相关经历。问卷内容比较长,大约占用您 10~15 分钟,请您在方便的时候填写。

问卷以匿名方式进行调查,所有内容仅供研究使用,请将您真实经历提供给我们。非常感谢您的参与和配合,祝您生活愉快!

★★★网购的"我"

变量		请选择您对下面说法的同意程度,1——同意,5——不同意。	同意	比较同意	一般	不太同意	不同意
顾客时尚性	1	我善于捕捉服饰类产品的流行款式、颜色等时尚因素。	1	2	3	4	5
	2	我感觉自己是一个时尚型消费者。	1	2	3	4	5
情境规范	3	我的一半以上的生活用品都是来自网购。	1	2	3	4	5
	4	网购比实体店、电话购物、电视购物等其他方式更具有综合优势。	1	2	3	4	5
	5	网购能够很好地与我的生活方式和需求相吻合。	1	2	3	4	5
	6	网购对我而言简单便捷。	1	2	3	4	5
主观退货风险	7	我有丰富的网购退货经验。	1	2	3	4	5
	8	我熟悉网购退货的规则和流程。	1	2	3	4	5
	9	亲友能够理解和支持我的网购退货行为。	1	2	3	4	5
	10	我会借助"无理由退货"政策退回不喜欢的网购产品。	1	2	3	4	5

1. 您是否有过网购退货经历？

□是　　　　　　　　　　　　□否

2. 请对自 2015 年 11 月以来，您的网购退货情况做一个简单评价。

□总是退货　　　　□经常退货　　　　□有时退货　　　　□偶尔退货

□从不退货

3. 您的性别：

□女　　　　　　　　　　　　□男

4. 您的年龄：

□18 岁以下　　　□18～25 岁　　　□26～35 岁　　　□36～45 岁

□46～55 岁　　　□56 岁及以上

5. 您的受教育程度是：

□初中及以下　　　□高中或中专　　　□大专　　　　□本科

□研究生及以上

6. 您的家庭年收入约为：

□8 万元以下　　　　　　　□8 万～15 万元

□16 万～30 万元　　　　　□31 万～50 万元

□51 万元及以上

7. 您的家庭成员数量是：

□1～2 人　　　□3 人　　　□4～5 人　　　□6 人及以上

★★★印象深刻的网购经历

请您回忆近期内一次印象深刻的网购（有过售后交涉，卖家必须已经发货，结果可以退货，也可以没有退货）。

根据这次网购经历，填写下面所有问卷问题。

1. 您购买的产品是（　　　），购买的价格为（　　　）元。

2. 您当时的退货意愿：

□强烈　　　　□比较强烈　　　　□无所谓　　　　□没有考虑退货

□不愿意退货

3. 您是从哪个购物网站上购买的产品？

□淘宝　　　　　□京东　　　　　□唯品会　　　　　□其他＿＿＿＿＿

4. 您在该购物网站的会员信用等级属于（请您查看确认，多谢!）：

□高级别（淘宝 V5 或 V6，唯品会皇冠，京东钻石）

□较高级别（淘宝 V4，唯品会钻石，京东金牌）

□中等级别（淘宝 V3，唯品会金牌，京东银牌）

□较低级别（淘宝 V2，唯品会银牌，京东铜牌）

□低级别（淘宝 V0 或 V1，唯品会铁牌或铜牌）

5. 您对在该购物网站以往购物经历的总体满意度为：

□满意　　　　　□比较满意　　　　　□一般　　　　　□比较不满意

□不满意

6. 您对在该购物网站以往退货经历的总体满意度为：

□满意　　　　　□比较满意　　　　　□一般　　　　　□比较不满意

□不满意

7. 您购买该产品的用途是：

□自己使用　　　　　□家人使用　　　　　□公共使用　　　　　□代人购买

□作为礼物送人

8. 您对这类产品的性能、特征、使用等熟悉程度是：

□熟悉　　　　　□比较熟悉　　　　　□一般　　　　　□不太熟悉

□不熟悉

9. 该产品的品牌属于：

□一线知名品牌

□二线品牌（听说过）

□在线小品牌（好像是品牌，没听说过）

□杂牌或无品牌

□高仿产品

10. 该卖家类型属于：

□网购平台自营（如京东自营、唯品会）

□品牌官方旗舰店

□旗舰店或专卖店

□其他天猫店

□个体 C 店

11. 该卖家店铺的产品种类丰富度为：

□非常丰富（如衣服、玩具、用品等至少三大类产品）

□比较丰富（如一到两大类产品，但每大类下分男装、女装、童装等多
　个小类）

□一般丰富（如仅售女装，但分冬装、夏装、裤子、上衣、棉衣等多个品种）

□不太丰富（如仅裤子或上衣少数品种，但款式、数量较多）

□不丰富（品种较少，且款式数量也不多）

12. 您是否第一次通过网购方式购买该类产品？

□是　　　　　　　　　　　　□否

13. 您最终是否选择了退货？

□是　　　　　　　　　　　　□否

★根据本次印象深刻的购物经历，选择对下表中说法的同意程度。

变量		以下是关于付款前相关经历的描述，请回忆您当时的真实想法，并选择您的同意程度。	同意	比较同意	一般	不太同意	不同意
购买参与	1	我在决定购买前认真寻找和浏览了其他同类产品。	1	2	3	4	5
	2	我在决定购买前认真阅读了卖家关于产品的描述、性能等信息。	1	2	3	4	5
	3	我在决定购买前认真阅读和考虑了产品评价，特别是负面评价。	1	2	3	4	5
退货政策考量	4	我熟悉该购物网站和该店铺的退货政策。	1	2	3	4	5
	5	我对网站和店铺提供的退货政策感到满意。	1	2	3	4	5
	6	与其他竞争对手比较，我认为其退货政策更具有优势。	1	2	3	4	5
网站信息	7	该产品的顾客购买评价很好。（评价内容）	1	2	3	4	5
	8	该产品的在线好评率很高。（好评比例）	1	2	3	4	5
	9	卖家关于该产品的描述（性能、使用、外观等）非常翔实、准确。	1	2	3	4	5

续表

变量	以下是关于付款前相关经历的描述，请回忆您当时的真实想法，并选择您的同意程度。	同意	比较同意	一般	不太同意	不同意
感知风险	10	我担心卖家会发错货。	1	2	3	4	5
	11	我担心收到的产品与网站上描述的不一样。	1	2	3	4	5
	12	我担心产品效果不能像预期的那样。	1	2	3	4	5
替代品吸引力	13	我从其他渠道购买过该类产品。	1	2	3	4	5
	14	我能很容易从其他卖家买到类似产品。	1	2	3	4	5
	15	同等价位，我能买到性能差不多或更好的产品。	1	2	3	4	5

变量	以下是关于付款后（主要是收到货物后，通过体验产品和售后服务）相关经历和感受的描述，请选择您的同意程度。	同意	比较同意	一般	不太同意	不同意
购后失调	1	购买产品后，我感觉自己不需要这个产品。	1	2	3	4	5
	2	购买产品后，我感到心里不舒服。	1	2	3	4	5
	3	我对这次购物感到失望。	1	2	3	4	5
	4	我感觉当时购买这个产品的决策失误了。	1	2	3	4	5
	5	这次网购让我感到有些郁闷。	1	2	3	4	5
	6	收到产品后，我当时有一种被欺骗的感觉。	1	2	3	4	5
	7	我感觉这次网购好像哪里出了问题。	1	2	3	4	5
	8	我感觉产品与卖家描述的不一致。	1	2	3	4	5
退货简便性	9	我能容易地与店铺或网购平台联系和交流。	1	2	3	4	5
	10	针对我提出的问题，卖家给出了较为满意的解决方案。	1	2	3	4	5
	11	网购平台针对我的信用等级提供了特殊的优质服务（如极速退款、补贴退回运费等）。	1	2	3	4	5

附录 4 网购消费者退货行为影响因素
相互作用访谈问卷

尊敬的各位专家：

您好！下面是我们罗列的一些可能影响网络购物中消费者退货行为的
因素，我们希望能够对它们之间的影响关系进行分析，请结合您的网络购
物经历和专业知识，对它们之间的影响程度进行评定。

请使用 1~5 对影响程度进行打分。1——没有影响，2——影响较小，
3——影响一般，4——影响较大，5——影响很大。

非常感谢您的参与和配合，祝您生活愉快！

因素维度	影响因素	因素描述性解释
消费者特征	主观退货风险	刻画消费者主观意识方面的退货风险，包括无理由退货行为的态度，亲友及社会的态度和影响，对退货政策、流程和操作的熟悉三个方面
	性别	男性或女性
	家庭年收入	家庭年收入
	受教育水平	接受高等教育的程度，0—高中及以下，1—大专和本科，2—硕士及以上
	顾客时尚性	刻画顾客的时尚创新特性，包括对新产品的接受
	产品熟悉度	刻画消费者在购买前对某类或某品牌产品掌握的知识程度和使用经验
产品特征	产品类型	搜索型产品：顾客购前能够通过获知相关信息了解和评价产品特征属性；体验型产品：顾客只能在购买和使用后才能了解和评价产品特征属性
	感知相对价格	顾客通过将产品的价格与其他替代产品的价格比较后，对该产品价格在同类产品价格中水平的感知

续表

因素维度	影响因素	因素描述性解释
商家特征	网站信息	网页上有关产品的描述、图片、视频等各种知识和信息，以及在线顾客评论
	卖家实力	通过商店的产品品牌、产品丰富度、店铺类型等方面，对电商企业实力的认知
交易环节	替代品竞争力	刻画消费者感知的替代产品的可获取性及它们与购买产品相比的优势
	情境规范	刻画网络购物的优势、与顾客需求的吻合，以及购物简单便捷
	退货简便性	刻画完成退货的简单程度和便利程度
	退货政策	有关退货条件的规定，如时间限制、原因限制、包装限制等
消费者认知	感知风险	顾客做出购买决策时，所感知到的预期绩效的不确定性
	购后失调	购前预期与购后感知冲突导致的心理不舒服状态，包括与产品相关的产品失调、与心理不适相关的情感失调

Ⅰ. 您大概哪一年开始网络购物？

_____

Ⅱ. 您的专业研究领域是什么？

_____

Ⅲ. 您对网络购物中退货的规定和流程等的熟悉程度是（　　　）。

1. 不熟悉　　　　2. 有点熟悉　　　　3. 一般熟悉　　　　4. 较熟悉

5. 很熟悉

Ⅳ. 您过去 1 年里，是否有过退货？

_____

请您判定左边因素对上方因素的影响程度。1——没有影响，2——影响较小，3——影响一般，4——影响较大，5——影响很大。

影响因子	主观退货风险	性别	家庭年收入	受教育水平	顾客时尚性	产品熟悉度	产品类型	感知相对价格	网站信息	卖家实力	替代品竞争力	情境规范	退货简便性	退货政策	感知风险	购后失调
主观退货风险	-															
性别		-														
家庭年收入			-													

续表

影响因子	主观退货风险	性别	家庭年收入	受教育水平	顾客时尚性	产品熟悉度	产品类型	感知相对价格	网站信息	卖家实力	替代品竞争力	情境规范	退货简便性	退货政策	感知风险	购后失调
受教育水平				-												
顾客时尚性					-											
产品熟悉度						-										
产品类型							-									
感知相对价格								-								
网站信息									-							
卖家实力										-						
替代品竞争力											-					
情境规范												-				
退货简便性													-			
退货政策														-		
感知风险															-	
购后失调																-

附录 5 网购消费者主观退货风险评估指标调查问卷

尊敬的各位专家：

您好！下面是我们确定的一些用以识别网购顾客主观退货风险的指标，包括三个一级指标和 10 个二级指标，具体指标见表 1。请针对每一级别指标，评价这些指标两两相比对于识别顾客主观退货风险的重要性，具体评分标度见表 2。请分别填写表 3～表 6，每个表的下方有该表涉及指标的解释，每个评分表都是对称性的，因此只需要填写上三角矩阵或下三角矩阵的相关评分。

非常感谢您的参与和配合，祝您生活愉快！

表 1　　　　　　　　　　**顾客主观退货风险评价指标**

一级指标	二级指标	一级指标	二级指标
网络消费方式	运费险购买频率	消费满意度	顾客好评比例
	网络购物频率		综合在线评价分
	网购平台访问习惯		投诉频率
	退货行为频繁度	个体属性特征	顾客时尚性
			产品熟悉度
			购买参与度

表 2　　　　　　　　　　**比例标度法对照**

标度	行因素 I 与列因素 J 对比
1	两者一样重要
3	I 比 J 稍微重要
5	I 比 J 明显重要
7	I 比 J 重要得多

续表

标度	行因素 I 与列因素 J 对比
9	I 比 J 极端重要
2、4、6、8	介于上述两者之间
倒数	I 与 J 互换时

下面是一级指标之间的比较，只需要给出每个下半矩阵或上半矩阵的评分。

表 3   一级指标判断矩阵

指标	网络消费方式	消费满意度	个体属性特征
网络消费方式			
消费满意度			
个体属性特征			

顾客消费方式包括退货运费险购买频率、网络购物频率、网络购物平台访问习惯和退货行为频繁度。

消费满意度是顾客对网购交易和退货的满意程度，包括购物满意度和退货满意度。

个体属性特征是个体特质上的差异，包括顾客时尚性、产品熟悉度和购买参与度。

下面是每个一级指标下二级指标之间的比较，给出每个下半矩阵或上半矩阵的评分即可。

表 4   网络消费方式判断矩阵

指标	运费险购买频率	网络购物频率	网购平台访问习惯	退货行为频繁度
运费险购买频率				
网络购物频率				
网购平台访问习惯				
退货行为频繁度				

运费险购买频率：可以通过度量过去较长一段时间内（如 2 年），顾客购买运费险交易次数的比例。伴随着顾客购买退货运费险频率的增加，顾客

主观退货风险越大。

网络购物频率：通过度量过去一段时间内（如 1 年）顾客网购次数来衡量。伴随着网络购物频率的增大，顾客主观退货风险越大。

顾客网购平台访问习惯主要包括两种：一是经常去淘宝等网购平台浏览；二是只在有需求的时候才有针对性地去搜索访问。经常浏览网络购物平台顾客的主观退货风险较高。

退货行为频繁度：通过度量过去一段时间内顾客退货次数占交易次数的比例来衡量。伴随着顾客退货行为频繁度的提高，其主观退货风险越大。

表 5　　　　　　　　　　　　消费满意度判断矩阵

指标	顾客好评比例	在线评价平均分	纠纷和投诉频率
顾客好评比例			
在线评价平均分			
纠纷和投诉频率			

顾客好评比例：顾客网络购物以来，给出好评的比例。

综合在线评价分：顾客长期以来，给出评价的平均分。

纠纷和投诉频率：顾客长期以来，发生购物和退货纠纷或投诉的频率。

表 6　　　　　　　　　　　　个体属性特征判断矩阵

指标	顾客时尚性	产品熟悉度	购买参与度
顾客时尚性			
产品熟悉度			
购买参与度			

顾客时尚性：顾客对新产品的偏好和接受度。

产品熟悉度：顾客对购买产品的熟悉程度。

购买参与度：顾客购买产品时的精力投入和购买努力程度。

参 考 文 献

[1] 陈敬贤. 顾客退货影响的零售商定价和库存博弈模型 [J]. 系统工程学报, 2014 (1).

[2] 陈敬贤, 杨锋, 梁樑. 降低顾客退货的店铺辅助服务战略的均衡分析 [J]. 系统工程理论与实践, 2016 (2).

[3] 陈林芬, 王重鸣. 网络消费者行为与电子商务服务质量的关系 [J]. 消费经济, 2005 (3).

[4] 陈璐, 柏帅皎, 王月梅. CEO 变革型领导与高管团队创造力: 一个被调节的中介模型 [J]. 南开管理评论, 2016 (2).

[5] 陈晓萍, 徐淑英, 樊景立. 组织与管理研究的实证方法 [M]. 北京: 北京大学出版社, 2012.

[6] 单汨源, 欧翠玲, 张人龙. 预售与正常销售集成模式下 B2C 企业退货策略 [J]. 系统工程, 2015 (5).

[7] 单汨源, 江黄山, 刘小红. 在线零售商盈利能力及其退货策略研究 [J]. 华东经济管理, 2016 (11).

[8] 段文婷, 江光荣. 计划行为理论述评 [J]. 心理科学进展, 2008 (2).

[9] 杜学美, 丁璟妤, 谢志鸿, 雷丽芳. 在线评论对消费者购买意愿的影响研究 [J]. 管理评论, 2016 (3).

[10] 黄桂林, 魏修路. 基于组合赋权法的 PPP 棚改项目风险评价 [J]. 土木工程与管理学报, 2019 (4).

[11] 姜宏, 齐二石, 霍艳芳, 杨道箭. 基于顾客惰性行为的无理由退货策略研究 [J]. 管理学报, 2012 (10).

[12] 姜宏. 基于顾客策略性购买和退货行为的缺货保障策略价值研究

[J]. 中国管理科学, 2015 (4).

[13] 李东进, 吴波, 李研. 远程购物环境下退货对购后后悔影响研究 [J]. 南开管理评论, 2013 (5).

[14] 李光明, 蔡旺春, 郭悦. 购物网站交互性对顾客满意度的影响——远程临场感与心流的链式中介作用 [J]. 软科学, 2016 (1).

[15] 李鲁洁, 董娜, 熊峰, 等. 基于 Cov-AHP 与等级联系度的施工项目管理绩效评价研究 [J]. 广西师范大学学报 (自然科学版), 2019 (3).

[16] 刘健, 印蓉蓉, 杨朋辉, 等. 基于退货政策的双渠道零售商定价和策略研究 [J]. 南京理工大学学报 (自然科学版), 2020 (1).

[17] 马君, 赵红丹. 任务意义与奖励对创造力的影响——创造力角色认同的中介作用与心理框架的调节作用 [J]. 南开管理评论, 2015 (6).

[18] 苗莉, 何良兴. 基于异质性假设的创业意愿及其影响机理研究 [J]. 财经问题研究, 2016 (5).

[19] 任鸿美, 吴清烈. 基于竞争的网络零售定价和退货策略研究 [J]. 工业工程, 2014 (1).

[20] 邵兵家, 崔文昌. 网络零售商无缺陷退货政策对溢价支付意愿的影响研究 [J]. 软科学, 2016 (7).

[21] 邵兵家, 何炜浔, 蒋飞. 网络零售商退货政策对消费者购买意愿的影响 [J]. 重庆大学学报 (社会科学版), 2017 (2).

[22] 申成霖, 张新鑫. 电子商务环境下无缺陷退货政策 [J]. 工业工程, 2011 (3).

[23] 孙军, 孙亮. 基于无缺陷退货的在线零售商运费承担策略研究 [J]. 软科学, 2014 (6).

[24] 孙永波, 李霞. 网购退货后续购买行为的实证研究 [J]. 企业经济, 2017 (2).

[25] 王大华, 申继亮, 彭华茂, 等. 教育水平对老年人认知能力的影响模式 [J]. 心理学报, 2005 (4).

[26] 王秀丽, 田祯祎. 网民网络购物行为调查 [J]. 图书情报工作, 2011 (6).

[27] 王湘红，王曦．退货制度影响消费倾向的行为理论和调查 [J]．经济理论与经济管理，2009（10）．

[28] 文新，覃景柏．城镇消费者权益法律保护实证研究 [J]．广西民族大学学报（哲学社会科学版），2014（36）．

[29] 温忠麟，侯杰泰，马什·赫伯特．潜变量交互效应分析方法 [J]．心理科学进展，2003（5）．

[30] 温忠麟，张雷，侯杰泰．有中介的调节变量和有调节的中介变量 [J]．心理学报，2006（3）．

[31] 温忠麟，叶宝娟．有调节的中介模型检验方法：竞争还是替补？ [J]．心理学报，2014a（5）．

[32] 温忠麟，叶宝娟．中介效应分析：方法和模型发展 [J]．心理科学进展，2014b（5）．

[33] 谢忠秋．Cov-AHP：层次分析法的一种改进 [J]．数量经济技术经济研究，2015（8）．

[34] 杨慧，戈磊，李颜戎，孙菲．不透明销售的顾客退货政策选择 [J]．运筹与管理，2019（12）．

[35] 叶宝娟，温忠麟．有中介的调节模型检验方法：甄别和整合 [J]．心理学报，2013（9）．

[36] 杨道箭，张秀杰．不确定需求下全渠道运营退货策略 [J]．预测，2020（2）．

[37] 杨光勇，计国君．存在战略顾客的退货策略研究 [J]．管理科学学报，2014（8）．

[38] 鄢平，严中华，林海，李斌宁．在线购买不信任前置因素归类实证研究——基于双因素与认知神经理论 [J]．技术经济与管理研究，2014（9）．

[39] 依绍华．我国居民境外购物的原因与对策——基于消费者行为视角的分析 [J]．中国流通经济，2015（8）．

[40] 尹世久，吴林海，杜丽丽．基于计划行为理论的消费者网上购物意愿研究 [J]．消费经济，2008（4）．

[41] 尹奎，彭坚，张君．潜在剖面分析在组织行为领域中的应用 [J].

心理科学进展，2020（7）.

[42] 张蓓佳. 网络购物环境下退货政策对消费者购买意愿的影响研究 [J]. 软科学，2017（2）.

[43] 张洁婷，焦璨，张敏强. 潜在类别分析技术在心理学研究中的应用 [J]. 心理科学进展，2010（12）.

[44] 张福利，张燕，徐小林. 基于战略顾客行为的零售商退货策略研究 [J]. 管理科学学报，2017（11）.

[45] 张梅梅，胡宏伟. 基于 SVM 的退运险价格模型研究——以淘宝网为例 [J]. 软科学，2013（7）.

[46] 周振红，黄深泽. 随机需求下考虑顾客策略行为的预售和退货策略 [J]. 系统管理学报，2019（2）.

[47] 张仙锋. 消费者网上购物的信任模型及实证分析 [J]. 山西财经大学学报，2008（4）.

[48] 赵菊，张强，程薇嘉. B2C 零售商退货渠道策略研究 [J]. 运筹与管理，2019（2）.

[49] 赵骞，孙燕红，斯琴塔娜. 基于消费者机会主义行为的退货担保服务策略 [J]. 系统科学与数学，2019（6）.

[50] 赵晓敏，胡淑慧. 网购环境下在线零售商的退货运费承担策略研究 [J]. 中国管理科学，2019（1）.

[51] Ahn T. , Ryu S. , Han I. The impact of the online and offline features on the user acceptance of internet shopping malls [J]. Electronic Commerce Research and Applications, 2004（4）.

[52] Ahsan K. , Rahman S. An investigation into critical service determinants of customer to business（C2B）type product returns in retail firms [J]. International Journal of Physical Distribution & Logs Management, 2016（6-7）.

[53] Aiken L. S. , West S. G. Multiple regression: Testing and interpreting interactions [M]. Sage Publications, Inc, 1991（2）.

[54] Ajzen I. , Fishbein M. Theory of reasoned action/theory of planned behavior [J]. Health Behavior, 1980（4）.

[55] Ajzen I. From intentions to actions: A theory of planned behavior [M]. In J. Kuhl & J. Beckmann (Eds.). Action Control: From cognition to behavior (pp. 11 – 39). New York: Springer-Verlag, 1985.

[56] Ajzen I. The theory of planned behavior [J]. Organizational behavior and Human decision processes, 1991 (2).

[57] Alba J., Lynch J., Weitz B., et al. Interactive home shopping: Consumer, retailer, and manufacturer incentives to participate in electronic marketplaces [J]. Journal of Marketing, 1997 (3).

[58] Alptekinoglu A., Grasas A. When to carry eccentric products? Optimal retail assortment under consumer returns [J]. Production & Operations Management, 2014 (5).

[59] Anderson B. B., Hansen J. V., Lowry P. B. Creating automated plans for semantic web applications through planning as model checking [J]. Expert Systems with Applications, 2009 (7).

[60] Anderson H. D., Marshall B. R., Wales R. What is the relationship between investor protection legislation and target takeover returns? Evidence from Europe [J]. Journal of Multinational Financial Management, 2009 (4).

[61] Andreas I., Matthias K., Michel O., et al. Cognitive reserve and social capital accrued in early and midlife moderate the relation of psychological stress to cognitive performance in old age [J]. Dementia and Geriatric Cognitive Disorders, 2018 (3/4).

[62] Andreassen T. W. Antecedents to satisfaction with service recovery [J]. European Journal of Marketing, 2000 (1/2).

[63] Archak N., Anindya G., Panagiotis G. I. Deriving the pricing power of product features by mining consumer reviews [J]. Management Science, 2011 (8).

[64] Areni C. S., Kiecker P. Gender differences in motivation: Some implications for manipulating task-related involvement [J]. Gender Consumer Behaviour, 1993 (10).

[65] Areni C. S., Duhan D. F., Kiecker P. Point-of-purchase displays,

product organization, and brand purchase likelihoods [J]. Journal of the Academy of Marketing Science, 1999 (4).

[66] Asadullah M. N., Chaudhury N. The dissonance between schooling and learning: Evidence from rural Bangladesh [J]. Comparative Education Review, 2015 (3).

[67] Axsom D., Cooper J. Cognitive dissonance and psychotherapy: The role of effort justification in inducing weight loss [J]. Journal of Experimental Social Psychology, 1985 (2).

[68] Babakus E., Yavas U. Does customer sex influence the relationship between perceived quality and share of wallet? [J]. Journal of Business Research, 2008 (9).

[69] Babić A., Francesca S., Kristine V., et al. The effect of electronic word of mouth on sales: A meta-analytic review of platform, product, and metric factors [J]. Journal of Marketing Research, 2016 (3).

[70] Baer M. D. B., Werff L. V. D., Colquitt J. A., et al. Trusting the "Look and Feel": Situational normality, situational aesthetics, and the perceived trustworthiness of organizations [J]. Academy of Management Journal, 2018 (5).

[71] Balachander S. Warranty signalling and reputation [J]. Management Science, 2001, 47 (9): 1282 - 1289.

[72] Banovic M., Fontes M. A., Barreira M. M., et al. Impact of product familiarity on beef quality perception [J]. Agribusiness, 2012 (2).

[73] Baron R. M., Kenny D. A. The moderator-mediator variable distinction in social psychological research: Conceptual, strategic and statistical considerations [J]. Journal of Personality and Social Psychology, 1986 (51).

[74] Bartikowski B., Walsh G., Beatty S. E. Culture and age as moderators in the corporate reputation and loyalty relationship [J]. Journal of Business Research, 2011 (64).

[75] Bauer R. A. Consumer behavior as risk taking [M]. In Robert S. Hancock, ed. Dynamic Marketing for a Changing World. Chicago: American Marketing

Association, 1960.

[76] Beatty S E, Kahle L R. Alternative hierarchies of the attitude-behavior relationship: The impact of brand commitment and habit [J]. Journal of the Academy of Marketing Science, 1988, 16 (2): 1 – 10.

[77] Bechwati N. N. , Siegal W. S. The impact of the prechoice process on product returns [J]. Journal of Marketing Research, 2005 (3).

[78] Beneke J. , Flynn R. , Greig T. , et al. The influence of perceived product quality, relative price and risk on customer value and willingness to buy: A study of private label merchandise [J]. Journal of Product & Brand Management, 2013 (3).

[79] Bettman J. R. Consumer psychology [J]. Annual Review of Psychology, 1986 (1).

[80] Bhatnagar A. , Ghose S. Online information search termination patterns across product categories and consumer demographics [J]. Journal of Retailing, 2004 (3).

[81] Bhattacherjee A. , Limayem M. , Cheung C. M. K. User switching of information technology: A theoretical synthesis and empirical test [J]. Information & Management, 2012 (7 – 8).

[82] Blackwell B. , Eilers E. , & Robinson D. The consumer's role in assessing quality [M]. In G. Stricker, W. G. Troy, & S. A. Shueman (Eds.). Handbook of Quality Management in Behavioral Health (pp. 375 – 386). Berlin: Springer, 2000.

[83] Blut M. , Evanschitzky H. , Vogel V. , et al. Switching barriers in the four-stage loyalty model [J]. Advances in Consumer Research, 2007 (34).

[84] Bockstedt J. , Goh K. H. Seller strategies for differentiation in highly competitive online auction markets [J]. Journal of Management Information Systems, 2011 (3).

[85] Bonifield C. , Cole C. , Schultz R. L. Product returns on the Internet: A case of mixed signals? [J]. Journal of Business Research, 2010 (9 – 10).

〔86〕Bolck A, Croon M. A. & Haaggenaars J. A. Estimating latent structure models with categorical variables: One-step versus three-step estimators〔J〕. Political Analysis, 2004（1）.

〔87〕Bruwer J. Campusano P. Restaurants and the bring-your-own-bottle of wine paradox: Involvement influences, consumption occasions, and risk perception〔J〕. Journal of Foodservice Business Research, 2018（21）.

〔88〕William B. , Amna K. A consumer-side experimental examination of signaling theory: Do consumers perceive warranties as signals of quality?〔J〕. Journal of Consumer Research, 1993（1）.

〔89〕Brehm J. W. Post-decision changes in desirability of alternatives〔J〕. Journal of Service Research, 1956（1）.

〔90〕Chang C. C. , Tseng A. H. The post-purchase communication strategies for supporting online impulse buying〔J〕. Computers in Human Behavior, 2014（10）.

〔91〕Chen J. , Bell P. The impact of customer returns on decisions in a newsvendor problem with and without buyback policies〔J〕. International Transactions in Operational Research, 2011（4）.

〔92〕Chen Y. Xie J. H. Online consumer review: Word-of-mouth as a new element of marketing communication mix〔J〕. Management Science, 2008（3）.

〔93〕Chen Z. , Lurie H. N. Temporal contiguity and negativity bias in the impact of online word of mouth〔J〕. Journal of Marketing Research, 2013（4）.

〔94〕Chiou J. S. , Wu L. Y. , Chou S. Y. You do the service but they take the order〔J〕. Journal of Business Research, 2012（7）.

〔95〕Chiu H. C. , Hsieh Y. C. , Roan J. , et al. The challenge for multichannel services: Cross-channel free-riding behavior〔J〕. Electronic Commerce Research & Applications, 2011（10）.

〔96〕Choi B. , Ahluwalia R. Determinants of brand switching: The role of consumer inferences, brand commitment, and perceived risk〔J〕. Journal of Applied Social Psychology, 2013（43）.

〔97〕Chou S. Y. Online reviews and pre-purchase cognitive dissonance: A theoretical framework and research propositions [J]. Journal of Emerging Trends in Computing & Information Sciences, 2012 (2).

[98] Chu W., Gerstner E., Hess J. D. Managing dissatisfaction: How to decrease consumer opportunism by partial refunds [J]. Journal of Service Research, 1998 (1).

[99] Chuah S. H. W, Rauschnabel P. A., Marimuthu M., et al. Why do satisfied customers defect? A closer look at the simultaneous effects of switching barriers and inducements on customer loyalty [J]. Journal of Service Theory and Practice, 2017 (27).

[100] Clark P. W., Das N. Exploring the use of E-CRM elements and effective website design as tools for reducing consumer post-purchase cognitive dissonance [J]. Journal of Technology Research, 2009 (1).

[101] Colgate M., Lang B. Switching barriers in consumer markets: An investigation of the financial services industry [J]. Journal of Consumer Marketing, 2001 (4).

[102] Collier J. E., Bienstock C. C. Measuring service quality in e-retailing [J]. Journal of Service Research, 2006 (3).

[103] Connelly B. L., Ketchen D. J., Slater S. F. Toward a "theoretical toolbox" for sustainability research in marketing [J]. Journal of the Academy of Marketing Science, 2011 (1).

[104] Cox D. F. Synthesis-perceived risk and information handling [M]. in d. f. cox (ed.). Risk Taking and Information Handling in Consumer Behavior. Boston: Harvard University Press, 1967.

[105] Cummings W. H., Venkatesan M. Cognitive dissonance and consumer behavior: A review of the evidence [J]. Journal of Marketing Research, 1976 (3).

[106] Dahling J. J., Gabriel A. S., Macgowan R. Understanding typologies of feedback environment perceptions: A latent profile investigation [J]. Journal of Vocational Behavior, 2017 (5).

[107] Darley W. K., Smith R. E. Gender differences in information process-

ing strategies: An empirical test of the selectivity model in advertising response [J]. Journal of Advertising, 1995 (1).

[108] Daugherty P. J. , Myers M. B. , Richey R. G. Information support for reverse logistics: The influence of relationship commitment [J]. Journal of Business Logistics, 2002 (1).

[109] Davis S. , Hargerty M. , Gerstner E. Return policies and the optimal level of hassle [J]. Journal of Economics and Business, 1998 (5).

[110] De P. , Hu Y. , Rahman M. S. Product-oriented web technologies and product returns: An exploratory study [J]. Information Systems Research, 2013 (4).

[111] DeLone W. H. , McLean E. R. Measuring e-commerce success applying the DeLone and McLean information systems success model [J]. Information Journal of Electronic Commerce, 2004 (1).

[112] Dholakia R. R. Going shopping: Key determinants of shopping behaviors and motivations [J]. International Journal of Retail and Distribution Management, 1999 (4).

[113] Dholakia R. R. , Uusitalo O. Switching to electronic stores: Consumer characteristics and the perception of shopping benefits [J]. International Journal of Retail & Distribution Management, 2002 (10).

[114] Dipietro R. B. , Khan M. A. , Bufquin D. Customer perceptions of "mcservice": Relationship with return intention [J]. Journal of Foodservice Business Research, 2016 (3).

[115] Dittmar H. , Beattie J. , Friese S. Gender identity and material symbols: Objects and decision considerations in impulse purchases [J]. Journal of Economic Psychology, 1995 (3).

[116] Dittmar H. , Drury J. Self-image—is it in the bag? A qualitative comparison between "ordinary" and "excessive" consumers [J]. Journal of Economic Psychology, 2000 (2).

[117] Dowling G. R. Perceived risk: The concept and its measurement [J]. Psychology & Marketing, 1986, 3 (3): 193 –210.

[118] Dragan B. , Ana C. T. Impact of perceived risk and perceived cost on trust in the online shopping websites and customer repurchase intention [C]. Conference: 24th CROMAR Congress: Marketing Theory and Practice, 2015.

[119] Dröge C. Halstead D. Post-purchase hierarchies of effects: The antecedents and consequences of satisfaction for complainers versus non-complainers [J]. International Journal of Research in Marketing, 1991 (8).

[120] Eastlick M. A. , Lotz S. Cognitive and institutional predictors of initial trust toward an online retailer [J]. International Journal of Retail & Distribution Management, 2011 (4).

[121] Edwards J. R. , Lambert L. S. Methods for integrating moderation and mediation: A general analytieal framework using moderated path analysis [J]. Psychological Methods, 2007 (12).

[122] Eisenbeiss M. , Corneliben M. , Backhaus K. , et al. Nonlinear and asymmetric returns on customer satisfaction: Do they vary across situations and consumers? [J]. Journal of the Academy of Marketing Science, 2014 (3).

[123] Elliot A. J. , Devine P. G. On the motivational nature of cognitive dissonance: Dissonance as psychological discomfort [J]. Journal of Personality and Social Psychology, 1994 (6).

[124] Engel, J. F. , Blackwell, R. D. , Miniard, P. W. Consumer Behaviour [M]. Fort Worth, TX: The Dryden Press Harcourt Brace College Publishers, 1995.

[125] Erdem T. , Swait J. Brand equity as a signaling phenomenon [J]. Journal of Consumer Psychology, 1998 (7).

[126] Ferguson M. V. , Daniel R. , Guide Jr. , et al. Supply chain coordination for false failure returns [J]. Manufacturing and Service Operations Management, 2006 (4).

[127] Fernandez-Sabiote E. , Roma, S. Adding clicks to bricks: A study of the consequences on customer loyalty in a service context [J]. Electronic Commerce Research and Applications, 2012 (11).

［128］Festinger L. A theory of cognitive dissonance ［M］. San Francisco: Stanford University Press, 1957.

［129］Fishbein M. Sexual behavior and propositional control ［C］. Paper presented at the meeting of the Psychonomic Society, Chicago, 1966.

［130］Fishbein M. , Ajzen I. Belief attitude, intention and behavior ［J］. MA: Addison-Wesley, 1975.

［131］Fleischmann, M. , Bloemhof-Ruwaard, J. , M. , Dekker, R. Quantitative models for reverse logistics: A review ［J］. European Journal of Operational Research, 1997 (1).

［132］Floyd K. , Ryan F. , Saad A. , et al. How online product reviews affect retail sales: A meta analysis ［J］. Journal of Retailing, 2014 (2).

［133］Forsythe S. M. , Shi B. Consumer patronage and risk perceptions in Internet shopping ［J］. Journal of Business Research, 2004 (11).

［134］Foscht T. , Ernstreiter K. , Iii C. M. , et al. Retaining or returning? Some insights for a better understanding of return behaviour ［J］. International Journal of Retail & Distribution Management, 2013 (2).

［135］Gammoh B. S. , Voss K. E. Chakraborty G. Consumer evaluation of brand alliance signals ［J］. Psychology & Marketing, 2006 (6).

［136］Gbadamosi A. Cognitive dissonance: The implicit explication in low income consumer's shopping behavior for "low involvement" grocery products ［J］. International Journal of Retail and Distribution Management, 2009 (12).

［137］Gehrt K. C. , Yan R. Situational, consumer, and retailer factors affecting Internet, catalog, and store shopping ［J］. International Journal of Retail and Distribution Management, 2004 (1).

［138］George B. P. , Edward M. Cognitive dissonance and purchase involvement in the consumer behavior context ［J］. Social Science Electronic Publishing, 2009 (3 –4).

［139］Gianfranco W. , Albrecht A. K. , Kunz W. , Hofacker C. F. Relationship between online retailers' reputation and product returns ［J］. British Journal of Management, 2016 (27).

[140] Giovanis A., Tsoukatos E. An integrated model of the effects of service evaluation, corporate image, and switching barriers on customer loyalty [J]. Journal of Transnational Management, 2016 (1).

[141] Giovanis A., Athanasopoulou P., Tsoukatos E. The role of corporate image and switching barriers in the service evaluation process: Evidence from the mobile telecommunications industry [J]. European Journal of Business, 2016 (11).

[142] Gökcek H. A., Çarikçioňlu P. S. Yŭksel C. A. The effect of consumer decision making styles on cognitive dissonance along with the role of the perceived risk as a moderator in online shopping [J]. Journal of Academic Research in Economics, 2019 (1).

[143] Golder P. N., Mitra D., Moorman C. What is quality? An integrative framework of processes and states [J]. Journal of Marketing, 2012 (4).

[144] Grabner-Krauter S., Kaluscha E. A. Consumer trust in electronic commerce: Conceptualization and classification of trust building measures [M]. Kautonen: Edward Elgar Publishing, 2008.

[145] Granot E., Greene H., Brashear T. G. Female consumers: Decision-making in brand-driven retail [J]. Journal of Business Research, 2010 (8).

[146] Grant A. M., Berry J. W. The necessity of others is the mother of invention: Intrinsic and prosocial motivations, perspective-taking, and creativity [J]. Academy of Management Journal, 2011 (206).

[147] Grant A. M., Sumanth J. J. Mission possible? The performance of prosocially motivated employees depends on manager trustworthiness [J]. Journal of Applied Psychology, 2009 (4).

[148] Gregg D. G., Walczak S. Dressing your online auction business for success: An experiment comparing two ebay businesses [J]. MIS Quarterly, 2008 (3).

[149] Grewal D., Gotlieb J., Marmorstein H. The moderating effects of message framing and source credibility on the price-perceived risk relationship [J]. Journal of Consumer Research, 1994 (1).

［150］Harris L. C. , Daunt K. Deviant customer behaviour: A study of techniques of neutralisation ［J］. Journal of Marketing Management, 2011 (7 – 8).

［151］Harris L. C. , Goode M. M. H. The four levels of loyalty and the pivotal role of trust: A study of online service dynamics ［J］. Journal of Retailing, 2004 (2).

［152］Harris L. C. Fraudulent return proclivity: An empirical analysis ［J］. Journal of Retailing, 2008 (4).

［153］Hasan U. , Nasreen R. An indepth analysis of variables affecting post purchase cognitive dissonance ［J］. Global Journal of Management & Business Research, 2012 (20).

［154］Haubl G. , Trifts V. Consumer decision making in online shopping environments: The effects of information search ［J］. Marketing Science, 2000 (1).

［155］He S. X. , Bond S. D. Why is the crowd divided? Attribution for dispersion in online word of mouth ［J］. Journal of Consumer Research, 2015 (6).

［156］Hess J. D. , Chu W. , Gerstner E. Controlling product returns in direct marketing ［J］. Marketing Letters, 1996 (4).

［157］Hess J. D. , & Mayhew G. Modeling returns of direct marketed merchandise ［J］. Journal of Direct Marketing, 1997 (11).

［158］Hess Jr. R. L. , Ring L. The influence of the source and valence of word-of-mouth information on post-failure and post-recovery evaluations ［J］. Service Business, 2016 (10).

［159］Hinojosa A. S. , Gardner W. L. , Walker H. J. , et al. A review of cognitive dissonance theory in management research: Opportunities for further development ［J］. Journal of Management, 2017 (43).

［160］Ho-Dac N. N. , Stephen J. C. , William L. M. The effects of positive and negative online customer reviews: Do brand strength and category maturity matter? ［J］. Journal of Marketing, 2013 (6).

［161］Hong Y. , Pavlou P. A. Product fit uncertainty in online markets: Nature, effects, and antecedents ［J］. Information Systems Research, 2014 (2).

[162] Hoogenhout E. M. , deGroot R. H. , Vander E. W. , et al. Effects of a comprehensive educational group intervention in older women with cognitive complaints: A randomized controlled trial [J]. Aging & Mental Health, 2012 (2).

[163] Howard J. A. Sheth J. N. The theory of buyer behavior [J]. Journal of the American Statistical Association, 1969 (1).

[164] Hsiao L. , Chen Y. Return policy: Hassle-free or your money-back guarantee? [J]. Naval Research Logs, 2014 (5).

[165] Hsieh M. T. , Tsao W. C. Reducing perceived online shopping risk to enhance loyalty: A website quality perspective [J]. Journal of Risk Research, 2013 (2).

[166] Hsu M. H. , Yen C. H. , Chiu C. M. , et al. A longitudinal investigation of continued online shopping behavior: An extension of the theory of planned behavior [J]. International Journal of Human-Computer Studies, 2006 (9).

[167] Hunt D. M. , Shehryar O. Buyer behavior and procedural fairness in pricing: Exploring the moderating role of product familiarity [J]. Journal of Product & Brand Management, 2005 (4).

[168] Inman J. J. , Dyer J. S. , Jia J. A generalized utility model of disappointment and regret effects on post-purchase valuation [J]. Marketing Science, 1997 (16).

[169] Insley V. , & Nunan D. Gamification and the online retail experience [J]. International Journal of Retail and Distribution Management, 2014 (5).

[170] Ishfaq R. , Defee C. C. , Gibson B. J. Realignment of the physical distribution process in omni-channel fulfillment [J]. International Journal of Physical Distribution & Logistics Management, 2016 (6/7).

[171] Jacoby J. , Matell M. S. Three-point Likert scales are good enough [J]. Journal of Marketing Research, 1971 (4).

[172] Jacoby J. , Kaplan L. The components of perceived risk [C]. In Proceedings of the Third Annual Conference of the Association for Consumer Research, 1972 (3).

［173］ Janakiraman N. , Ordóñez L. Effect of effort and deadlines on consumer product returns ［J］. Journal of Consumer Psychology, 2012 (2).

［174］ Janakiramana N. , Syrdalb H. A. , Frelingc R. The effect of return policy leniency on consumer purchase and return decisions: A meta-analytic review ［J］. Journal of Retailing, 2016 (2).

［175］ Jarvenpaa S. L. , Todd P. A. Consumer reactions to electronic shopping on the World Wide Web ［J］. International Journal of Electronic Commerce, 1996 (2).

［176］ Jarvenpaa S. L. , Tractinsky N. , Vitale M. Consumer trust in an Internet store ［J］. Information Technology and Management, 2000 (1).

［177］ Jeng S. Increasing customer purchase intention through product return policies: The pivotal impacts of retailer brand familiarity and product categories ［J］. Journal of Retailing and Consumer Services, 2017 (11).

［178］ Johnson M. D. , Morgeson G. P. , Ilgen D. R. , et al. Multiple professional identities: Examining differences in identification across work-related targets ［J］. Journal of Applied Psychology, 2006 (2).

［179］ Jones C. , Kim S. Influences of retail brand trust, off-line patronage, clothing involvement and website quality on online apparel shopping intention ［J］. International Journal of Consumer Studies, 2010 (6).

［180］ Jones M. , Mothersbaugh D. , Beatty S. Switching barriers and repurchase intentions in services ［J］. Journal of Retailing, 2000 (2).

［181］ Kakar A. K. Why won't Google users switch to Bing? Understanding factors that promote and barriers that prevent software users from switching ［J］. Electronic Journal of Information Systems Evaluation, 2016 (19).

［182］ Kang M. Y. , Jung K. The effect of online external reference price on perceived price, store image, and risk ［J］. The Journal of Business Inquiry, 2015 (1).

［183］ Kang M. , Johnson K. Identifying characteristics of consumers who frequently return apparel ［J］. Journal of Fashion Marketing and Management,

2009 (1).

[184] Keaveney S. M. , Huber F. , Herrmann A. A model of buyer regret: Selected pre-purchase and post-purchase antecedents with consequences for the brand and the channel [J]. Journal of Business Research, 2007 (12).

[185] Keng C. J. , Liao T. H. Self-confidence, anxiety, and post-purchase dissonance: A panel study [J]. Journal of Applied Social Psychology, 2013 (8).

[186] Khare A. , Labrecque L. I. , Asare A. K. The assimilative and contrastive effects of word-of-mouth volume: An experimental examination of online consumer ratings [J]. Journal of Retailing, 2011 (1).

[187] Kim D. J. , Ferrin D. L. , Rao H. R. A trust-based consumer decision-making model in electronic commerce: The role of trust, perceived risk, and their antecedents [J]. Decision Support System, 2008 (2).

[188] Kim D. J. , Jeong E. J. , Hwang Y. A study of online portal users' loyalty from core service, additional value-added service and switching barriers perspectives [J]. Information Systems Management, 2015 (2).

[189] Kim E. Tadisina S. A model of customers' trust in e-businesses: Micro-level inter-party trust formation [J]. The Journal of Computer Information Systems, 2007 (1).

[190] Kim H. , Niehm L. S. The impact of website quality on information quality, value and loyalty intentions in apparel retailing [J]. Journal of Interactive Marketing, 2009 (3).

[191] Kim J. , Forsythe S. Factors affecting adoption of product virtualization technology for online consumer electronics shopping [J]. International Journal of Retail & Distribution Management, 2010 (3).

[192] Kim J. , Gupta P. Emotional expressions in online user reviews: How they influence consumers' product evaluations [J]. Journal of business research, 2012 (7).

[193] Kim J. , Wansink B. How retailers' recommendation and return policies alter product evaluations [J]. Journal of Retailing, 2012 (4).

[194] Kim S., Lee Y. Global online marketplace: A cross-cultural comparison of website quality [J]. International Journal of Consumer Studies, 2006 (6).

[195] Kim S., Fiore A. M., Lee H. H. Influences of inline store perception, shopping enjoyment, and shopping involvement on consumer patronage behavior towards an online retailer [J]. Journal of Retailing and Consumer Services, 2007 (2).

[196] Kim M. K., Park M. C., Park J. H., et al. The role of multidimensional switching barriers on the cognitive and affective satisfaction-loyalty link in mobile communication services: Coupling in moderating effects [J]. Computers in Human Behavior, 2018 (10).

[197] Kim W., Ok C., Canter D. D. Contingency variables for customer share of visits to full-service restaurant [J]. International Journal of Hospitality Management, 2010 (1).

[198] King T., Dennis C. Unethical consumers: Deshopping behaviour using the analysis of theory of planned behavior [J]. Quarterly Marketing Research, 2006 (3).

[199] King T., Dennis C., Wright L. T. Customer returns and the theory of planned behaviour [J]. Journal of Marketing Management, 2008 (1).

[200] Kim S., Chung J. E., Suh Y. G. Multiple reference effects on restaurant evaluations: A cross-cultural study [J]. International Journal of Contemporary Hospitality Management, 2016 (7).

[201] Kirmani A., Rao A. R. No pain, no gain: A critical review of the literature on signaling unobservable product quality [J]. Journal of Marketing, 2000 (2).

[202] Kitayama S., Chua H. F., Tompson S., Han S. Neural mechanisms of dissonance: An FMRI investigation of choice justification [J]. Neuro Image, 2013 (4).

[203] Klemperer P. Markets with consumer switching costs [J]. The Quarterly Journal of Economics, 1987 (1).

[204] Korgaonkar P. K. , Moschis G. P. An experimental study of cognitive dissonance, product involvement, expectations, performance and consumer judgment of product performance [J]. Journal of Advertising, 1982 (3).

[205] Korgaonkar P. K. , Wolin L. D. A multivariate analysis of web usage [J]. Journal of Advertising Research, 1999 (2).

[206] Kotler P. , Keller K. L. A Framework for Marketing Management [M]. Beijing: Peking University Press, 2012.

[207] Kuksov D. , Xie Y. Pricing, frills, and customer Ratings [J]. Marketing Science, 2010 (5).

[208] Kwon W. S. , Lennon S. J. What induces online loyalty? Online versus offline brand images [J]. Journal of Business Research, 2009 (5).

[209] Lam W. , Huang X. , Snape E. Feedback-seeking behavior and leader-member exchange: Do supervisor-attributed motives matter? [J]. Academy of Management Journal, 2007 (2).

[210] Langdon S. W. , Dennee-Sommers B. Exploring the relationships between self-objectification, rationales, and use of water as a strategy for appetite suppression [J]. Psychology, 2010 (1).

[211] Langhe B. D. , Fernbach P. M. , Lichtenstein D. R. Navigating by the stars: Investigating the actual and perceived validity of online user ratings [J]. Journal of Consumer Research, 2015 (6).

[212] Lantz B. , Hjort K. Real e-customer behavioural responses to free delivery and free returns [J]. Electronic Commerce Research, 2013 (2).

[213] Lee D. H. An alternative explanation of consumer product returns from the postpurchase dissonance and ecological marketing perspectives [J]. Psychology & Marketing, 2015 (1).

[214] Lee J. E. R. , Rao S. , Nass C. , et al. When do online shoppers appreciate security enhancement efforts? Effects of financial risk and security level on evaluations of customer authentication [J]. International Journal of Human Computer Studies, 2012 (5).

［215］ Lee K. , Tan S. E-retailing versus physical retailing: A theoretical model and empirical test of consumer choice ［J］. Journal of Business Research, 2003（11）.

［216］ Lee M. K. O. , Turban E. A trust model for consumer Internet shopping ［J］. International Journal of Electronic Commerce, 2001（1）. 2001

［217］ Lewis J. D. , Weigert A. Trust as a social reality ［J］. Social Forces, 2008（4）.

［218］ Li X. X. , Hitt L. M. Self-selection and information role of online product reviews ［J］. Information Systems Research, 2008（4）.

［219］ Li X. X. , Hitt L. M. Price effects in online product reviews: An analytical model and empirical analysis ［J］. MIS Quarterly, 2010（4）.

［220］ Liao H. , Liu D. , Loi R. Looking at both sides of the social exchange coin: A social cognitive perspective on the joint effects of relationship quality and differentiation on creativity ［J］. Academy of Management Journal, 2010（5）.

［221］ Lim B. C. Chung C. M. Y. Word-of-mouth: The use of source expertise in the evaluation of familiar and unfamiliar brands ［J］. Asia Pacific Journal of Marketing & Logistics, 2014（1）.

［222］ Lin J. L. , Zhang J. , Cheng T. C. E. Optimal pricing and return policy and the value of freight insurance for a retailer facing heterogeneous consumers with uncertain product values ［J］. International Journal of Production Economics, 2020（229）.

［223］ Lindenberger U. , Mary U. , Kliegl R. Speed and intelligence in old age ［J］. Psychology and Aging, 1993（2）.

［224］ Liu Y. , Li H. , Xu X. , et al. Modeling consumer switching behavior in social network games by exploring consumer cognitive dissonance and change experience ［J］. Industrial Management and Data Systems, 2016（4）.

［225］ Liu Y. , Li H. , Peng G. , et al. Online purchaser segmentation and promotion strategy selection: Evidence from Chinese e-commerce market ［J］. Annals of Operations Research, 2015（1）.

［226］Loiacono E. T. , Watson R. T. , Goodhue D. L. WebQual: A measure of website quality ［J］. Marketing Theory and Applications, 2002 （3）.

［227］Luis D. T. , Teodoro L. M. , Salvador B. G. Antecedents and consequences of university perceived value, according to graduates: The moderating role of higher education involvement ［J］. International Review on Public and Non Profit Marketing, 2017 （4）.

［228］Macneil E, Macintyre P. Understanding shopping stress using perceived risk and cognitive appraisal theory: A synthesis, elaboration and application ［J］. Advances in Consumer Research, 2009 （6）.

［229］Maity D. Examining the role of cognitive dissonance after purchase on product return intentions ［J］. American Marketing Association, 2012 （2）.

［230］Maity D. , Arnold T. J. Search: An expense or an experience? Exploring the influence of search on product return intentions ［J］. Psychology & Marketing, 2013 （7）.

［231］Mandel T. Quality technical information: Paving the way for usable print and web interface design ［J］. ACM Journal of Computer Documentation （JCD）, 2002 （3）.

［232］Maria F. B. , Saura I. G. , Gloria B. C. , Beatriz M. V. Measuring the antecedents of e-loyalty and the effect of switching costs on website ［J］. The Service Industries Journal, 2010 （11）.

［233］Martos-Partal M. , González-Benito O. Store brand and store loyalty: The moderating role of store brand positioning ［J］. Marketing Letters, 2011 （3）.

［234］Matzler K. , Strobl A. , Thurner N. , Füller J. Switching experience, customer satisfaction, and switching costs in the ICT industry ［J］. Journal of Service Management, 2015 （1）.

［235］McConnell A. R. , Niedermeier K. E. , Leibold J. M. , et al. What if I find it cheaper someplace else? Role of pre-factual thinking and anticipated regret in consumer behavior ［J］. Psychology and Marketing, 2000 （4）.

［236］McGoldrick P. J. , Collins N. Multichannel retailing: Profiling the multichannel shopper [J]. International Review of Retail Distribution & Consumer Research, 2007 (2).

[237] McKnight D. H. , Cummings L. L. , Chervany N. L. Initial trust formation in new organizational relationships [J]. The Academy of Management Review, 1998 (3).

[238] McKnight D. H. , Choudhury V. , Kacmar C. The impact of initial consumer trust on intentions to transact with a web site: A trust building model [J]. Strategic Information Systems, 2002 (3/4).

[239] Mclinn C. M. , Stephens D. W. What makes information valuable: Signal reliability and environmental uncertainty [J]. Animal Behaviour, 2006 (5).

[240] Menges J. , Walter F. H. , Voger B. , et al. Transformational leadership climate: Performance linkages, mechanisms, and boundary conditions at the organizational level [J]. The Leadership Quarterly, 2011 (5).

[241] Meyers-Levy J. , Sternthal B. Gender differences in the use of message cues and judgments [J]. Journal of Marketing Research, 1991 (1).

[242] Minnema A. , Bijmolt T. H. A. , Gensler S. , et al. To keep or not to keep: Effects of online customer reviews on product returns [J]. Journal of Retailing, 2016 (3).

[243] Miranda M. J. , Jegasothy K. Does consumers' future buying behavior regarding products that are returned influence the way consumers want returned goods to be disposed? [J]. Journal of Marketing Theory and Practice, 2009 (4).

[244] Mitchell V. W. , Boustani P. Market development using new products and new customers: A role for perceived risk [J]. European Journal of Marketing, 1993 (2).

[245] Miyazaki A. D. Fernandez A. Consumer perceptions of privacy and security risks for online shopping [J]. The Journal of Consumer Affairs, 2001 (1).

[246] Moisescu O. I. , Bertea P. E. The impact of brand awareness, brand knowledge and price positioning on perceived risks associated to buying online from travel agencies [J]. Romanian Journal of Marketing, 2013 (8).

[247] Mollenkopf D. , Rabinovich E. , Laseter T. , et al. Managing Internet product returns: A focus on effective service operations [J]. Decision Sciences, 2007 (2).

[248] Morgan-Thomas A. , Veloutsou C. Beyond technology acceptance: Brand relationships and online brand experience [J]. Journal of Business Research, 2013 (1).

[249] Mottner S. , Smith S. Wal-Mart: Supplier performance and market power [J]. Journal of Business Research, 2009 (5).

[250] Mukhopadhyay S. K. , Setoputro R. Reverse logistics in e-business: Optimal price and return policy [J]. International Journal of Physical Distribution & Logistics Management, 2004 (1).

[251] Muller D. , Judd C. M. , Yzerbyt V. Y. When moderation is mediated and mediation is moderated [J]. Journal of Personality and Social Psychology, 2005 (6).

[252] Muñoz-Leiva F. , Luque-Martínez T. , Sánchez-Fernández J. How to improve trust toward electronic banking? [J]. Online Information Review, 2010 (6).

[253] Murray K. B. , Schlacter J. L. The impact of services versus goods on consumers' assessment of perceived risk and variability [J]. Journal of the Academy of Marketing Science, 1990 (1).

[254] Mutum D. , Ghazali E. M. , Bang N. , et al. Online loyalty and its interaction with switching barriers [J]. Journal of Retailing & Consumer Services, 2014 (6).

[255] Nadeem M. M. Post-purchase dissonance: The wisdom of the "repeat" purchases! [J]. Journal of Global Business Issues, 2007 (2).

[256] Nepomuceno M. V. , Laroche M. , Richard M. O. How to reduce perceived risk when buying online: The interactions between intangibility, product knowledge, brand familiarity, privacy and security concerns [J]. Journal of Retailing and Consumer Services, 2014 (4).

[257] Nicosia F. M. Consumer decision process [M]. Englewood Cliffs,

N. J. : Prentice Hall, 1966.

[258] Noble S. M. , Griffith D. A. , Adjei M. T. Drivers of local merchant loyalty: Understanding the influence of gender and shopping motives [J]. Journal of Retailing, 2006 (3).

[259] Nunes P. F. , Cespedes F. V. The customer has escaped [J]. Harvard Business Review, 2003 (11).

[260] Park I. , Cho J. , Rao H. R. The dynamics of pre-and post-purchase service and consumer evaluation of online retailers: A comparative analysis of dissonance and disconfirmation models [J]. Decision Sciences, 2015 (6).

[261] Park J. , Stoel L. Effect of brand familiarity, experience and information on online apparel purchase [J]. International Journal of Retail and Distribution Management, 2005 (2).

[262] Patterson P. G. , Smith T. A cross-cultural study of switching barriers and propensity to stay with service providers [J]. Journal of Retailing, 2003 (2).

[263] Pavlou P. A. , Fygenson M. Understanding and predicting electronic commerce adoption: An extension of the theory of planned behavior [J]. MIS Quarterly, 2006 (1).

[264] Pei Z. , Paswan A. Consumers' legitimate and opportunistic product return behaviors in online shopping [J]. Journal of electronic commerce research, 2018 (4).

[265] Peter J. P. , Ryan M. J. An investigation of perceived risk at the brand level [J]. Journal of Marketing Research, 1976 (2).

[266] Petersen, A. , Kumar, V. Are product returns a necessary evil? Antecedents and consequences [J]. Journal of Marketing, 2009 (3).

[267] Petersen J. A. , Kumar V. Perceived risk, product returns, and optimal resource allocation: Evidence from a field experiment [J]. Journal of Marketing Research, 2015 (4).

[268] Pham T. T. T. , & Ho J. C. The effects of product-related, personal-related factors and attractiveness of alternatives on consumer adoption of NFC-based

mobile payments [J]. Technology in Society, 2015 (NOV.).

[269] Pick D., Eisend M. Buyers' perceived switching costs and switching: A meta-analytic assessment of their antecedents [J]. Journal of the Academy of Marketing Science, 2014 (2).

[270] Podsakoff P. M., MacKenzie S. B., Podsakoff N. P. Sources of method bias in social science research and recommendations on how to control it [J]. Annual Review of Psychology, 2012 (1).

[271] Poel D. V. D., Leunis J. Perceived risk and risk reduction strategies in mail-order versus retail store buying [J]. International Review of Retail Distribution & Consumer Research, 1996 (4).

[272] Posselt T., Gerstner E., Radic D. Rating e-tailers' money-back guarantees [J]. Journal of Service Research, 2008 (3).

[273] Powers T. L., Jack E. P. The influence of cognitive dissonance on retail product returns [J]. Psychology and Marketing, 2013 (8).

[274] Powers T. L., Jack E. P. Understanding the causes of retail product returns [J]. International Journal of Retail & Distribution Management, 2015 (12).

[275] Prabuddha D., Hu Y., Rahman M. S. Product-oriented web technologies and product returns: An exploratory study [J]. Information Systems Research, 2013 (4).

[276] Preacher K. J., Rucker D. D., Hayes A. F. Addressing moderated mediation hypotheses: Theory, methods, and prescriptions [J]. Multivariate Behavioral Research, 2007 (1).

[277] Ranganathan C., Ganapathy S. Key dimensions of business-to-consumer web sites [J]. Information & Management, 2002 (6).

[278] Rao S., Rabinovich E., Raju D. The role of physical distribution services as determinants of product returns in Internet retailing [J]. Journal of Operations Management, 2014 (6).

[279] Reynolds F. D., Darden W. R. Constructing life style and psychographics [M]. Chicago: American Marketing Association, 1974.

［280］Rigdon E. E. A necessary and sufficient identification rule for structural models estimated in practice ［J］. Multivariate Behavioral Research, 1995 (3).

［281］Roberts J. A. Compulsive buying among college students: An investigation of its antedecents, consequences, and implications for public policy ［J］. Journal of Consumer Affairs, 1998 (2).

［282］Rogers E. M. Diffusion of Innovations, Fifth Edition ［M］. New York: Free Press, 2003.

［283］Rogers D. S., Tibben-Lembke R. S. An examination of reverse logistics practices ［J］. Journal of Business Logistics, 2001 (2).

［284］Roggeveen A. L., Bharadwaj N., Hoyer W. D. How call center location impacts expectations of service from reputable versus lesser known firms ［J］. Journal of Retailing, 2007 (4).

［285］Yan R., Pei Z. Return policies and O2O coordination in the e-tailing age ［J］. Journal of Retailing and Consumer Services, 2018 (SEP.).

［286］Rust R. T., Jeffrey J. I., Jianmin J., et al. What you don't know about customer perceived quality: The role of customer expectation distribution ［J］. Marketing Science, 1999 (1).

［287］Sahoo N., Dellarocas C., Srinivasan S. The impact of online product reviews on product returns ［J］. Information Systems Research, 2018 (3).

［288］Seibt B. Consumers' avoidance of information on red meat risks: Information exposure effects on attitudes and perceived knowledge ［J］. Journal of Risk Research, 2016 (4).

［289］Seo J. Y., Yoon S., Vangelova M. Shopping plans, buying motivations, and return policies: Impacts on product returns and purchase likelihoods ［J］. Marketing Letters, 2016 (4).

［290］Sharifi S. S., Esfidani M. R. The impacts of relationship marketing on cognitive dissonance, satisfaction, and loyalty: The mediating role of trust and cognitive dissonance ［J］. International Journal of Retail & Distribution Management, 2014 (6).

［291］Sharma N. , Patterson P. G. Switching costs, alternative attractiveness and experience as moderators of relationship commitment in professional, consumer services ［J］. International Journal of Service Industry Management, 2013 (5).

［292］Shulman J. D. , Coughlan A. T. , Savaskman R. C. Optimal reverse channel structure for consumer product returns ［J］. Marketing Science, 2010 (6).

［293］Shulman J. D. , Cunha M. Jr. , Saint J. K. Consumer uncertainty and purchase decision reversals: Theory and evidence ［J］. Marketing Science, 2015 (4).

［294］Simonian M. A. , Forsythe S. , Kwon W. S. , et al. The role of product brand image and online store image on perceived risks and online purchase intentions for apparel ［J］. Journal of Retailing & Consumer Services, 2012 (3).

［295］Smith-Bird E. , Turnbull A. P. Linking positive behavior support to family quality-of-life outcomes ［J］. Journal of Positive Behavior Interventions, 2005 (3).

［296］Soberman D. A. Marketing agencies, media experts and sales agents: Helping competitive firms improve the effectiveness of marketing ［J］. International Journal of Research in Marketing, 2009 (1).

［297］Solvang B. K. Satisfaction, loyalty, and repurchase: A study of norwegian customers of furniture and grocery stores ［J］. Journal of Consumer Satisfaction, 2007 (20).

［298］Sood S. , Kathuria P. Switchers and stayers: An empirical examination of customer base of an automobile wheel care centre ［J］. Journal of Services Research, 2004 (2).

［299］Soutar G. N. , Sweeney J. C. Are there cognitive dissonance segments? ［J］. Australian Journal of Management, 2003 (3).

［300］Spence H. E. , Engel J. F. , Blackwell R. D. Perceived risk in mail-order and retail store buying ［J］. Journal of Marketing Research, 1970 (3).

［301］Spence A. M. Market Signaling: Information Transfer in Hiring and Related Processes ［M］. Cambridge: Harvard University Press, 1974.

［302］Sreya R. , Raveendran P. T. Dimensions of perceived risk in online shopping—A factor analysis approach [J]. Journal of Management Research, 2016 (8).

[303] Stein C. , Schmalzl J. , Hansen U. The effect of rheological parameters on plate behaviour in a self-consistent model of mantle convection [J]. Physics of the Earth & Planetary Interiors, 2004 (3 –4).

[304] Stiglitz J. E. The contributions of the economics of information to twentieth century economics [J]. The Quarterly Journal of Economics, 2000 (4).

[305] Stone J. , Cooper J. A self-standards model of cognitive dissonance [J]. Journal of Experimental Social Psychology, 2001 (3).

[306] Su X. Consumer return policies and supply chain performance [J]. Manufacturing and Service Operations Management, 2009 (4).

[307] Suh B. , Han I. Effect of trust on customer acceptance of Internet banking [J]. Electronic Commerce Research and Applications, 2002 (3).

[308] Sweeney J. C. , Hausknecht D. , Soutar G. N. Cognitive dissonance after purchase: A multidimensional scale [J]. Psychology and Marketing, 2000 (5).

[309] Szajna B. , Scamell R. W. The effects of information system user expectations on their performance and perceptions [J]. MIS Quarterly, 1993 (4).

[310] Szymanski D. M. , Henard D. H. Customer satisfaction: A meta-analysis of the empirical evidence [J]. Journal of the Academy of Marketing Science, 2001 (1).

[311] Tanford S. , Montgomery R. The effects of social influence and cognitive dissonance on travel purchase decisions [J]. Journal of Travel Research, 2014 (5).

[312] Taylor A. B. , MacKinnon D. P. , Tein J. Y. Tests of the three-path mediated effect [J]. Organizational Research Methods, 2008 (2).

[313] Teng C. C. , Lu C. H. Organic food consumption in Taiwan: Motives, involvement, and purchase intention under the moderating role of uncertainty [J]. Appetite, 2016 (105).

[314] Tesfom G. , Birch N. J. Do switching barriers in the retail banking in-

dustry influence bank customers in different age groups differently？［J］．Journal of Services Marketing，2011（4 - 5）．

［315］Tesfom G.，Birch N. J.，Culver J. N. Switching behavior of U. S. mobile phone service customers after providers shift from contract to no contract mobile phone service plans［J］．Journal of Retailing & Consumer Services，2016（33）．

［316］Thamaraiselvan N.，Raja J. How do consumers evaluate brand extensions—Research findings from India［J］．Journal of Services Research，2008（81）．

［317］Thorelli H. B.，Jee S. L.，Jong S. Relative importance of origin，warranty，and retail store image on product evaluations［J］．British Journal of Management，1989（1）．

［318］Tsai H.，Huang H.，Jaw Y.，Chen W. Why on-line customers remain with a particular e-retailer：An integrative model and empirical evidence［J］．Psychology & Marketing，2006（5）．

［319］Tsang N.，Lai M.，Law R. Measuring e-service quality for online travel agencies［J］．Journal of Travel and Tourism Marketing，2010（3）．

［320］Tsiros M.，Mittal V. Regret：A model of its antecedents and consequences in consumer decision making［J］．Journal of Consumer Research，2000（3）．

［321］Tybout A. M.，Artz N. Consumer psychology［J］．Annual Review of Psychology，1994（1）．

［322］Valenzuela F. Switching barriers used to retain retail banking customers：Some empirical evidence from a South American country［J］．Management Research Review，2010（7）．

［323］Vermunt J. K. Latent class modeling with covariates：Two improved three-step approaches［J］．Political Analysis，2010（18）．

［324］Vlachos D.，Dekker R. Return handling options and order quantities for single period products［J］．European Journal of Operational Research，2003（1）．

［325］Vonkeman C.，Verhagen T.，Van Dolen W. Role of local presence in online impulse buying［J］．Information & Management，2017（8）．

［326］ Voss K. E. , Grohmann S. B. Measuring the hedonic and utilitarian dimensions of consumer attitude ［J］. Journal of Marketing Research, 2003 (3).

［327］ Wachter K. , Vitell S. J. , Shelton R. K. , et al. Exploring consumer orientation toward returns: Unethical dimensions ［J］. Business Ethics: A European Review, 2012 (21).

［328］ Walchli S. B. , Landman J. Effects of counterfactual thought on post-purchase consumer affect ［J］. Psychology and Marketing, 2003 (1).

［329］ Walczak S. , Gregg D. G. Factors influencing corporate online identity: A new paradigm ［J］. Journal of Theoretical and Applied Electronic Commerce Research. 2009 (3).

［330］ Walsh G. , Beatty S. E. Customer-based corporate reputation of a service firm scale development and validation ［J］. Journal of the Academy of Marketing Science, 2007 (1).

［331］ Walsh, G. , Albrecht, A. K. , Kunz, W. , et al. Relationship between online retailers' reputation and product returns ［J］. British Journal of Management, 2016 (1).

［332］ Walsh G. , Brylla D. Do product returns hurt relational outcomes? Some evidence from online retailing ［J］. Electronic Markets, 2016 (4).

［333］ Walsh G. , Moehring M. Effectiveness of product return-prevention instruments: Empirical evidence ［J］. Electronic Markets, 2017 (4).

［334］ Wang F. , Liu X. F. , Eric E. F. User reviews variance, critic reviews variance, and product sales: An exploration of customer breadth and depth effects ［J］. Journal of Retailing, 2015 (3).

［335］ Wang M. , Burlacu G. , Truxillo D. , et al. Age differences in feedback reactions: The roles of employee feedback orientation on social awareness and utility ［J］. Journal of Applied Psychology, 2015 (4).

［336］ Wang M. J. J. , Chang T. C. Tool steel materials selection under fuzzy environment ［J］. Fuzzy Sets & Systems, 1995 (3).

［337］ Wang W. , Wu L. Customer loyalty and the role of relationship length

[J]. Managing Service Quality, 2012 (1).

[338] Wangenheim F. V. , Bayón T. The chain from customer satisfaction via word-of-mouth referrals to new customer acquisition [J]. Journal of the Academy of Marketing Science, 2007 (2).

[339] Weathers D. , Subhash S. , Wood S. L. Effects of online communication practices on consumer perceptions of performance uncertainty for search and experience goods [J]. Journal of Retailing, 2007 (4).

[340] Wells J. D. , Valacich J. S. , Hess T. J. What signal are you sending? How website quality influences perceptions of product quality and purchase intentions [J]. MIS Quarterly, 2011 (2).

[341] Whitaker B. G. , Levy P. Linking feedback quality and goal orientation to feedback seeking and job performance [J]. Human Performance, 2012 (2).

[342] Wingreen S. C. , Baglione S. L. Untangling the antecedents and covariates of e-commerce trust: Institutional trust vs. knowledge-based trust [J]. Electronic Markets, 2005 (3).

[343] Wingreen S. C. , Mazey C. C. H. L. , Baglion S. L. , et al. Transfer of electronic commerce trust between physical and virtual environments: Experimental effects of structural assurance and situational normality [J]. Electronic Commerce Research, 2019 (2).

[344] Wolfinbarger M. , Gilly C. G. eTailQ: Dimensionalizing, measuring and predicting eTail quality [J]. Journal of Retailing, 2003 (3).

[345] Wood S. L. Remote purchase environments: The influence of return policy leniency on two-stage decision processed [J]. Journal of Marketing Research, 2001 (2).

[346] Workman J. E. , Johnson K. K. P. Fashion opinion leadership, fashion innovativeness, and need for variety [J]. Clothing & Textiles Research Journal, 1993 (3).

[347] Wu S. I. A comparison of the behavior of different customer clusters towards Internet bookstores [J]. Information & Management, 2006 (8).

［348］Yan X. , Chen Y. , Fan W. Examining the effects of decomposed per-ceived risk on consumer online shopping behavior: A field study in China ［J］. In-zinerine Ekonomika Engineering Economics, 2015 (3).

［349］Ye Q. , Xu M. , Kiang M. , et al. In-depth analysis of the seller rep-utation and price premium relationship: A comparison between Ebay US and Taobao China ［J］. Journal of Electronic Commerce Research, 2013 (1).

［350］Yi Y. , La S. What influences the relationship between customer satis-faction and repurchase intention? Investigating the effects of adjusted expectations and customer loyalty ［J］. Psychology and Marketing, 2004 (5).

［351］Chi K. Y. , Chan K. W. , Hung K. Multiple reference effects in serv-ice evaluations: Roles of alternative attractiveness and self-image congruity ［J］. Journal of Retailing, 2007 (1).

［352］Yousafzai S. Y. , Pallister J. G. , Foxall G. R. Strategies for building and communicating trust in electronic banking: A field experiment ［J］. Psychol-ogy & Marketing, 2005 (2).

［353］Yu C. S. , Asgarkhani M. An investigation of trust in e-banking: Evi-dence from Taiwan and New Zealand empirical studies ［J］. Management Research Review, 2017 (12).

［354］Zeelenberg M. , Beattie J. , Pligt J. V. D. , et al. Consequences of regret aversion: Effects of expected feedback on risky decision making ［J］. Or-ganizational Behavior and Human Decision Processes, 1996 (2).

［355］Zeelenberg M. , Pieters R. Comparing service delivery to what might have been ［J］. Journal of Service Research, 1999 (1).

［356］Zeelenberg M. , Pieters R. Beyond valence in customer dissatisfac-tion: A review and new findings on behavioral responses to regret and disappoint-ment in failed services ［J］. Journal of Business Research, 2004 (4).

［357］Zeithaml V. A. , Berry L. L. , Parasuraman A. The nature and deter-minants of customer expectations of service ［J］. Journal of the Academy of Mar-keting Science, 1993 (1).

[358] Zhang T. , Tao D. , Qu X. , et al. The roles of initial trust and perceived risk in public's acceptance of automated vehicles [J]. Transportation Research: Part C, 2019 (JAN.).

[359] Zhou W. , Hinz O. Determining profit-optimizing return policies, a two-step approach on data from taobao. com [J]. Electronic Markets, 2016 (2).

[360] Zhou W. , Tsiga Z. , Li B. , et al. What influence users' e-finance continuance intention? The moderating role of trust [J]. Industrial Management and Data Systems, 2018 (8).

[361] Zielke S. , Dobbelstein T. Customers' willingness to purchase new store brands [J]. Journal of Product and Brand Management, 2007 (2).

后　记

本书系国家社会科学基金青年项目（15CGL075）的研究成果，项目名称为"基于消费者退货行为的电商企业策略优化研究"，于2020年8月申请并被批准结题。全书从消费者主观退货风险和网络零售情境客观退货风险两个维度，较为翔实地分析了B2C电子商务情境下消费者退货行为的影响机理，将计划行为理论、认知失调理论、信号理论等应用于消费者退货行为的研究，对于丰富消费者退货行为研究和探析网购消费者退货行为具有一定意义，部分研究成果在国内外重要学术期刊上已公开发表。

第一作者李明芳自博士研究生学习阶段开始从事退货供应链相关研究，曾以博士研究论文为基础出版学术专著《有效提升退货供应链竞争优势》。得益于全国哲学社会科学工作办公室的资助和支持，作者有机会专注于关注和追踪国内外消费者退货行为研究动态，并将系列研究成果整理出版；更要感谢国家社会科学基金的结题考核办法，作者近五年来不必受困于研究成果的发表压力，能够安心思考研究框架的设计调整和研究内容的不断完善。感谢课题组全体工作者、各位同仁和亲友在课题研究中给予的支持和帮助，让课题研究工作得以顺利完成。

为了保障本书研究问题的聚焦性和研究内容的逻辑连贯性，课题研究中电商企业退货策略优化研究的解析模型部分已经从本书中剔除，仅保留了基于消费者退货风险的差异化电商退货策略建议内容，以增强研究结论对我国电商企业运营的实践指导意义。本书研究的重要实践价值在于探讨消费者退货行为对电商退货策略的影响价值，这也是近年来退货供应链优化研究关注的重要问题，现有相关文献主要侧重于考虑消费者行为的退货策略优化解析研究，本书研究则聚焦于消费者退货行为形成机理的探讨。

在 B2C 网络零售情境中，电商企业退货策略与消费者退货行为构成了决策互动关系，不但消费者退货行为影响电商企业退货策略的选择和设计，而且电商退货策略也构成了消费者退货行为的关键影响因素，二者共同构成了 B2C 中电商企业—消费者动态博弈的互动决策过程。本书第 3 章表 3 – 5 表明，退货政策是对消费者退货行为影响度排名第三的关键因素，鉴于课题研究焦点是基于消费者退货行为的退货策略优化，本书并没有探讨退货政策对消费者退货行为的影响机理。然而要想系统理清 B2C 情境中电商企业退货策略优化问题，仅仅关注基于消费者行为的退货策略优化远远不足，必须探讨电商退货策略对消费者退货行为的影响机理。因此，在未来的研究工作中，作者及团队成员将聚焦于探讨退货策略对消费者退货行为的影响机制（教育部人文社会科学研究青年项目 21YJC630064）。

李明芳

2021 年 7 月